JN205561

これからの特別支援教育の進路指導

共生社会に向けたネットワークづくり

監修　宮﨑 英憲

編著　知的障害教育研究会

はじめに

全国の知的障害特別支援学校高等部における卒業後の進路は、民間企業等への雇用就労（「一般就労」と呼ばれる）のほか、就労移行支援事業、就労継続支援事業、生活介護事業などを運営する事業所･施設への通所（これらを総称して「福祉就労」と呼ばれる)、進学（専門学校等が主である）等があげられる。

近年、障害者雇用促進法の改正等（「身体障害者雇用促進法」から「障害者の雇用の促進等に関する法律」に改正）の実効もあり、民間企業への障害者雇用は、身体障害から知的障害や精神障害（発達障害を含む）に拡大し､民間企業等の障害者雇用率は年々伸びてきた。全国の知的障害特別支援学校高等部の民間企業等への就職者数も右肩上がりとなってきた感があった。

昨年(平成30年)８月､国(以下､中央省庁)や多くの都道府県･市町村(以下､地方自治体)で､障害者雇用に関する不適切な人数計上が行われていたことが発覚した。本来なら「障害者」ではない人を障害者雇用の対象者として計上していたというもので、中央省庁等における障害者雇用率の水増し問題としてマスコミ等でも大きく取り上げられた。この障害者雇用水増し問題を受けて障害者雇用促進法改正が実施され、来年４月までに順次施行される動きにある。長年、知的障害生徒を一般企業等に就職させてきた進路指導担当者にとっても衝撃的な出来事であり、改めて自らの責任（地方自治体職員）を確認させられる事態となった。つまり、私ども自らが障害者雇用の担い手たりえなかったという痛切な反省が求められているといえる。

本書を出版するにあたって、ここ20年間の制度的な動向と知的障害特別支援学校の進路指導の変遷の中で何を作り上げようとしてきたのか、そして、進路指導で大切にされるべき点は何かを明らかにしたいと考えた。本書は、３部構成とした。第１部は特別支援教育への転換として、特殊教育から特別支援教育への転換について述べた。第２部は東京都の進路指導の変遷として、文部科学省の委嘱事業を機に学校間連携と授業での工夫、そして企業・福祉等との緊密な連携を進めてきたことを述べた。第３部では成人期の社会参加として、障害児が働き続けていくための様々な機関等の役割について論じた。他県等の動向についてはコラムとして紹介している。

これからの特別支援教育の進路指導のあり方を追求したい先生方にぜひ読んでほしいと願っている。ご助言・ご叱正をいただければ幸いである。

令和元年10月

編著者を代表して　　東洋大学名誉教授　宮﨑　英憲

もくじ

第２部　東京都の進路指導の変遷

第1部

特別支援教育への転換

第1章 特殊教育から特別支援教育へ

東洋大学名誉教授　宮﨑　英憲

第1節 特別支援教育制度への転換

1 特殊教育から特別支援教育への転換

1947年に制定された学校教育法第6章に「特殊教育」が位置付けられて以降、日本では、障害のある児童生徒に対する教育を特殊教育と称してきた。そこで対象とされる障害は、視覚障害、聴覚障害、知的障害、肢体不自由、病弱・身体虚弱、言語障害及び情緒障害の7障害種と規定された。また、障害の程度に応じて教育の場を特殊学校（盲学校、聾学校及び養護学校）と特殊学級及び通級指導教室とに分類してきた。つまり、法律で障害の種別と程度を規定し、特別の配慮のもとに、より手厚くきめ細かな指導を行うという仕組みが特殊教育であったといえる。

しかし、1990年代以降これまでの障害種の児童生徒に加えて、LD（学習障害）、ADHD（注意欠陥多動性障害）、高機能自閉症等の発達障害といわれる特別なニーズを有する児童生徒が、特殊学校や特殊学級のみならず通常の学校にも数多く在籍することが明らかとなり、こうした子どもたちを含めて教育していこうとする動きが活発化してきた。これらの動きを受けて、2001年10月に設置された「特別支援教育の在り方に関する調査協力者会議」は、検討結果を取りまとめ『今後の特別支援教育の在り方について（最終報告）』（2003年3月）として発表した。

2 特別支援教育の理念と仕組み

最終報告では、特別支援教育の基本的考え方として「特別支援教育とは、従来の特殊教育の対象の障害だけでなく、LD、ADHD、高機能自閉症を含めて障害のある児童生徒の自立や社会参加に向けて、その一人一人の教育的ニーズを把握して、その持てる力を高め、生活や学習上の困難を改善又は克服するために、適切な教育や指導を通じて必要な支援を行うものである」と、教育の対象の拡大と教育の場の拡大、さらには教育支援の質的変化の必要性を求めている。そのために、①「個別の教育支援計画」（多様なニーズに適切に対応する仕組み）、②特別支援教育コーディネーター（教育的支援を行う人・機関を連絡調整するキーパーソン）、③広域特別支援連携協議会等（質の高い教育支援を支えるネットワーク）といった新たな教育体制の整備を提言している。

さらに、この最終報告の内容に基づき、中央教育審議会の特別支援教育特別委員会で審議され、2005年12月に「特別支援教育を推進するための制度の在り方について（答申）」を提出し、同答申に基づく「学校教育法」の改正法案が2006年6月に国会を通過し、2007年4月から施行され特別支援教育についての法整備が整えられた。

❸ 特別支援教育の体制整備に向けた動き

2007年4月、改正された「学校教育法」施行に伴い文部科学省は、「特別支援教育の推進について（通知）」を各自治体教育長等宛に出した。そこでは、特別支援教育の理念等について述べた後、その理念の達成のために、「校長の責務」を明記した上で、各小・中・高等学校での特別支援教育を推進するための体制整備と必要な取組について、①特別支援教育に関する校内委員会の設置、②実態把握、③特別支援教育コーディネーターの指名、④関係機関との連携を図った「個別の教育支援計画」の作成と活用、⑤「個別の指導計画」の作成、⑥教員の専門性の向上を挙げている。そして、こうした点を支援していく立場となった特別支援学校での必要な取組として、①特別支援教育のさらなる推進、②地域における特別支援教育のセンター的機能、③特別支援学校教員の専門性の向上を挙げている。

また、学校の設置者である教育委員会等の役割として、各学校の支援体制の整備を促進するため、指導主事等の専門性の向上に努めること、教育、医療、保健、福祉、労働等の関係部局、大学、保護者、NPO等の関係者からなる連携協議会を設置することや「専門家チーム」の設置、各学校への指導や助言を行う巡回相談の実施など、地域の協力体制の構築を推進すること等を求めている。さらに、保護者からの相談に対応するための早期からの連携についても言及している。こうした活動を行う際の留意事項として、①障害種別と指導上の留意事項、②学習上・生活上の配慮及び試験などの評価上の配慮、③生徒指導上の留意事項、④交流及び共同学習、障害者理解等、⑤進路指導の充実と就労支援、⑥支援員の活用、⑦学校間の連絡を挙げている。

以上のような「特別支援教育の推進について（通知）」は、2008・2009年の学習指導要領の改訂に示された特別支援教育制度の趣旨の実現に向けた教育課程の基準の改善とも相まって着実に学校現場に定着していった。

第2節 インクルーシブ教育システム構築に向けた特別支援教育の充実

① インクルーシブ教育とは

インクルーシブ（inclusive）とは、すべてを含むという“包括的な”という意味合いを持っている。障害のある・ないということが前提ではなく、分けないということがまずありきという考え方である。したがって、インクルーシブ教育（inclusive education）とは、障害のある子どもと障害のない子どもという区別をなくし、両者が共に学べる教育のあり方をめざすことであり、そのうえで、一人一人の教育的ニーズに応じた教育をすることといえる。換言すれば、インクルーシブ教育とは、同じ学びの場で共に学ぶことを追求するとともに、その時点で教育的ニーズに最も的確に応える指導を行えるようにするということでもある。

こうしたインクルーシブ教育のあり方について、日本で初めて公式に提起されたのが、2012年7月23日の中教審・特別委員会報告「共生社会の形成に向けたインクルーシブ教育システム構築のための特別支援教育の推進」である。この報告は、2006年12月の第61回国連総会において採択された「障害者の権利に関する条約」の批准に向けた日本での教育制度検討の一環として示されたものでもある。この中教審・特別委員会の報告（以下、「報告」）の概要について紹介し、インクルーシブ教育システム構築のための具体的な施策についても考察することとしたい。

※「障害者の権利に関する条約」第24条教育に示されたinclusive education systemについて、日本政府仮訳文では「包容する教育制度」と訳されたが、今日では「インクルーシブ教育システム」と称することが一般的になっている。

② 中教審・特別委員会報告の意義とインクルーシブ教育システム構築

中教審・特別委員会報告は、障害者権利条約の理念を踏まえた特別支援教育の今後の方向性を示したものである。今後の日本がめざすべき社会は共生社会であるが、この共生社会形成に向けて、インクルーシブ教育システム構築のための特別支援教育が着実に推進されることで、障害のある子どもにも、障害があることが周囲から認識されていないものの学習上又は生活上の困難のある子どもにも、更にはすべての子どもにとっても、極めて良い結果をもたらすことを期待したいと報告の冒頭で記述されている。全国でこれまで推進されてきた特別支援教育の更なる進展が、日本でのインクルーシブ教育システム構築につながっていくことを強く期待した中教審・特別委員会の願いが込められたものと解釈できる。報告では、はじめに審議の経過を述べた後、５つの観点から記述がされている。

（1）共生社会の形成に向けて

めざすべき共生社会について「これまで必ずしも十分に社会参加できるような環境になかった障害者等が積極的に参加・貢献していくことができる社会である。それは、誰もが相互に人格と個性を尊重し支え合い、人々の多様な在り方を相互に認め合える全員参加型の社会である」と規定し、共生社会の形成に向けてインクルーシブ教育システムの理念が重要であり、その構築のために特別支援教育を着実に進めていく必要があること、また、同じ場で共に学ぶことを追求するとともに、その時点での教育的ニーズに最も的確に応える指導を提供できる、多様で柔軟な仕組みの整備が重要であるとしている。

（2）早期からの教育相談・就学先決定のあり方

子ども一人一人の教育的ニーズに応じた支援を保障するために、乳幼児期を含め早期からの教育相談や就学相談を行うことの必要性や、子どもが専門的な教育相談・支援が受けられる体制を早急に確立することの必要性が論じられている。就学先決定の仕組みについては、従来の就学先決定の仕組みを改め、総合的な観点から就学先を決定する仕組みとすること。その際、本人・保護者に対し十分情報提供や本人・保護者の意見を最大限尊重すること。本人・保護者と市町村教育委員会、学校等が教育的ニーズと必要な支援について合意形成を行うことを原則とすること等、踏み込んだ指摘がされた。

（3）合理的配慮及びその基礎になる環境整備

「合理的配慮」とは、「障害のある子どもが、他の子どもと平等に『教育を受ける権利』を享有・行使することを確保するために、学校の設置者及び学校が必要かつ適当な変更・調整を行うことであり、障害のある子どもに対し、その状況に応じて、学校教育を受ける場合に個別に必要とされるもの」であるとしている。「合理的配慮」の基礎となる環境整備については、「基礎的環境整備」と称し、国・都道府県・市町村が、必要な財源を確保し、その充実を図っていく必要性に言及している。

（4）多様な学び場の整備と学校間連携等の推進

インクルーシブ教育システム構築のためには、多様な学びの場の整備と教職員の確保が求められること等が触れられた。また、学校間連携の推進として、域内の教育資源の組合せ（スクールクラスター）により、域内のすべての子ども一人一人の教育的ニーズに応え、各地域におけるインクルーシブ教育システムを構築することの必要が挙げられている。

（5）教職員の専門性向上等

すべての教員は、特別支援教育に関する一定の知識・技能を有していることが求められること。特に発達障害に関する一定の知識・技能は、通常の学級担任には必須である。したがって、現職教員の研修の充実や必要に応じた外部人材の活用も含めて、学校全体としての専門性を確保していくことが必要である等が指摘された。

❸ 特別支援教育の新たな展開

特別委員会報告で述べられている５観点の実現や改正障害者基本法と障害者基本計画（第３次）で示された項目を念頭に置くと、今後、全国で優先して取り組まねばならないのは「インクルーシブ教育システム構築」ということであろう。その際、合理的配慮について教育実践の場でどのように理解啓発を進めその定着を図るかが、まずポイントとして挙げられる。文部科学省は、こうしたことを念頭に置いて、2013 年度から新たな事業展開に踏み出している。

（1）インクルーシブ教育システム構築モデル事業の実施

文部科学省の「インクルーシブ教育システム構築モデル事業委託要項」には、このインクルーシブ教育システム構築モデル事業について、「本事業は、インクルーシブ教育システム構築のための特別支援教育を着実に推進していくため、各学校の設置者及び学校が、障害のある子どもに対して、その状況に応じて提供する「合理的配慮」の実践事例を収集するとともに、交流及び共同学習の実施や、域内の教育資源の組合せ（スクールクラスター）を活用した取組の実践研究を行い、その成果を普及するものである」とその趣旨を記述している。

その上で、委託事業の内容として、以下の３つのタイプを挙げて実施がめざされた。

①インクルーシブ教育システム構築モデルスクール

②インクルーシブ教育システム構築モデル地域（交流及び共同学習）

③インクルーシブ教育システム構築モデル地域（スクールクラスター）

このモデル事業は、2013 年度から 2015 年度まで３年間実施された。この事業の特徴は、特別支援教育の専門支援人材の配置・活用等を推進しつつ、早期からの教育相談・支援体制の充実、幼稚園、小・中学校、高等学校における合理的配慮の充実に関する拠点地域・学校における調査研究と特別支援教育の充実等を図るという目的が明確であるということである。主に授業での改善工夫について合理的配慮について実践を行い、実施に際しての諸課題や解決・対応方策など、実践的な取組事例等の蓄積を行うこととしている。この実践事例については、国立特別支援教育研究所で、インクルーシブ教育システム構築データベースとして集約し公表される仕組みが整備された。

（2）「障害のある児童生徒の教材の充実について（報告）」

2013 年５月、文部科学省は「障害のある児童生徒の教材の充実に関する検討会」を設置した。この検討会は、先に述べた障害者基本法改正の中で、環境整備の一環として、新たに「適切な教材等の提供」が追加されこと、また、特別委員会報告において、障害のある子どもが十分に教育を受けられるための合理的配慮の基礎となる環境整備の一つとして「教材の確保」が挙げられたことを受けて設置されたものである。同委員会は、2013 年８月 28 日に「障害のある児童生徒の教材の充実について（報告）」をとりまとめた。報告を受けて、文部科学省は、新規に予算措置を講じて「学習上の支援機器等教材活用促進事業」を位置づけた。

障害のある児童生徒等の学習上の困難軽減のため、ニーズのある利用しやすい支援機器等の教材開発を支援することにも本格的な取組が本格化している。

（３）学校教育法施行令の一部を改正する政令

この政令改正は、特別委員会報告において、「就学基準に該当する障害のある子どもは特別支援学校に原則就学するという従来の就学先決定の仕組みを改め、障害の状態、本人の教育的ニーズ、本人・保護者の意見、教育学、医学、心理学等専門的見地からの意見、学校や地域の状況等を踏まえた総合的な観点から就学先を決定する仕組みとすることが適当である」との提言がなされたこと等を踏まえて改正が行われ、2013 年９月１日に施行、総合的判断に基づく就学指導という仕組みが整えられた。

４ インクルーシブ教育システム構築をめざす学習指導要領の改訂

2014 年 11 月 20 日、中央教育審議会（第 95 回）において、文部科学大臣より「初等中等教育における教育課程の基準等の在り方について」理由を添えて諮問がなされた。諮問文の中で、「障害者の権利に関する条約に掲げられたインクルーシブ教育システムの理念を踏まえ、全ての学校において、発達障害を含めた障害のある子供たちに対する特別支援教育を着実に進めていくためには、どのような見直しが必要か」、その際「特別支援学校については、小・中・高等学校等に準じた改善を図るとともに、自立と社会参加を一層推進する観点から自立活動の充実や知的障害のある児童生徒のための各教科の改善などについて、どのように考えるべきか」と具体的な審議の内容について言及し、審議の依頼がされた。

諮問を受けた中央教育審議会は、2016 年 12 月 21 日「幼稚園、小学校、中学校、高等学校及び特別支援学校の学習指導要領等の改善及び必要な方策等について」（答申）を発表した。答申の第３章「生きる力」の理念の具体化と教育課程の課題の中で、子供たちの豊かな学びを実現していくための課題として「我が国が平成 26 年に批准した『障害者の権利に関する条約』において提唱されているインクルーシブ教育システムの理念の推進に向けて、一人一人の子供たちが、障害の有無やその他の個々の違いを認め合いながら、共に学ぶことを追求することは、誰もが生き生きと活躍できる社会を形成していくことでもある」との言及がされている。

さらに、第８章５「教育課程全体を通じたインクルーシブ教育システムの構築をめざす特別支援教育」において、以下のような提言がなされている（筆者要約）。

- 特別支援教育に関する教育課程の枠組みを、すべての教職員が理解できるよう、通級による指導や特別支援学級における教育課程編成の基本的な考え方をわかりやすく示していくこと。また、幼・小・中・高等学校の通常の学級においても、発達障害を含む障害のある子供が在籍している可能性があることを前提に、すべての教科等において指導の工夫の意図、手立ての例を具体的に示していくこと。

●通級による指導を受ける児童生徒及び特別支援学級に在籍する児童生徒については、「個別の教育支援計画」や「個別の指導計画」を全員作成すること。平成30年度から制度化される高等学校における通級による指導については、必要な事項を示すことと併せて、円滑に準備が進められるような実践例の紹介等が求められること。

●障害者理解や交流及び共同学習については、学校の教育活動全体での一層の推進を図ることが求められる。その際、すべての人が、障害等の有無にかかわらず、多様性を尊重する態度を育成できるようにすることが求められる。

こうした中教審の次期学習指導要領への考え方に基づき、2017年３月に幼稚園教育要領、小・中学校学習指導要領が、４月には特別支援学校幼稚部教育要領・小学部・中学部学習指導要領が告示された。高等学校学習指導要領及び特別支援学校高等部学習指導要領は、2018年12月及び2019年２月に告示された。学習指導要領の改訂の詳細を述べることは本稿の趣旨ではないので控えるが、これらの学習指導要領の改訂のポイントを「概要」として表にあげておきたい。

インクルーシブ教育システム構築は、特別支援教育の充実によってはじめて達成されるものである。このことを、常に念頭に置いた教育実践がされていくことを期待したい。

表１

小・中学校学習指導要領等における特別支援教育の充実

幼稚園教育要領、小学校学習指導要領及び中学校学習指導要領（平成29年3月）、高等学校学習指導要領（平成30年12月改訂）において、以下のとおり、特別支援教育に関する記述を充実。

● 個々の児童生徒の障害の状態等に応じた指導内容や指導方法の工夫を組織的かつ継続的に行う。

● 特別支援学級及び通級による指導に関する教育課程編成の基本的な考え方を示す。

● 家庭，地域及び医療や福祉，保健，労働等の業務を行う関係機関との連携を図り，長期的な視点での児童への教育的支援を行うために，個別の教育支援計画を作成，活用に努める。また，各教科等の指導に当たって，個々の児童生徒の実態を的確に把握し，個別の指導計画を作成，活用に努める。特に，特別支援学級に在籍する児童生徒や通級による指導を受ける児童生徒については，個別の教育支援計画及び個別の指導計画を全員作成。

● 各教科等に学習上の困難に応じた指導内容や指導方法の工夫。

● 障害者理解教育，心のバリアフリーのための交流及び共同学習。

上記のほか，中央教育審議会答申（平成28年12月）において，高等学校学習指導要領において，次の点を提言。

● 高等学校における通級による指導の制度化（平成30年度から）に当たり，通級による指導に係る単位認定の在り方を示す。

（文部科学省資料より）

表2

特別支援学校学習指導要領等の改訂のポイント（抜粋）

1．今回の改訂の基本的な考え方・幼稚部30年度、小学部32年度、中学部33年度、高等部34年度入学者から実施予定。

【幼稚部教育要領、小学部・中学部学習指導要領】

- 社会に開かれた教育課程の実現、育成を目指す資質・能力、主体的・対話的で深い学びの視点を踏まえた指導改善、各学校におけるカリキュラム・マネジメントの確立など、初等中等教育全体の改善・充実の方向性を重視。
- 障害のある子供たちの学びの場の柔軟な選択を踏まえ、幼稚園、小・中・高等学校の教育課程との連続性を重視。
- 障害の重度・重複化、多様化への対応と**卒業後の自立と社会参加に向けた充実**。

2．教育内容等の主な改善事項（抜粋）

自立と社会参加に向けた教育の充実

- 卒業後の視点を大切にしたカリキュラム・マネジメントを計画的・組織的に行うことを規定。
- 幼稚部、小学部、中学部段階からのキャリア教育の充実を図ることを規定。
- 生涯学習への意欲を高めることや、生涯を通じてスポーツや文化芸術活動に親しみ、豊かな生活を営むことができるよう配慮することを規定。
- 障害のない子供との交流及び共同学習を充実（心のバリアフリーのための交流及び共同学習）
- 日常生活に必要な国語の特徴や使い方〔国語〕、数学を学習や生活で生かすこと〔算数、数学〕、身近な生活に関する制度〔社会〕、働くことの意義、消費生活と環境〔職業・家庭〕など、知的障害者である子供のための各教科の内容を充実。

（文部科学省資料より）

【引用・参考文献】

中央教育審議会（2016）：幼稚園、小学校、中学校、高等学校及び特別支援学校の学習指導要領等の改善及び必要な方策等について（答申），平成28年12月21日．
中央教育審議会初等中等教育分科会（2012）：共生社会の形成に向けたインクルーシブ教育システムの構築のための特別支援教育の推進（報告）．
中央教育審議会特別支援教育特別委員会（2005）：特別支援教育を推進するための制度の在り方について（答申）．
特別支援教育の在り方に関する調査研究協力者会議（2003）：今後の特別支援教育の在り方について（最終報告）．
内閣府（2013）：第3次障害者基本計画（平成25年9月27日閣議決定）．
文部科学省（2013）：インクルーシブ教育システム構築モデル事業委託要項．
文部科学省（2013）：学校教育法施行令の一部改正について（通知）」（25文科初第655号　平成25年9月1日）
文部科学省初等中等教育局（2007）：特別支援教育の推進について（通知）．
文部科学省初等中等教育局特別支援教育課（2013）：障害のある児童生徒の教材の充実について（報告）について．
宮崎英憲（2013）：インクルーシブ教育システム構築のための特別支援教育の推進を．季刊特別支援教育第48号，16-19.

第2章 特別支援教育の現状

神戸親和女子大学准教授　武富　博文

1 特別支援教育対象者の拡大

第1章でも述べたように、2001年10月に設置された「特別支援教育の在り方に関する調査研究協力者会議」では、障害種別の枠を超えた盲学校・聾学校・養護学校の在り方、学習障害（LD）、注意欠陥／多動性障害（ADHD）、高機能自閉症等、小学校・中学校に在籍する児童生徒への対応等について検討が進められ、2003年3月に「今後の特別支援教育の在り方について（最終報告）」がまとめられた。

この中で、これまでの盲学校・聾学校・養護学校について、障害種にとらわれない学校制度にするとともに、地域における障害のある子どもの教育のセンター的な役割を果たす「特別支援学校（仮称）」へ転換することなどが提言された。

また、これらの内容を受けて設置された中央教育審議会初等中等教育分科会特別支援教育特別委員会では、特別支援教育をより一層、推進していくための学校制度等の在り方について検討が重ねられ、2005年12月に「特別支援教育を推進するための制度の在り方について（答申）」がまとめられた。

この中においても、障害の種類や程度に対応して教育の場を整備し、そこできめ細かな教育を効果的に行うという視点で展開されてきた「特殊教育」から、小・中学校の通常の学級に在籍する学習障害（LD）、注意欠陥／多動性障害（ADHD）、高機能自閉症等の児童生徒を含めて、学習上又は生活上の困難を抱える児童生徒に対し、一人一人の教育的ニーズに応じた適切な指導及び必要な支援を行う「特別支援教育」に転換することが提言された。

文部科学省は、これらの答申における提言内容等を踏まえる形で制度の見直しを図り、学校教育法施行規則の一部改正（2006年4月施行）によって、通級による指導の対象となる者として、学習障害者及び注意欠陥多動性障害者を加えたり、「情緒障害者」と「自閉症者」の分類を見直したり、通級による指導の授業時数の標準についての規定の見直しを行った。加えて、学校教育法等の一部改正（2007年4月施行）では、盲学校、聾学校、養護学校を障害種別を超えた特別支援学校として一本化を図ったり、特別支援学校においては、在籍児童生徒の教育のほかにも小・中学校等に在籍する障害のある児童生徒等の教育について、必要な助言又は援助に努めるものとすること、小・中学校等においても、学習障害（LD）・注意欠陥多動性障害（ADHD）等を含む障害のある児童生徒等に対して適切な教育を行うことについての規定を行うことにより、理念的・制度的にも、「特殊教育」から「特別支援教育」への転換を図った。

2 特別支援教育対象者の推移

前述のとおり、特別支援教育への転換によって、対象となる児童生徒数は飛躍的に増加の傾向をたどってきている。とりわけ2006年度から新たに通級による指導の対象として学校教育法施行規則に規定された学習障害や注意欠陥多動性障害については、それまで対象となっていた自閉症、情緒障害とあわせて増加の傾向が顕著となっており、2006年度の通級による指導の対象者数は、すべての障害種を合わせて41,448名であったものが、2017年度には108,946名となっており、全体としては2倍強の数値となっている。

また、特別支援学級の在籍者数に関しても、2006年度段階では対象となるすべての障害種別をあわせると104,544名であったものが、2017年度段階では236,123名となっており、10余年の間に2倍強の増加となっている。2017度段階の特別支援学級在籍者数に占める障害種別の割合は知的障害が48.0％（113,361名）、次いで自閉症・情緒障害が46.9％（110,737名）となっており、この間の増加についても知的障害で約1.7倍、自閉症・情緒障害で約3倍の増加であることから、これらの障害種別に該当する児童生徒数の増加がこの間の増加の主な要因となっている状況がうかがえる。

さらに、特別支援学校の在籍者数に関しても、2007年度段階では対象となるすべての障害種をあわせると108,173名であったものが、2017年度段階では141,944名となっており、約1.3倍の増加となっている（図1）。肢体不自由、病弱・身体虚弱、聴覚障害、視覚障害に該当する幼児児童生徒数は、ほぼ横ばいの状況にある中で、知的障害のある幼児児童生徒数が2007年度は92,912名であったものが、2017年度は128,912名となっており、知的障害（単一障害及び知的障害を併せ有する場合）のある幼児児童生徒の増加が、特別支援学校の幼児児童生徒数の増加の大きな要因となっていると言うことができる。

なお、2017年3月時点では、特別支援学校中学部の卒業生の96.7％が、高等部に進学する状況や、中学校特別支援学級の卒業生の55.1％が特別支援学校高等部に進学する状況があるが、このような状況からも近年、特別支援学校高等部の生徒数が著しく増加する傾向があり、直近5年間の高等部生徒数の推移を見ても、63,793名（2013年度）、65,370名（2014年度）、66,462名（2015年度）、67,406名（2016年度）、68,702名（2017年度）と毎年1,000名前後の生徒が増加している。また、特別支援学校全幼児児童生徒数に占める高等部生徒数の割合も48.4％と約半数が高等部の生徒となっている状況がある。これらの状況に伴って、新しく高等部単独の特別支援学校を開設したり、廃校となった校舎を活用して高等部生徒

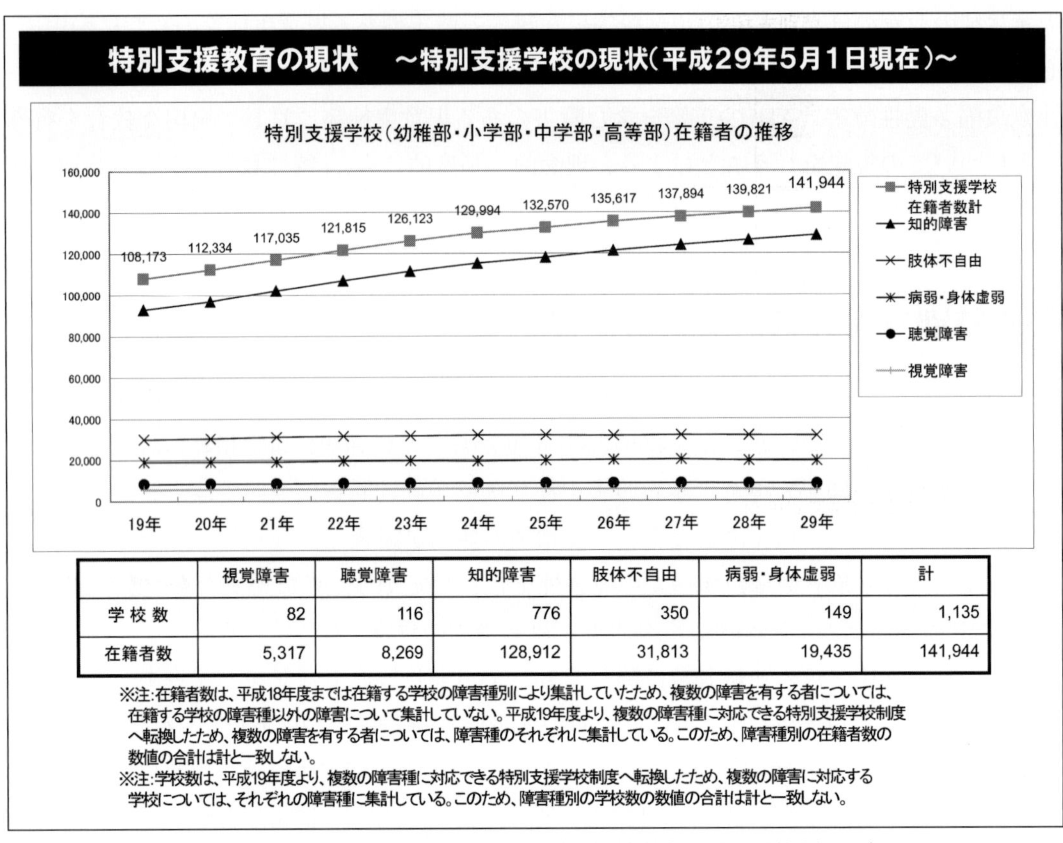

	視覚障害	聴覚障害	知的障害	肢体不自由	病弱・身体虚弱	計
学 校 数	82	116	776	350	149	1,135
在籍者数	5,317	8,269	128,912	31,813	19,435	141,944

※注：在籍者数は、平成18年度までは在籍する学校の障害種別により集計していたため、複数の障害を有する者については、在籍する学校の障害種以外の障害について集計していない。平成19年度より、複数の障害種に対応できる特別支援学校制度へ転換したため、複数の障害を有する者については、障害種のそれぞれに集計している。このため、障害種別の在籍者数の数値の合計は計と一致しない。
※注：学校数は、平成19年度より、複数の障害種に対応できる特別支援学校制度へ転換したため、複数の障害に対応する学校については、それぞれの障害種に集計している。このため、障害種別の学校数の数値の合計は計と一致しない。

図１　特別支援学校在籍者の推移（文部科学省行政説明資料より）

の増収容対策を進めたりするなど、教育課程編成の工夫も含め、全体的な幼児児童生徒数の増加や実態の多様化に対応した特徴的な取組が全国的に進められている。

③ 特別支援学校高等部卒業後の状況

先に述べたように、特別支援学校高等部の生徒数が増加している状況の中で卒業後については、社会福祉施設等に入所もしくは通所する者の割合が最も高く、2017年度段階でその割合は62.2％となっている。また、就職者の割合が次いで高くなっており、全体で30.1％となっている。この点について障害種別でみると聴覚障害者が43.2％、知的障害者が32.9％となっている一方で、視覚障害者、肢体不自由、病弱については10％台やそれ以下であり、障害種別によって顕著な差が生じている状況もうかがえる。この10年間の推移においても社会福祉施設等への入所・通所者の割合及び就職者の割合は、2006年度段階で、前者が56.1％、後者が22.7％であったことを考えると、両者ともに６～７％程度の増加の傾向が認められる。しかし、就職者に関しては、漸増の傾向を示しているものの、文部科学省初等中等教育局特別支援教育課の行政説明資料において、「福祉、労働等関係機関との連携を図り、キャリア教育・就労支援を充実することが必要」との認識が示されており、働く機

表1　特別支援学校高等部（本科）卒業後の状況─国・公・私立計─

（人）

区　分	卒業者	進学者	教育訓練機関等	就職者	社会福祉施設等入所・通所者	その他
計	21,292 (100.0%)	396 (1.9%)	381 (1.8%)	6,411 (30.1%)	13,253 (62.2%)	851 (4.0%)
視覚障害者	277 (100.0%)	92 (33.2%)	10 (3.6%)	32 (11.6%)	119 (43.0%)	24 (8.7%)
聴覚障害者	451 (100.0%)	162 (35.9%)	20 (4.4%)	195 (43.2%)	60 (13.3%)	14 (3.1%)
知的障害者	18,321 (100.0%)	66 (0.4%)	276 (1.5%)	6,029 (32.9%)	11,262 (61.5%)	688 (3.8%)
肢体不自由	1,856 (100.0%)	57 (3.1%)	42 (2.3%)	94 (5.1%)	1,574 (84.8%)	89 (4.8%)
病　弱	387 (100.0%)	19 (4.9%)	33 (8.5%)	61 (15.8%)	238 (61.5%)	36 (9.3%)

※平成29年3月卒業者の状況。
※上段は人数、下段は卒業者に対する割合。四捨五入のため、各区分の比率の計は必ずしも100%にならない。
※文部科学省特別支援教育資料より引用。

会や場の拡大及び社会の理解を含めた周囲の環境整備等が重要になってきているといえる。これらの状況に鑑みて文部科学省では、2014（平成26）年度から「自立・社会参加に向けた高等学校段階における特別支援教育充実事業」を展開し（後述）、高等学校の発達障害のある生徒への指導の充実を含めて、特別支援学校小・中学部段階からのキャリア教育等の推進や企業等のニーズや実情を踏まえた授業の改善・充実を促す事業を展開してきた。

4 特別支援学校（知的障害）高等部卒業生の進路状況

さて、これまで特別支援教育対象者の拡大やその推移、特別支援学校卒業後の状況等、特別支援教育の全体的な状況について概観した。多様な学びの場に在籍する児童生徒であるが、中学校の特別支援学級に在籍する生徒や中学校の通常の学級に在籍する生徒が特別支援学校に進学するケースが増加しているのは前述したとおりである。とりわけ特別支援学校（知的障害）における高等部生徒の増加は顕著な状況となっており、卒業生の進路状況については図2のとおりとなっている。

経年変化からもわかるように、特別支援学校（知的障害）の卒業者の多くは、社会福祉施設・医療機関を進路先としており、その実数も年々、増加している。また、次に、割合が高いのは就職する者で、進学する者や教育訓練機関等に進む者がほぼ横這いの状況の中で、就職者の比率については増加の傾向が認められる。

その就職者の状況に関して職業別の推移（図3）を見てみると2017年のデータでは、製造製作系の職業に就く者が最も多く、1,430名となっている。1990年代には、就職者の大半が製造製作系の職業に就いていたが、その後、経済的な低迷の影響もあってか、就職者数が減少する傾向が認められていた。しかし、2010年代に入って再び増加の傾向を示している。

続いて2番目に就職者数が多いのは、サービス系の職業である。2017年のデータでは1,404名となっており、製造製作系や運搬・清掃系の就職者数とほぼ似通った数値になっている。

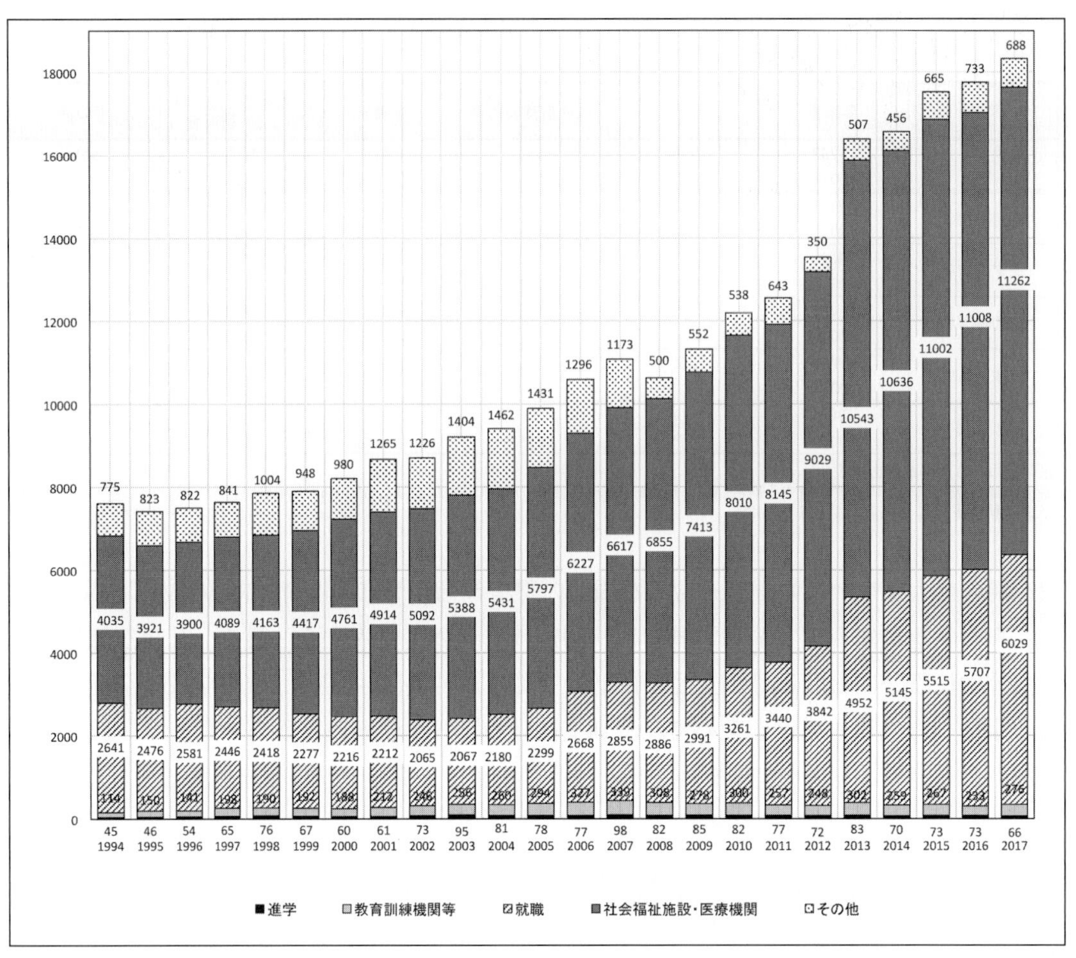

図２　特別支援学校（知的障害）高等部卒業生の進路別人数の推移

３番目に就職者数が多いのは、運搬・清掃系の職業となっている。グラフの特徴からも読み取れるように、前年度よりは微減の状況となったものの、2011年の統計開始以来、運搬・清掃系の就職者数は右肩上がりに上昇してきており、その数は３倍に迫る勢いになってきている。

４番目に就職者数が多いのは、販売系の職業である。この実数に関しても特別支援学校（知的障害）に在籍する高等部生徒の増加の傾向とも相まって、増加の傾向を示しており、その経年変化の状況は、サービス系の就職者数が示すグラフの変化の状況と似通った傾向を示している。

５番目に就職者数が多いのは、事務系の職業となっている。実数こそこれまでに挙げた職業ほど多くはないものの、1994年以降横這いの状況であったものが、2005年あたりからゆるやかに上昇傾向をたどり、2017年段階では、2005年当時の10倍程度の就職者が認められる状況となっている。

これまで述べた以外の職業についても一定の就職者が認められるが、全体としては顕著な変化が認められず、ほぼ横這いの状況になっている。

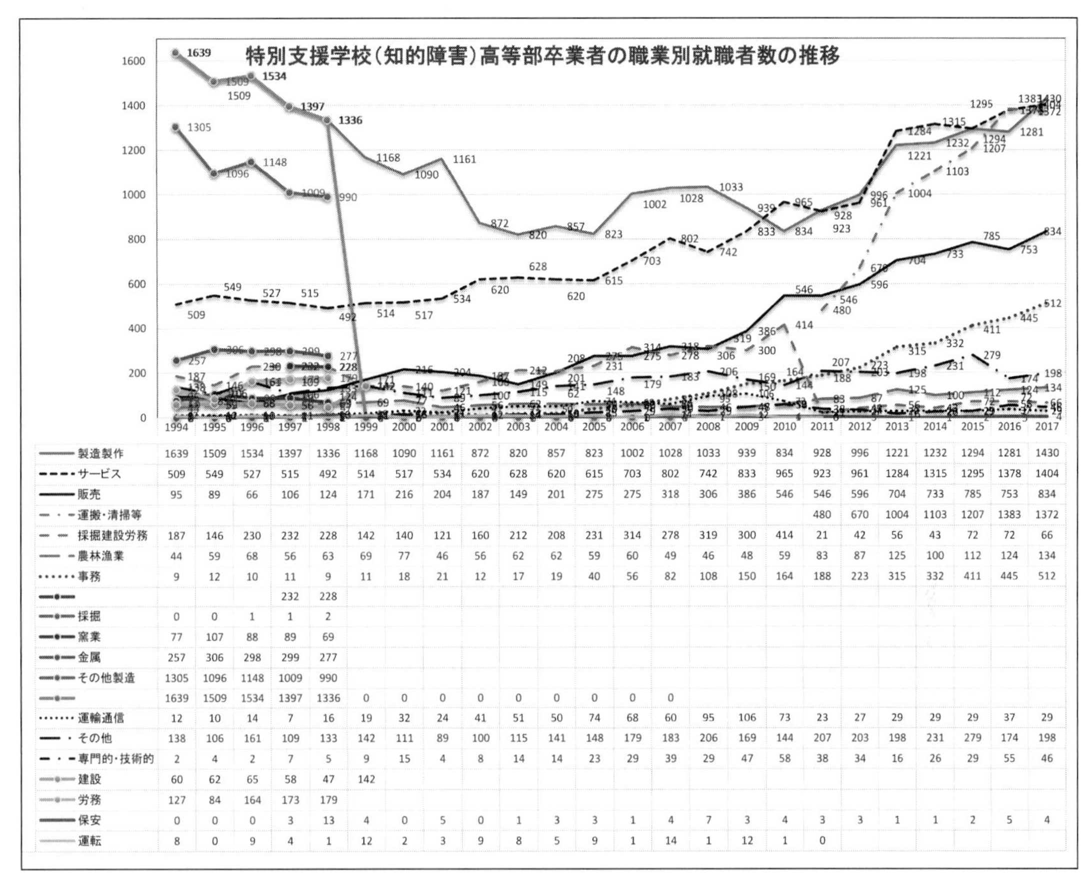

	1994	1995	1996	1997	1998	1999	2000	2001	2002	2003	2004	2005	2006	2007	2008	2009	2010	2011	2012	2013	2014	2015	2016	2017
製造製作	1639	1509	1534	1397	1336	1168	1090	1161	872	820	857	823	1002	1028	1033	939	834	928	996	1221	1232	1294	1281	1430
サービス	509	549	527	515	492	514	517	534	620	628	620	615	703	802	742	833	965	923	961	1284	1315	1295	1378	1404
販売	95	89	66	106	124	171	216	204	187	149	201	275	275	318	306	386	546	546	596	704	733	785	753	834
運搬･清掃等																		480	670	1004	1103	1207	1383	1372
採掘建設労務	187	146	230	232	228	142	140	121	160	212	208	231	314	278	319	300	414	21	42	56	43	72	72	66
農林漁業	44	59	68	56	63	69	77	46	56	62	62	59	60	49	46	48	59	83	87	125	100	112	124	134
事務	9	12	10	11	9	11	18	21	12	17	19	40	56	82	108	150	164	188	223	315	332	411	445	512
				232	228																			
採掘	0	0	1	1	2																			
窯業	77	107	88	89	69																			
金属	257	306	298	299	277																			
その他製造	1305	1096	1148	1009	990																			
	1639	1509	1534	1397	1336	0	0	0	0	0	0	0	0	0										
運輸通信	12	10	14	7	16	19	32	24	41	51	50	74	68	60	95	106	73	23	27	29	29	29	37	29
その他	138	106	161	109	133	142	111	89	100	115	141	148	179	183	206	169	144	207	203	198	231	279	174	198
専門的･技術的	2	4	2	7	5	9	15	4	8	14	14	23	29	39	29	47	58	38	34	16	26	29	55	46
建設	60	62	65	58	47	142																		
労務	127	84	164	173	179																			
保安	0	0	0	3	13	4	0	5	0	1	3	3	1	4	7	3	4	3	3	1	1	2	5	4
運転	8	0	9	4	1	12	2	3	9	8	5	9	1	14	1	12	1	0						

図３　特別支援学校（知的障害）高等部卒業者の職業別就職者数の推移
（文部科学省「特別支援教育資料」を基に作成）

⑤ 特別支援学校における進路指導・キャリア教育

このような状況をたどる中で、我が国におけるキャリア教育は、高等部（高等学校）段階のみならず、幼稚部（幼稚園）・小学部（小学校）・中学部（中学校）を含めて、ライフステージに応じて、社会的・職業的自立をめざした活動として展開する必要性が認識されてきた。また、就労支援については、キャリア教育の一環として、職業教育や進路指導を通じて行われてきた。特に、特別支援学校（知的障害）における主な指導の形態として取り組んできた作業学習では、作業活動を学習活動の中心に据えて総合的に学習を展開し、働く意欲を培ったり、将来の職業生活や社会生活に必要な力を高めることをねらった活動を行ってきた。中学部の「職業･家庭」や高等部の「職業」「家庭」の内容を中心としながら、その他の各教科や道徳、特別活動、自立活動の様々な内容を総合した形での指導が進められてきた。また、これまでに示してきた社会の変化を分析しつつ、時代の流れを先読みしながら、先取の気鋭をもって教育活動の中に人的資源・物的資源を活用するシステムづくりやネットワークづくりを重視してきた経緯もある。

教育課程上も、特別支援学校（知的障害）の作業学習は、主に中学部で始まり、高等部では教育課程の中心に位置づけられることが多くなり、週日課表の中でも帯状に設定したり、連続した曜日・時間帯を工夫する学校が多くなってきた。更に作業学習では多種多様な作業種目を扱い、地域の地場産業と連携した作業種目や事業所等の外部機関との連携の中で請け負った作業種目等の設定の工夫もみられるようになってきた。作業種目を選ぶ場合の主な要件として、「教育的価値の高い作業活動等を含んでいること」「地域性に立脚していること」「生徒の実態に応じた段階的指導ができること」「障害の実態が多様な生徒が取り組める作業活動を含んでいること」「共同で取り組める作業活動を含んでいること」「作業活動に参加する喜びや完成の成就感が味わえること」「作業内容が安全で健康的であること」「原材料が入手しやすく、永続性があること」「生産から消費への流れが理解されやすいこと」等の視点を大切にしながら、生徒の自己理解や自尊感情、自己肯定感をはぐくむ取組が展開されてきている。

また、近年では知的に軽度の障害のある生徒を対象として専門教育を主とする学科を開設している特別支援学校（知的障害）の数も増加の傾向が認められるようになってきた。2018 年度の全国特別支援学校知的障害教育校長会の調査によると、設置学科数は 122 学科となっている。これらの学校では、職業に関する学科を教育課程の核としながら様々な企業等との連携を図り、産業現場等における実習を効果的に組み込み、学校や企業での学びを往還させながら働く力に関する実践的な能力や態度を培い、学びを深める「デュアルシ

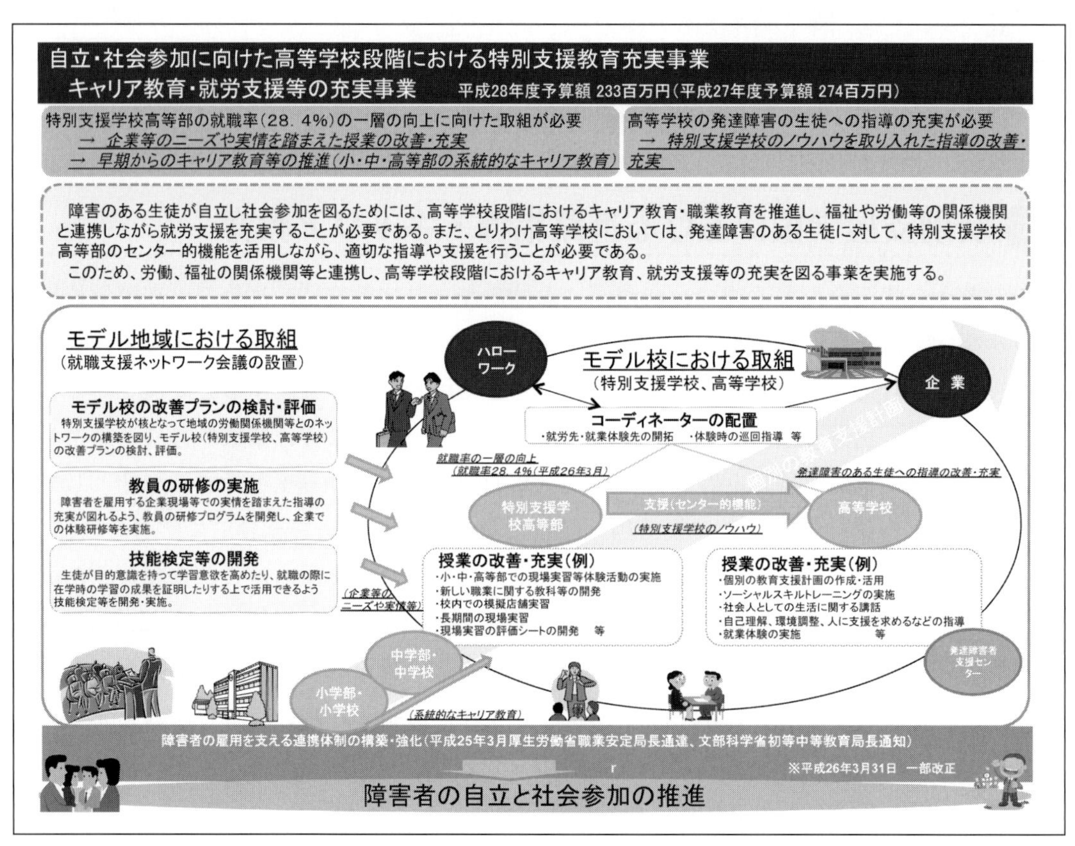

図４　文部科学省「キャリア教育・就労支援等の充実事業」

ステム」による取組を展開するなど、特徴的な取組が進められるようになってきている。

加えて、就労支援としての進路指導においては、生徒が自分自身の能力や適性を理解し、進路先である事業所等での職場生活についての認識を深めるとともに、自分と職場との適合性を考慮しながら進路先を主体的に選択できるように支援する各種のプログラム開発にも取り組んできた。また、進路に関わる情報提供・啓発活動、進路相談、授業としての進路学習、進路のあっせんに関わる活動、卒業後の支援に関わる活動なども精錬されてきた。

例えば、「進路に関わる情報提供・啓発活動」では、進路に関する説明会や講演会、座談会等の開催、事業所･作業所･施設等の見学、進路選択に関する手引きや進路便りなどの作成･配布などが充実され､小学部段階から各種の情報に触れる機会なども充実してきている。「進路相談」については、進路希望調査とそれに基づく進路選択について、計画的・定期的に、または随時の個別の相談を実施するなどの工夫も積み重ねられてきた。「進路学習」については、職場見学や産業現場等における実習の事前・事後学習を行う機会の設定、卒業生や雇用主、就労支援機関の支援者等の話を聞いて生徒同士で協議したり、自分の将来設計とどのように関わりがあるのかを対話的・協働的に学び合う授業設計の工夫、公共交通機関や公共施設の利用方法を学習したりするなど、自立的な社会生活に必要な学習内容を工夫する授業改善を行ってきた。更に「進路のあっせんに関わる活動」では、ハローワークや福祉事務所などの関係機関と協力しながら、就職や地域生活に必要となる書類手続き等を生徒自身が行えるように支援する取組の工夫、加えて「卒業後の支援」に関する活動では、生徒が卒業後の職場生活や地域生活に適応できるように、卒業生の丁寧なアフターケアや定着のための支援を推進するなどの取組を行ってきた。これらの中には、個々の卒業生の実態を把握しながら、課題や困難を抱えている卒業生に対して関係諸機関と協力しながら支援を行ったり、定期的に開催する同窓会活動や青年学級（趣味・教養講座、文化・芸術活動、体育・スポーツ活動、グループ旅行等）を通して卒業後の生活の質の維持・向上を目指す支援活動を進路指導の一環として位置づけたりする学校もみられるようになってきた。障害者の生涯にわたる学習の機会の確保やその質の向上が重視される中で、今後の進展が期待されるところとなっている。

⑥ 文部科学省キャリア教育・就労支援等の充実事業の成果と課題

文部科学省では、「障害のある生徒が自立し社会参加を図るためには、高等学校段階におけるキャリア教育・職業教育を推進し、福祉や労働等の関係機関と連携しながら就労支援を充実することが必要である」との認識のもと、高等学校段階における障害のある生徒へのキャリア教育・就労支援充実事業を 2014 年度から 2016 年度に展開した。受託機関のモデル地域における取組として、就職支援ネットワーク会議の設置や教員の研修の実施、技能検定等の開発が行われ、モデル校における取組では、就労支援に係るコーディネーターの配置、授業の改善・充実が図られている。特に高等学校に在籍する発達障害のある生徒に対して、特別支援学校高等部のセンター的機能を活用しながら、適切な指導や支援を行うことを視野に入れた事業を展開し、就労の場や機会の充実・拡大が図られるという成果がみられている。

課題面では、特別支援学校高等部生徒の増加に伴う更なる進路開拓、発達障害のある生徒を含めた多様な就労ニーズのある生徒へのきめ細やかな対応、外部関係諸機関との連携の維持・継続・発展、障害の特性と就労支援に関する校内研修の一層の推進、企業や地域関係者に対する生徒の障害特性理解と就労支援方法等に関する啓蒙・啓発活動の充実等があげられている。今後もこれらの点での指導や支援の充実、システムの構築が重要となると考えられる。

高等学校における特別支援教育の取組

第１節　高等学校に在籍している発達障害者への進路指導

千葉県立つくし特別支援学校教頭　松見　和樹

1 高等学校における特別支援教育の動向

障害者権利条約に基づき、インクルーシブ教育システムの構築を進めている我が国において、高等学校の教育においてもその重要性が高まっている。新高等学校学習指導要領（2018年３月告示）では、総則において、「特別な配慮を必要とする生徒の指導」という項目が新たに加わり、障害のある生徒に対する「通級による指導」における個別の指導計画等の全員作成や単位修得の認定の際の配慮事項、各教科等における学習上の困難に応じた指導の工夫について定めている。「通級による指導」については、2016年12月の学校教育法施行規則及び文部科学省告示の改正により、2018年度から高等学校における「通級による指導」が制度化したことに関連した内容である。このことに関して、国は以前から準備を進めてきており、「個々の能力・才能を伸ばす特別支援教育事業」では、高等学校における「通級による指導」の導入に向けた、指導内容・方法の研究・開発を行ってきた経緯がある。今回の制度化に伴い、高等学校における特別支援教育の今後のより一層の推進・充実が求められることになった。

2 高等学校における特別支援教育の取組について

2007年４月から「特別支援教育」が学校教育法に位置づけられ、いわゆる特別支援教育がスタートしたことにより、高等学校においても、文部科学省初等中等教育局長通知「特別支援教育の推進について」等に基づいて、「特別支援教育に関する校内委員会の設置」「実態把握の実施」「特別支援教育コーディネーターの指名」「個別の教育支援計画の作成」「個別の指導計画の作成」「研修等による教員の専門性向上の取組」等、特別支援教育の体制整備が求められた。

2007年以降の高等学校における特別支援教育充実に関する主な国の取組や報告としては、2009年8月「高等学校における特別支援教育の推進について高等学校ワーキング・グループ報告」、2012年7月「共生社会の形成に向けたインクルーシブ教育システム構築のための特別支援教育の推進（報告）」、2014年「高等学校における個々の能力・才能を伸ばす特別支援教育モデル事業」、2015年11月「高等学校における特別支援教育の推進に関する調査研究協力者会議」の開催と報告（2016年3月）等がある。

こうした取組をとおして高等学校における特別支援教育の推進が重要な課題として認識が深まる中、高等学校における特別の教育課程の編成に関する検討の必要性が指摘され、高等学校における「通級による指導」の制度化に向けて検討が進んできた。このような流れから、現状では高等学校における特別支援教育の議論は「通級による指導」が中心になっているが、この間、合理的配慮の提供を含め、各教育委員会や高等学校では、既にそれぞれ工夫を重ねながら特別支援教育充実への取組を進めてきている。高等学校教育においては、連続性のある「多様な学び場」の整備とともに、これまでの実践を活かしつつ一人一人の生徒が力を発揮できる取組の充実を図っていくことが重要になる。

③ 都道府県教育委員会における特色ある学校の設置

都道府県教育委員会で実施している特別支援教育に関連する取組として、特色ある学科・コースの設置等生徒の様々なニーズに応える高等学校の例を、東京都及び東京近県の取組から紹介する。

（1）東京都の取組

「チャレンジスクール」は、小・中学校時代に不登校を経験した生徒や、長期欠席等が原因で高校を中途退学した生徒を含め、多様な生徒が学校生活を通じて、自分の夢や目標に向かってもう一度はじめからチャレンジしたい生徒を応援する、総合学科･三部制（午前部･午後部・夜間部）の高校である。

「エンカレッジスクール」は、小・中学校で十分能力を発揮できなかった生徒のやる気を育て、がんばりを励まし、応援する学校として、社会生活を送る上で必要な基礎的・基本的学力を身に付けることを目的とした、全日制、学年制の高等学校である。学力試験によらない入学者選抜、二人担任制による個に応じたきめ細かい指導、多彩な体験授業やキャリアガイダンスの実施、体験学習などを特徴とする。

（2）千葉県の取組

「地域連携アクティブスクール」は、中学校で十分に力を発揮しきれなかったが、高校ではがんばろうという意欲を持った生徒に、企業や大学など地域の教育力を活用しながら、「学び直し」や「実践的なキャリア教育」を行い、自立した社会人を育てることを目的としている。

学び直しの授業、ソーシャルスキルトレーニング、ボランティア体験など、自立した社会人になるための充実したカリキュラムを準備し、職業観や勤労観を育てる実践的なキャリア教育を特徴としている。

（3）神奈川県の取組

「クリエイティブスク ル」は、中学校までに、持てる力を必ずしも十分に発揮しきれなかった生徒を積極的に受け入れ、主体的に学び考え行動する社会実践力を育成することを目的とした全日制普通科高等学校である。支援を必要としている生徒すべての支援を行うため、コーディネーターの複数配置や外部機関等との連携により、組織的な教育相談体制を構築している。

（4）埼玉県の取組

「パレットスクール」は、昼夜開講、単位制の定時制高等学校である。小・中学校での不登校や高等学校での中途退学などによって、これまで能力や適性を十分に生かしきれなかった生徒が、自分の生活環境に応じて、午前部、午後部、夜間部のいずれかで学び単位を修得する。

4 高等学校における特別支援教育の実践

高等学校における特別支援教育の実践は、合理的配慮の提供を含め、各高等学校で生徒のニーズに合わせて工夫し進められてきている。ここでは、文科省委託事業「個々の能力・才能を伸ばす特別支援教育モデル事業」（2014 ～ 2016 年度）においてモデル校として取り組んだ千葉県立高等学校２校の実践を紹介する。

（1）学校設定教科「心理学」の授業実践

将来の社会生活で必要となる人間関係形成力やコミュニケーション力を高めることを目的とし、学校設定教科「心理学」を選択教科として設け、社会生活上の困難さを抱える生徒も、抱えていない生徒も選択できるようにし、基礎的な心理学の他に、グループワーク等を通じて人間関係の形成、コミュニケーションなどについて学んでいる。この「心理学」の授業を通し、困難の状態（障害の状態）によって、個別の指導が適している生徒の自己理解を促し、自立活動（「通級による指導」）につなげている。

（2）ユニバーサルデザインの授業実践

チョークの色使い、授業ポイントの明確化、分かりやすさ、アクティブ・ラーニングを導入した授業等の工夫を学校全体で実施するなど、学習の苦手な生徒については「必要」、特に問題のない生徒にとっても「あると助かる」という視点を背景にしたユニバーサルデザインの授業実践に取り組んでいる。

（3）特別支援教育の理解促進を図る研修会の実施

教職員の特別支援教育や障害に対する意識や理解に関すること、個別の指導計画の作成・活用に関すること、教育の専門性等に関することを主な内容として外部講師による研修会を実施している。また、生徒向けの講演会等を実施し、高等学校における特別支援教育の理解促進を図っている。教職員向けの研修だけではなく、生徒向けにも特別支援教育の理解推進を図る研修を実施しているのは、高等学校の大きな特徴である。

5 教育委員会における特別支援教育の推進に関する施策

都道府県教育委員会において、高等学校における特別支援教育の推進を施策に掲げて充実を図っている例として、2017年に公開された東京都と千葉県の推進計画を紹介する。

東京都では、「東京都特別支援教育推進計画（第二期）・第一次実施計画」において具体的な取組を示している。これまでの取組として①特別支援教育コーディネーターの指名、個別の教育支援計画及び個別の指導計画の作成と活用を進めるなど、発達障害のある生徒に対する指導体制を充実してきたこと、②特別支援学校高等部との連携により、発達障害のある生徒に対する進路指導を充実してきたこと、合理的な配慮の適切な提供のための対応例を示した「障害者差別解消法ハンドブック」を作成・周知してきたことを挙げ、今後の施策の展開としては、次の２点を示している。①都立高校等における個に応じた指導・支援の充実と教育環境の整備、学校生活支援シート等に基づく指導と支援の充実等、②都立高校等における発達障害教育の推進、通級による指導の実施、教育課程外での特別な指導・支援等である。

千葉県では、「第２次千葉県特別支援教育推進基本計画」において、連続性のある「多様な学びの場」と支援の充実における主な取組として高等学校における特別支援教育の充実を掲げている。ここでは、高等学校の発達障害を含む障害のある生徒が卒業後に職業的自立をしていくことができるよう、高等学校と特別支援学校、ハローワークや障害者就業・生活支援センター等が連携して、就労支援を行っていくための体制を充実させ、さらに高等学校における障害のある生徒一人一人に応じたキャリア教育の充実をめざしている。

6 おわりに

高等学校における特別支援教育の充実を図っていくためには、教育委員会と高等学校、特別支援学校、関連諸機関それぞれが連携して推進していくとともに、高等学校教員の特別支援教育への理解と協力が不可欠である。そこをつなぐ一つの方法として、特別支援学校からのセンター的機能の発信は今後さらに重要になると考える。一方で、高等学校では既に独自の工夫により特別支援教育を進めてきたことや、高等学校の中での特別支援教育の理解に幅がある現状を踏まえると、特別支援教育を一方的に提案するような連携ではなく、学校の特色や一人一人の教育的ニーズに応じた支援ができるよう、高等学校が主体となりながら、共に進めていく視点が重要であると考える。

第2節　特別支援教育と高等学校との連携
～特別支援教育コーディネーターと進路指導担当～

東京都立南大沢学園副校長　吉池　久

1　「特別な支援を必要とする生徒のための進路指導連絡協議会」の取組

東京都西部学校経営支援センターでは、東京都特別支援教育推進計画第三次実施計画に基づき、「特別な支援を必要とする生徒のための進路指導連絡協議会」を設置している。その目的は、管内の都立特別支援学校と都立高等学校の連携強化を推進し、高等学校における個に応じた進路指導の充実を推進し、都立高等学校等に在籍する、特別な支援を必要とする生徒の進路指導の充実を図ることである。本事業は2013年から実施されており、年2回の事務局会と連絡協議会により構成されている。

内容は、発達障害のある生徒の就労支援に関する学識経験者の講演や事例研究、進路指導担当者と特別支援教育コーディネーター等との情報交換を実施し、都立高等学校と都立特別支援学校間及び教員間の連携を進め、多様な教育的ニーズへの支援や特別な支援を必要とする生徒の自立と社会参加に向けた支援の充実を図っている。大学等の進学者についても、将来の就職という視点からの進路指導における支援策を検討し、高等学校における特別支援教育の推進を図るために、広く進路指導担当者等への啓発を行っている。

2　都立高等学校と都立特別支援学校間及び教員間の連携の事例

「特別な支援を必要とする生徒のための進路指導連絡協議会」事務局会において高等学校と特別支援学校の連携について検討し、高等学校の実情に応じて特別支援学校の進路指導担当と連携して行える支援を実施した。以下に進路指導における高等学校と特別支援学校の連携した取組についてモデルケースを示す。

事例1　進路指導担当による研修と個別相談の実施による連携の推進

本事例は、高等学校における特別支援教育理解啓発の導入時期の事例である。支援の開始にあたり、個別の教育支援計画の高等学校版を用いて、配慮が必要な生徒について7月に教員向けアンケートを実施し、教員の特別支援教育に関する要望を調査した。その結果を受けて打合せを実施し、9月に高等学校の教員を対象にした特別支援に関する研修会を実施した。講師は特別支援学校の進路指導担当教員が務めた。

①　高等学校の概要（都立松が谷高等学校）

・全日制普通科　生徒数約880名　卒業生の約50％が大学・短大、25％が専門学校に進学、

５％が就職、20％が進学準備等

② 都立特別支援学校の概要（都立南大沢学園）

・知的障害特別支援学校高等部就業技術科　生徒数300名

・卒業後に障害者雇用枠での就労を目指す学校で就職率95％以上

③ 高等学校と特別支援学校が連携した取組の内容

ア）高等学校の特別支援教育に関する推進状況

高等学校の特別支援教育に関する推進状況は以下のとおりである。

・入学時の中学校からの情報収集は行っていない。
・生徒の特徴は、授業や行事、部活動等の際に教員が気付くことが多い。
・組織的な取組では、成績会議の際に生徒の情報を共有している。
・養護教諭が生徒の相談窓口であり、関係者と共有した課題を管理職に報告している。校内委員会は実施していない。
・学校全体では、特別支援教育の必要性をあまり感じていない。

イ）特別支援学校の進路指導担当への相談内容

高等学校の進路指導担当と特別支援教育コーディネーターは、「特別な支援を必要とする生徒のための進路指導連絡協議会」の研修を契機に自校の対応の難しい生徒について、特別支援学校の進路指導担当に相談した。

・勉強はでき、静かにしているが気になる生徒がいる。大学進学や就職をするが、途中でやめてしまう生徒も多いので実態把握をしてほしい。
・特別支援学校と連携して行う進路指導の必要性を教員に示してほしい。
・在学中にできる、ＳＳＴを教えてほしい。

ウ）特別支援学校と連携した成果

特別支援学校はセンター的機能として、進路指導教員及び特別支援教育コーディネーターを派遣し、生徒の実態把握と校内研修、個別相談を実施した。

・特別支援教育に関わる校内研修を定期的に実施できた。
・発達障害の特徴と対処方法の基本的な理解が進んだ。
・生徒の行動上の問題や進路指導に対する具体的な助言を得られた。
・生徒の実態把握における配慮点が共通理解できた。
・生徒の進路について特別支援学校に相談する件数が増加した。

特別支援学校と連携した特別支援教育の推進について、高等学校の教員にアンケートを実施したところ、図１・２の結果が示された。

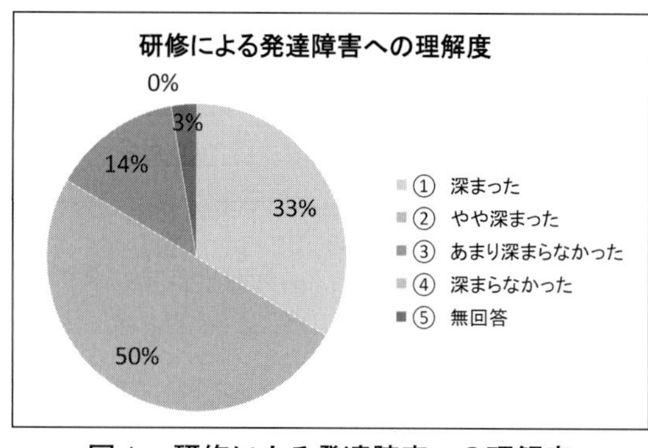

図1　研修による発達障害への理解度

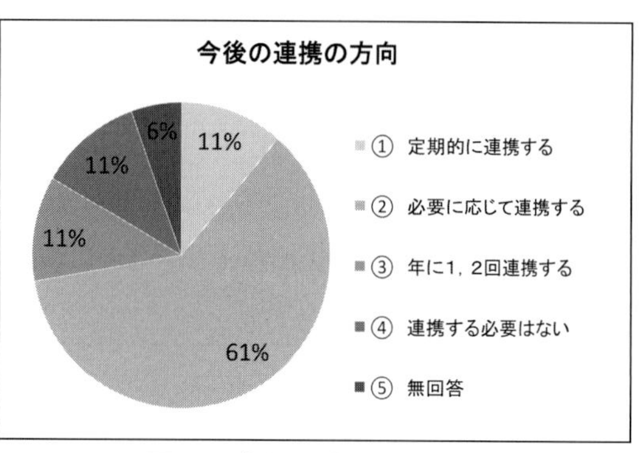

図2　今後の連携の方向性

特別支援学校の進路指導担当による校内研修により発達障害への理解度の一定の向上が図られた。また、支援が必要な生徒の進路指導について、具体的な助言が得られたことで教員にとって特別支援学校との継続した連携の有効性を実感できたと考えられる。

事例２ 特別支援学校と連携した生徒の特性に応じた進路実現

特別な支援を必要とする生徒の進路指導について、高等学校が特別支援学校の進路指導担当の助言をもとに関係機関を活用して進路指導、進路先選定、現場実習を行い、生徒の特性に応じた進路実現を果たした事例である。

① 高等学校の概要（都立秋留台高等学校）

・全日制普通科　エンカレッジスクール　生徒数約710名

・生徒の実態と特性や関心等に応じた丁寧な生活指導と進路指導を実施

② 都立特別支援学校の概要（都立青峰学園）

・知的障害特別支援学校高等部就業技術科と肢体不自由教育部門の併置校

・就業技術科は都内全域、肢体不自由教育部門は多摩北部が通学区域

③ 特別支援学校の高等学校に対する取組内容

ア）高等学校の特別支援教育に関する推進状況

高等学校の特別支援教育に関する推進状況は以下のとおりである。

・出身中学からの引き継ぎ、入学が決まった後の早い段階から直接電話
・新入生説明会で個別相談、必要な配慮について保護者から情報収集
・個別の教育支援計画・指導計画（学習面、生活面）を作成
・校内における情報共有、生徒個々の配慮点を記した座席表を担当が共有
・毎週定例の生徒相談委員会、学期に1回の拡大学年会
・成績会議ガイドラインの作成
・特別支援学校への研修視察

イ）特別支援学校の進路指導担当への相談内容

高等学校の進路指導担当は生徒の進路指導について、特別支援学校と連携することで、

関係機関と連携し生徒の特性に応じた進路指導を実現したいと考え、特別支援学校の進路指導担当に相談を行った。

- ・学力不振だが、発達障害、知的障害の診断がない生徒の進路指導
- ・心理検査の結果、知的障害が考えられる生徒及び保護者への対応
- ・「障害者雇用」に関する情報提供
- ・基本的な生活習慣の確立や好ましい生活態度の形成

ウ）特別支援学校と連携した成果

特別支援学校はセンター的機能として、進路指導担当を派遣し、生徒の実態把握と個別相談、校内研修、関係機関の情報提供を実施した。

- ・生徒の実態把握と就労までの計画策定
- ・生活指導検定（初級～中級～社会人入門編）の提供と実施
- ・産業現場における実習に東京ジョブコーチを活用
- ・ハローワーク専門援助部門求職登録
- ・障害者雇用としての就職の実現

特別支援学校と連携し、障害者雇用全般についての情報提供を受けた。その結果、生徒の進路指導について教員・保護者・生徒の理解を得られ、愛の手帳を取得し、関係機関を活用した現場実習を進められ進路実現につながった。

図３の生活指導検定を実施したことで、生徒と教員は改善課題を客観的に見ることができるようになり、生徒は生活改善に前向きに取り組めた。

図４の就労支援計画は生徒が理解できるように端的に示した。

中級

分野	観点	項目	自己評価	教員評価
報告 連絡 相談	立場を考えて業務を進められる	遅刻や欠席の時に連絡を入れられるか。	○	○
		業務の終了時や変化があったときに報告ができるか。	○	×
		必要な手続きや書類提出などを面倒くさがらずにできるか。	○	○
		新規のことに取り組もうとする時や自分で判断できない時に適切な人に相談できるか。	○	×
身だしなみ	衛生やマナーにかなった適切な身だしなみができる	はみがき、入浴、洗顔、洗髪などがきちんとできて、体を清潔にしているか。	○	○
		清潔な下着や衣服を身につけているか。	○	○
		制服を正しく着用し、日ごろから洋服や靴の手入れをしているか。	○	○
		日ごろから、髪やひげ、つめなどを望ましい状態に整えているか。	○	○
		適切な時期に、理容室や美容院に行って髪を整えているか。	○	○
言葉遣い コミュニケーション	礼儀やマナーにかなった態度や言葉遣いができる	直接の知り合いだけでなく、来客などにもきちんと挨拶ができるか。	○	×
		改まった場においては、ふさわしい言葉遣いができるか。	○	○
		指示を受ける時や話し合い中に姿勢を良くしていられるか。	○	×
		自分の思いと違う事態に出会っても、落ち着いて行動できるか。	×	×
		周囲が不愉快になるような言動(電話やメールも含む)をしないか。	○	○
		相手や場所、時間にふさわしい話題の会話ができるか。	○	○
自己管理	健康やスケジュールを自分で管理して生活が送れる	十分な睡眠時間を確保できるように就寝しているか。	×	×
		適切な分量や種類の食事を定期的に取れるか。	○	○
		必要なことをメモに取ったりして、物忘れの防止ができているか。	○	×
		週・月・年間の予定を理解して行動しているか。	○	○
		必要な服薬や通院を自力でできるか。	／	○
		いらいらしても、人や物に当たらず、感情をコントロールすることができるか。	○	○
		改善点を指摘された時に、進んで改善しようとするか。	○	○

図３　生活指導検定中級の結果

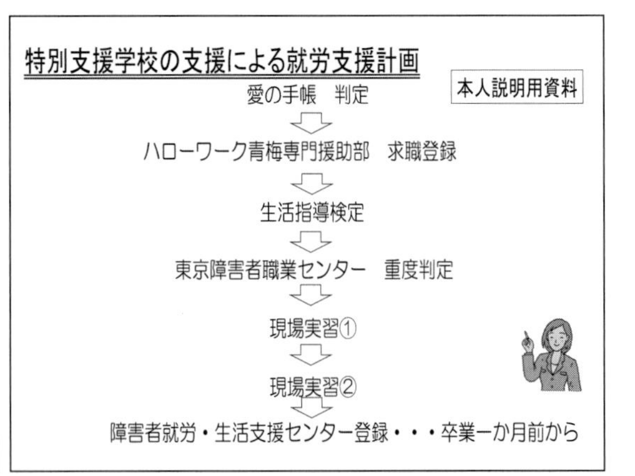

図４　生徒の就労支援計画

特別支援学校と連携し、随時連絡や相談をすることで、進路指導担当から適切な助言を得ることができ、早期からの生徒の特性に応じた進路指導が可能になった。

ジョブマッチングにおいて、本人の適性に応じた具体的な仕事の提示が課題である。

３ まとめ

「都立高校改革推進計画第一次実施計画」及び「東京都特別支援教育推進計画第三次実施計画」により、高等学校における特別支援教育の推進が示されている。高等学校においては、これまでも生徒指導・教育相談等の観点から発達障害のある生徒への指導・支援が行われてきた。生徒一人一人の教育的ニーズを把握し、それに対応した適切な指導及び必要な支援を行うという特別支援教育の理念を実現するためには、高等学校においても生徒の自立と社会参加に向けた、一貫した教育支援を継続して行っていくことが極めて重要であると考えられる。

今後も特別支援学校と高等学校との連携を更に推進し、入学時の情報収集や校内委員会による情報共有を進め、一人一人の生徒に目を配ることで、円滑な学校生活を送り、生徒の実態と特性に応じた進路実現が図れるようにし、高等学校における個別の就労支援が当たり前の進路指導であるようにしたい。

特別支援学校との連携①

高等学校における支援ある生徒への進路指導の実際

東京都立立川国際中等教育学校主幹教諭　末石　忠史

特別支援教育が高等学校で実施され、その間に様々な政策が実施された。個別の教育支援計画や個別の指導計画の作成や活用、合理的な配慮の提供、特別支援学校との連携、教育課程外の支援などの仕組みが整い実践が推進されている。特別支援教育は、「障害のある幼児児童生徒の自立や社会参加に向けた主体的な取組を支援するという視点に立ち、幼児児童生徒一人一人の教育的ニーズを把握し、その持てる力を高め、生活や学習上の困難を改善又は克服するため、適切な指導及び必要な支援を行うもの」である。この支援は、生徒に対して支援者の間で本人の状態像の認識にズレがあると進めることが難しくなる。

前任校では、入学前相談に通級等を利用していた生徒の保護者を対象に、高校での支援について面談を実施していた。しかし、「個別の教育支援計画は通級を利用するために作成していたものなので、高校では必要ありません」と断られるケースもあり、支援の継続について理解が得られず心苦しい時もあった。この例だけでなく、これまで支援を受けていたケースでさえ支援の継続が課題となる場合がある。また、実際の高校生活が始まってから支援の必要性を感じ保護者と面談を実施した際でも「支援の対象にしたい」という話をすることさえ難しいことも多くあった。そのため支援が切れないように小中高が丁寧につないでいく大切さと、子供に関わる教職員が生徒に対する小さな「気づき」を集約し、学校全体で本人の困難さを受け止め、早い段階から保護者などと共有していくことの重要さをいつも感じていた。一方で、中学校や関係機関と高等学校の引継ぎの重要性が理解され、保護者の承認のもと、引継ぎを実施できることが増えてきた。高等学校段階の支援を考える上で、中学校以前の支援を把握できる機会がもてるようになったことは、特別支援教育が進んだ成果だと思い、大きな一歩を踏み出したと感じている。

1　進路指導の実際

前段の話は、高校３年間という短い期間で、支援の「気づき」から「就労」まで進めることは困難があるということである。高等学校を卒業して即就労ということ自体にハードルを高く感じる本人や保護者は少なくない。そこで、前任校の進路指導では、

「高卒即就労」より専門機関（東京都障害者職業能力開発校、東京都立職業能力開発センターなど）を経由した指導を中心的な支援方針とした。保護者には、福祉の制度や関係機関との連携のなさや離職してしまった後のことを心配する声が多く、就労前に本人がある程度職業スキルを身に付け、福祉的なバックアップを整えることが重要であることを感じた。また、どんな進路選択をしても、高校が卒業後も継続した支援をすることで、本人、保護者の安心感につながった。

2　生徒本人との面談

生徒本人には進路に加え、日頃から生活について把握できる継続した支援が必要である。特に高校では、卒業をする上で欠かせないのは単位修得である。単位修得のため何らかの学習支援が必要な場合は、担当教員や学年への助言や支援方針の理解を得る必要がある。また、本人の心理的な変化を丁寧に見とれる仕組みとして相談室の設置や相談を専門とする校務分掌の設置なども必要な支援と思い実践した。

3　保護者との面談

保護者との面談は担任と連携をして進める必要がある。保護者との面談前には事前に担任と役割分担を明確にし、保護者から聞き取る内容を整理した。担任に加え別の支援者が校内にいることで、本人、保護者には安心していただけたように思う。保護者への寄り添いは、本人を支える上で欠かせない支援と考えていた。特に保護者と学校側の意見が違う時こそ、互いにより本人の理解を進めるチャンスと思い、丁寧な対応を心掛けてきた。専門機関や関係機関との連携構築は本人や保護者の理解を得られた段階があって初めて進めることができた。

4　専門家の協力

専門家が実施する知能検査であるWISCやWAISなどの資料も、個別の教育支援計画や個別の指導計画の作成や進路を考えていく上で大切な資料であるが、高等学校では学力調査などと合わせて実施される職業適性検査等で行われる性格や適性を見る資料なども参考にできる。手帳取得には医療機関などの連携を早急に進める必要があるが、支援を進めるためには、本人や保護者がある程度納得する段階までは、焦らず関係を保っていくことが重要だと感じている。

5　特別支援学校との連携

特別支援学校には、地域のセンター的役割を担う専門的な機関として本人の支援や進路指導に関する知見を有する助言を支援していただいた。特に進路先の情報や高校生段階から成人期に替わる福祉制度、医療機関の助言は高等学校だけでは把握しきれない情報で、重要な連携先として位置付け、協働していただいていた。

特別支援学校との連携②

高校の進路指導を中心とした特別支援学校との連携
～特別支援教育コーディネーターの立場から～

東京都立秋留台高等学校主幹教諭　花木　敦

2018年度からは高等学校における通級指導が本校でも始まった。中学校までに通常の学級に在籍しながらも特別な支援を必要としてきた生徒、特別支援学級からの生徒、通級での学習経験がある生徒、特別支援を必要としているのに支援を受けてこなかった生徒など、多様な生徒が入学してきている。東京都立秋留台高等学校は、東京都からエンカレッジスクールの指定を受けており、「学び直し」を目標にしている学校である。学び直しを必要とする生徒の背景には様々な事情が隠れており、発達障害を含む特別な支援を必要とする生徒は、わかっているだけで毎年何人も在籍している。進路指導においても療育手帳（東京都では愛の手帳）と精神障害者保健福祉手帳（発達障害を含む）を取得して進路活動をする生徒も毎年いる。ところが、高等学校の進路指導では、新規学卒の高卒求人で採用選考に臨むことがほとんどで、学校として障害者雇用における進路指導のノウハウも情報もほとんど持ち合わせていなかった。

特別支援学校とは電話一本でつながれる。わからないことは聞けばいい。私は特別支援教育コーディネーターを務めている間、わからないことはすべて特別支援学校に聞いた。高等学校で様々な制度や支援機関とのつながりや情報を持っていなくても、特別支援学校とつながれば無限のつながりを得ることができる。まず紹介を受けたのはハローワークの専門援助部門だった。そこでは雇用を予定している企業の紹介を受けたり、現場実習の事前訪問の際にも企業との仲介をしてもらえたりした。経験がない私であってもハローワークの助言を得ながら就労支援を進めていけたのはとても心強く、何よりも安心感があった。翌年からはハローワーク専門援助部門の方とも顔がわかる関係になれたので、特別支援学校を通さずとも直接連絡を取ることができるようになった。

障害者雇用で採用選考を受けるまでの進路指導計画と就労支援のスケジュールは、特別支援学校から教えてもらった。特別支援学校高等部の３年間の進路指導計画を参考に、その流れに乗り遅れないように１年生の頃から卒業後の進路と３年生での進路活動を見据えて進路指導を進めるように校内用にアレンジをした。障害者雇用で進路指導をする際の最大の難関は、生徒の特性に適した職業をマッチングすることだった。通常、高等学校では進路選択を本人と保護者に任せてしまう傾向にあるように思う。当然と言えば当然のことであるが、最終的に決めるのは本人と保護者であっても、その前段階では本人に適した職種を選択肢として具体的に提案することが学校の役割として大事だと考えた。この時は、特別支援学校では生徒の見立てをどのようにするのかを学ぶという目的もあって、特別支援学校の進路指導主任に本校の生徒の個別面談を依頼した。面談の際には、参考になる資料として、校内で実施した進路に関する職業適性検査や性格検査等の結果を用意した。それまで進路に関する諸検査の結果も正直なところ目を通して本人に返すだけで終わっていた。しかし、その検査結果を見て面談をした特別支援学校の進路指導主任は、生徒の特性を短時間に把握して、生徒に適していそうな職種を具体的に提案してくれた。この時の経験から、諸検査は生徒の特性を表せるように開発されているはずであり、丁寧に見さえすれば生徒に適した職種を提案できることを改めて理解した。目を通して分析する余裕がなかったことを言い訳にして、生徒に返却するだけになってしまっていたことを反省した。特に障害者雇用で就労支援を進める場合には、諸検査の結果も活用するように担任や進路指導担当に提案するようにしている。

特別支援学校は情報の宝庫である。電話一本でつながれる。特別支援学校からいろいろと教えてもらった経験から、現在では障害者雇用の際の就労支援を随分と自前でできるようになった。障害者枠での雇用を希望している企業の求人情報を教えてもらうこともある。逆に高等学校としても特別支援学校に全面的に協力をしている。都立特別支援学校のロジスティクスコースに年間指導計画などの印刷製本を依頼したり、特別支援学校が主催するセミナーの講師に呼ばれ、多様化する高等学校の現状と、特別支援学校との連携から得た高等学校での個別の就労支援を実践事例として紹介し、校種を越えて特別支援教育の発展に協力している。

第2部

東京都の進路指導の変遷

はじめに
～東京都の知的障害特別支援学校における進路指導と職業教育の改善～

❶ 東京都知的障害養護学校就業促進研究協議会の立ち上げ

1999・2000年度に東京都教育委員会が文部科学省の委嘱を受けた「盲・ろう・養護学校就業促進に関する調査研究」は、当時の東京都立知的障害養護学校に調査研究が依頼された。この調査研究を担う目的で立ち上げられたのが「東京都知的障害養護学校就業促進研究協議会（以下、「就業促進研究協議会」）である。

この就業促進研究協議会は、東京都教育委員会指導部の認定団体として登録され、東京都立青鳥養護学校長を会長とし、東京都内にある高等部設置の知的障害校28校（国立･私立を含む）を地域ごと「城東」「城北」「城南」「多摩北部」「多摩中部」「多摩南部」の6ブロックに分け、各ブロックの会議に加え、年数回の全体会を定期的に開催することとした。

就業促進研究協議会設立当時の調査研究は、前年の1998年に「障害者雇用促進法」が改正され、障害者雇用率が1.8%になるとともに、知的障害者が、それまでの“みなし”カウントから正式に雇用率に算入されたことを受け、知的障害者の職域の拡大と就業支援に関する関係機関との連携をめざした実践研究に取り組んだものであった。

❷ 国の依嘱を受けた「個別移行支援計画」の作成・活用

就業促進研究協議会は、2001年度には、全国特殊学校長会が文部科学省から委嘱を受けた「就業支援に関する調査研究」のワーキンググループとしての位置づけで、「教育・労働関係機関等の連携した就業支援のあり方に関する調査研究」についての実践研究を行った。在学中からの効果的な進路指導及び卒業後の関係機関の連携による支援を目的とする「個別移行支援計画」を開発し、その活用について提案した。こうした調査研究の実績を受けて、2002･2003年度には、文部科学省の「就業支援に関する実践研究事業」の委嘱を東京都教育委員会が受け、東京都立青鳥養護学校をセンター校として、就業促進研究協議会による「個別移行支援計画」の作成・活用に関する実践研究を行い、その成果を「個別移行支援計画Q＆A」としてまとめている。この2年間の実践研究を経て、就業促進研究協議会の活動内容が格段に充実した。まず、進路指導の日常業務に関しては、ブロックごとに地域の社会資源及び企業実習先（産業現場等実習先）に関わる進路情報の共有、企業実習関連資料の共有化、進路学習の検討などが進んだ。また、就業促進研究協議会全体の事業に関しては、東京都全体の進路状況調査、企業向けの啓発セミナーの開催、教育向けの夏季専門研修実施などに発展した。なお、「個別移行支援計画」は、その後「個別の教育支援計画」の一部として、高等部在学中から卒業後にかけて活用される「個別の支援計画」として位置づけられ現在に至っている。（「就業促進研究協議会」による学校連携を生かした進路指導等の実際については、第1章以下に詳述する。）

（宮﨑　英憲）

第1章 特別支援学校高等部進路指導担当のネットワーク

第1節 知的障害者の職業教育の見直し

1 移行支援の概念について

「移行支援」という概念がわが国の障害児教育に取り入れられたのは、1990年代後半からである。米国において「全障害児教育法」（1975年）により「個別教育計画」（Individualized Educational Programs, 1975）のなかの一部として「個別移行計画」（Individualized Transition Plans, 1990）が制定されたことに影響している。米国の「個別移行計画」は「学校から社会へ」という趣旨を踏まえ、卒業後の就労を目指して、学校在学中から地域の専門機関を交えた会議を開催し、関係機関の協力により就労支援を行おうとするものである。「個別教育計画」に含まれるため、1997年の修正法により、14歳以上からの作成が進んできている。「個別移行計画」が発展する経過として、当初キャリア教育の観点から、「学校から職場への移行」が強調されたが、その後障害者のQOL向上の観点から「学校から地域社会への移行」「学校から大人社会への移行」という概念に広がった（水谷, 2004）。

日本では、2001年度に全国特殊学校長会が文部科学省の委嘱を受けて行った「就業支援に関する調査研究」によって、学齢期から成人期にかけての移行支援に注目した「個別移行支援計画」が開発・報告された。その特徴は、高等部３年間と卒業後３年間を「移行期」ととらえ、「学校から社会へ」「子どもから大人へ」の２つの移行を関係機関の協力のもと支援しようとするものである。その後、2003年３月に「今後の特別支援教育の在り方について（最終報告）」が出され、障害のある子どもたち一人一人のニーズに応じて、乳幼児期から学校卒業後までの一貫した支援を、教育・福祉・医療・労働等が連携して行うために「個別の教育支援計画」を策定することが提言された。2005年３月には、全国特殊学校長会が、文部科学省の委嘱を受け、「盲・聾・養護学校における『個別の教育支援計画』に関する調査研究事業」を行い、「個別移行支援計画」は、「個別の教育支援計画」の一部として位置づけられた。こうした動向を受け、「移行支援」は、当初学齢期から成人期への支援をさしていたが、就学前から学齢期への移行支援についても注目されるようになり、「就学支援計画」が作成されるようになってきている。「個別移行支援計画」「就学支援計画」は、「個別の教育支援計画」の一部であるが、その書式や支援内容及び活用の在り方は、地域状況を踏まえ自治体ごとに実施されており、統一されたものとはなっていない。

2 キャリア教育と進路指導

キャリア教育と進路指導は、その概念及び学習内容からみて関係性が深い。「キャリア」とは、「人が生涯に行う仕事と役割の全体」であり、「キャリア教育」とは、「人格発達を目的に各ライフステージにおいて個人のキャリアに関わる可能性を助長し、自己や社会に役立つ生産的労働や作業的活動への参加を促進するために、学校、家庭、地域のすべての成分をシステムとして協働させる教育活動である。」(松矢, 1996)。また、キャリア教育は、各分野のサービスを調整しながら、継続的で一貫した支援に統合していく営みを、青年期の課題として位置づけているものであり、特別支援教育における進路指導や職業教育の新たな枠組みとして考えられる。

キャリア教育を現在の学校教育や進路指導の課題として捉え直すと、「進路学習」の充実へとつながる。「子どもから大人へ」「学校から社会へ」という移行を、生徒の主体形成を図りつつ、福祉・労働・医療等の分野と連携した教育的実践を蓄積し、その内実を確かなものへとすることが求められている。

3 特別支援教育と進路指導

(1) 学校教育法の改正

2006年6月21日に「学校教育法等の一部を改正する法律」が公布され、2007年4月1日より施行された。この改正により、盲学校・聾学校・養護学校は、障害種別を超えた特別支援学校へと変わり、合わせて教員の免許状についても総合化が図られることになった。また、特別支援学校においては、地域における特別支援教育のセンター的役割を発揮することが明示され、在籍する児童生徒の支援に加え、地域の小学校及び中学校、高等学校に在籍するLD・ADHD・高機能自閉症等の学習や生活に困難を抱える児童生徒を関係機関と連携して支援する役割をもつことになった。

(2) 特別支援学校における進路指導

特別支援学校における進路指導は、次の2つの法律によってその根拠をもつ。1つめは、「学校教育法施行規則」において、特別支援学校の中学部及び高等部に進路指導主事を置くという規定である(学校教育法施行規則第135条)。2つめは、「学習指導要領」の総則に書かれている教育課程の編成及び実施における配慮事項である。具体的には、「中学部においては、生徒が学校や学級での生活によりよく適応するとともに、現在及び将来の生き方を考え行動する態度や能力を育成することができるよう、学校の教育活動全体を通じ、ガイダンスの機能の充実を図ること。」、高等部においては「生徒が自己の在り方生き方を考え、主体的に進路を選択することができるよう、学校の教育活動全体を通じ、計画的、組織的な進路指導を行うこと。」とされている。特別支援学校における進路指導は、配置されている進路指導主事を中心に、学校の教職員全体で、すべての教育活動を通じて行われるものである。

特別支援学校の進路指導は、1950年代に形成された「実習的活動中心の進路指導」として長く展開されてきたが、1990年代から新たな動向のもとに転換期を迎えている（図１）。それは、「障害観・自立観の変化（国際生活機能分類）」「就労・福祉環境の整備（障害者雇用促進法）」「福祉システムの転換（障害者自立支援法）」「産業構造の変化」等である。これらの動向を踏まえ、転換期を主体的に切り拓く新たな進路指導が模索されている。具体的実践としては、「進路学習の実践」「移行支援計画（個別の教育支援計画）に基づくネットワーク支援の実践」があげられる。

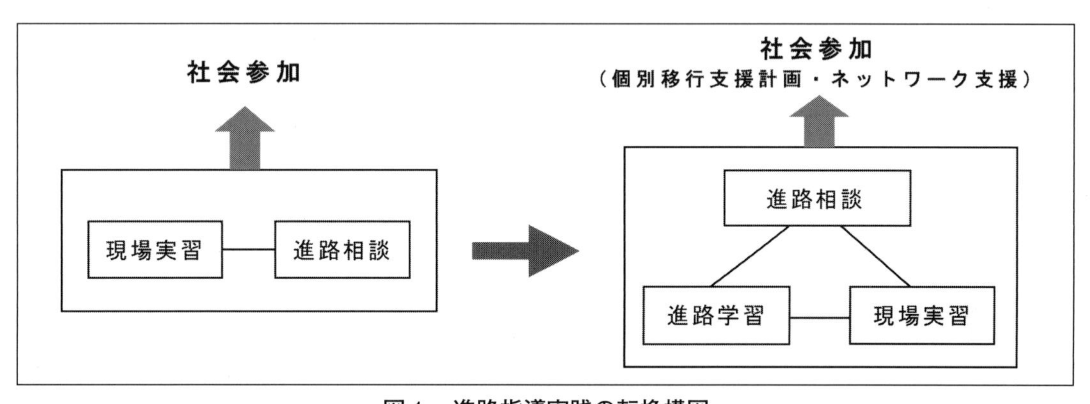

図１　進路指導実践の転換構図

特別支援学校高等部における進路指導では、「進路学習」の授業と「現場実習」「進路相談」のそれぞれの分野における学習や支援を関連付け、一人一人のニーズに沿った進路指導をめざし、高等部３年間を見通して系統的に展開してきている。「進路学習」の授業では、「現場実習」「校内実習」「職場見学」など学校内外の様々な体験を仲間と共に共有しあい、進路情報を整理する中から、生徒たちが自らの進路選択ができるよう計画・実施されている。

卒業後の「働く生活」の具体的な中身は、地域生活の豊かさや充実であり、学校在学中からの支援やサービスの利用の大切さが、改めて認識されてきている。こうした豊かな体験や生活とつながる「進路学習」のあり方が模索されなければならない。

④ 特別支援学校における移行支援と「個別の支援計画」の概念

「個別移行支援計画」は、2001年に東京都における「都立養護学校職業教育推進委員会」の平成12年度報告書において試案として初めて提起された（内海・原・中西，2005）。

翌年の2002年には、2001年度文部科学省委嘱事業である全国特殊学校長会の「就業支援に関する調査研究」報告書において、養護学校卒業生の社会参加を関係機関と連携しながら支えるツールとして開発された（宮﨑，2004）。

同年12月には障害者基本計画が策定され、「重点施策実施５か年計画」では、盲・聾・養護学校において「個別の支援計画」を2005年度までに策定することが盛り込まれた。しかし、教育分野における「個別の支援計画」が、「個別移行支援計画」のことを指すのか、「個別の指導計画」のことを指すのか明らかにはなっていなかった。そして、翌2003（平成15年）年３月に発表された「今後の特別支援教育の在り方（最終報告）」で、教育分野における「個別の支援計画」は「個別の教育支援計画」のことであり、「個別移行支援計画」は、「個別の教育支援計画」の一部として位置づけられることになった（宮﨑，2004）。

（１）「個別移行支援計画」の開発と「個別の教育支援計画」への統合

①　「個別移行支援計画」から「個別の教育支援計画」への統合の過程について

「個別移行支援計画」は、知的障害養護学校高等部から成人期への移行支援に関わるツールとして開発された。その後、2003年の「今後の特別支援教育の在り方（最終報告）」において、「個別移行支援計画」は、「個別の教育支援計画」の一部として位置づけられたことにより、「個別の支援計画」としての統合がなされ、活用のあり方が整理されてきている。そこで、「個別移行支援計画」の開発から「個別の教育支援計画」への統合の経過を、その目的別に段階に分けることにより、その意義と特徴を概括した。

「個別移行支援計画」の開発段階（1999～2001年）、その発展としての「個別移行支援計画」の成立段階（2002～2004年）、「個別の教育支援計画」への統合段階（2005年～）の３つの段階に分け、当時の全国特殊学校長会、東京都教育委員会、東京都知的障害養護学校就業促進研究協議会等の調査研究及び報告書等の文献資料を主な対象として、支援計画の目的、支援領域・支援内容、対象とする時期、作成方法・会議の名称、様式・書式、「個別の指導計画」との関係等の項目別観点で、その特徴を概括し、表１にあらわした。

表１　「個別移行支援計画」の開発から「個別の教育支援計画」への統合の過程における段階

年　代	1999～2001	2002～2004	2005～
開発と統合の段階	「個別移行支援計画」の開発段階	「個別移行支援計画」の成立段階	「個別の教育支援計画」への統合段階
個別の支援計画	個別移行支援計画表（試案）	個別移行支援計画	個別の教育支援計画
目　的	職業教育・進路指導の充実 ・「進路学習」「現場実習」「進路相談」の確立 ・進路先、実習先の開拓における学校間の連携 ・生活と就労の安定に向けた関係機関との連携 ・移行支援ネットワークの構築	職業教育・進路指導の充実 ・在学中における進路指導の充実と指導計画・支援計画の確立 ・卒業後の成人期への移行を想定した支援機関及び支援者の在学中からのネットワーク構築のためのツール	現在の生活と将来の生活の充実 ・就学前から卒業後までの一貫した相談支援体制の確立 ・現在の生活の充実、学齢期からの社会参加という視点による支援の充実 ・将来の生活の充実、就労支援と生活支援の一体的な提供を目指す。
支援領域 支援内容	家庭生活・進路先の生活・余暇地域生活・学校の役割の４領域	家庭生活・進路先の生活・余暇地域生活・医療健康・学校の役割の５領域 個別移行支援計画（1） 個別移行支援計画（2）	家庭生活・進路先の生活・余暇地域生活・医療健康・学校の役割の５領域と学校における支援課題
対象とする時期	高等部から卒業後	高等部から卒業後	就学前から卒業後
作成方法・会議の名称	本人を交えた関係機関が定期的に確認しあう	相談会議・ケース会議	支援会議による策定
様式・ 書式	Ａ４判１枚	個別移行支援計画（1）は、在学中に作成。必要に応じて作成し、枚数に限りはない。 個別移行支援計画（2）は、進路先内定後に作成。Ａ４判１枚。	Ａ４判１枚
個別の指導計画との関係	進路指導における個別の指導計画の必要性は意識され、実践例が提示されているものの、個別移行支援計画との関連は十分に検討されていない。	在学中の個別の進路指導計画を個別移行支援計画(1)としており、個別の指導計画との関連を図る。	個別移行支援計画（1）については、在学中の個別の教育支援計画と個別の指導計画へと統合され、その関連を図る。また、個別移行支援計画（2）については、主に卒業後に活用する個別の教育支援計画として位置づけ、個別の教育支援計画の一部分とした。
文献資料	・都立養護学校職業教育推進委員会報告書（2000）（2001） ・21世紀の特殊教育の在り方について（2001）	・就業支援に関する調査研究報告書（2002）全国特殊学校長会 ・障害児・者の社会参加をすすめる個別移行支援計画（2002）全国特殊学校長会編集 ・個別移行支援計画Ｑ＆Ａ基礎編（2003）東京都知的障害養護学校就業促進研究協議会編 ・一人ひとりのニーズに応じた社会参加へのサポート個別移行支援計画Ｑ＆Ａ応用編（2004）東京都教育庁指導部，東京都知的障害養護学校就業促進研究協議会	・盲・聾・養護学校における「個別の教育支援計画」について(中間まとめ)（2004）全国特殊学校長会 ・盲・聾・養護学校における「個別の教育支援計画」について（報告書）（2005）全国特殊学校長会 ・「個別の教育支援計画」策定・実施・評価の実際（2006）全国特殊学校長会 ・小・中学校等における「個別の教育支援計画」の策定と活用（2007）全国特別支援学校長会，全国特別支援学級設置学校長協会 ・個別の教育支援計画の策定に関する実際的研究（2006）国立特殊教育研究所
関連事項	・障害者の新たな職域開拓に向けた職業教育等の調査研究（第１年次報告）（1999）全国特殊学校長会 ・障害者の新たな職域開拓に向けた職業教育等の調査研究（第２年次報告）（2000）全国特殊学校長会 ・地域における障害者の就労支援システムの構築に向けて（答申）（2000）障害者就労支援システム検討会、東京都福祉局障害福祉部計画課 ・盲学校、聾学校及び養護学校就業促進に関する調査研究報告書（2001）東京都教育委員会 ・障害者雇用促進法の改正（1998）知的障害者を雇用率の算定基礎とする。	・平成15年度研究集録（2002）全国特殊学校長会 ・障害者基本計画、障害者プラン（2002） ・今後の特別支援教育の在り方について（2003） ・社会福祉基礎構造改革による「支援費制度」が開始される（2003）	・発達障害者支援法の施行（2005） ・障害者自立支援法の施行（2006） ・障害者雇用促進法の改正（2006）精神障害者を雇用率の算定にあたりみなしカウントができるようになった。 ・厚生労働省　改正連携通達（2006）（2007） ・学校教育法の改正（2007） ・小学校、中学校の学習指導要領改訂（2008）

②「個別移行支援計画」の開発段階（1999～2001年）

この段階は、東京都における「都立養護学校職業教育推進委員会」（1998年度より検討を開始）の1999年度報告書（2000年）及び2000年度報告書（2001年）において、職業教育の充実と進路指導の改善が求められ、「個別移行支援計画」が試案として提起された時期を指す。

1995年3月に、東京都教育委員会では、職業教育の内容充実に関する調査検討委員会による「都立養護学校高等部における職業教育の充実について」が報告され、その後1996年に都立南大沢学園養護学校職業学科、1997年に都立青鳥養護学校職業学科が設立された。これを受け、平成9年度より都立養護学校職業教育推進委員会を設置し、職業学科の指導内容・方法への支援とともに、他の都立養護学校の職業教育の充実をめざした。この背景には、養護学校高等部卒業生の企業就職率が全国的に下降傾向であったことが挙げられる。全国特殊学校長会では、1999年と2000年に「障害者の新たな職域開拓に向けた職業教育等の調査研究」を行い、事務補助を含めた新たな職域への取り組みを提言している。こうした状況を受け、都立養護学校職業教育推進委員会では、1999年の学習指導要領の改訂（個別の指導計画、職業的な自立の推進、「情報」「流通･サービス」の新設等）も踏まえながら、都立養護学校における職業学科及び職業コースの検討を行い、施設・設備及び学習内容に関わる具体的な提案を試みていた。

都立養護学校職業教育推進委員会では、1999年度の報告書で、高等部生徒の職業的自立に向け、職業教育の成果を発揮するには進路指導の改善が必要であると考え、「職業教育と進路指導が一体化した教育の実施」を求めた。1999年度・2000年度には、文部科学省委嘱事業「盲学校、聾学校及び養護学校における就業促進に関する調査研究」が、都立青鳥養護学校をセンター校として実施され、新たな職域、学校間の連携、関係機関との連携の必要性が求められた。また、2000年度には、東京都福祉局が設置した「障害者就労支援システム検討会」が、翌年からの就業・生活支援センターの本格実施を控え、東京都単独事業である就労支援センターと関係機関の連携により、障害者の就労を支える「地域における障害者の就労支援システムの構築に向けて」を答申した。

これらの動向を受け、都立養護学校職業教育推進委員会は、2000年度に、関係機関が連携して生徒の就労移行を支える「個別移行支援計画表」を試案として提起した。当時の試案の特徴は、「家庭生活」「進路先の生活」「余暇・地域生活」「出身学校の役割」の4領域による支援計画であった。

2001年1月に、文部科学省調査協力者会議による「21世紀の特殊教育の在り方について」の最終報告で、「盲・聾・養護学校が中心となって関係機関と連携して、障害のある生徒の在学時から卒業後にわたる個別の就業支援計画を策定」することが盛り込まれた。これを受けて、2001年度に、文部科学省委嘱事業として、全国特殊学校長会による「就業支援に関する調査研究」がされ、「個別移行支援計画」の開発と作成・活用の試行がなされ始めた。

③ 「個別移行支援計画」の成立段階（2002 ～ 2004 年）

次の段階は、2001 年度に、文部科学省委嘱事業として、全国特殊学校長会による「就業支援に関する調査研究」がされ、その報告書「教育・労働関係機関等が連携した就業支援のあり方に関する調査研究」（2002 年）において、個別移行支援計画が開発・発表された時期から、東京都知的障害養護学校就業促進研究協議会による個別移行支援計画の作成・活用段階にあたる。これは、2002・2003 年度に実施された文部科学省委嘱事業「就業支援に関する実践研究」を東京都が受けて行われたものであり、2002 年度の報告書において、個別移行支援計画の基本的な考え方及び作成・活用のあり方について報告されている。

当時の個別移行支援計画の特徴は、在学中の計画と卒業後に活用される計画の２種類の書式を作成したことと、卒業後の計画における具体的支援領域として、「家庭生活」「進路先の生活」「余暇・地域生活」「医療・健康」「出身学校の役割」の５領域を挙げたことである。

2002 年 12 月に、「障害者基本計画」とその「重点施策実施５か年計画」が策定され、盲・聾・養護学校においては、2005 年度までに「個別の支援計画」を策定することが盛り込まれた。これにより、学校在学中から卒業後までを支援する「個別の教育支援計画」が構想され、「個別移行支援計画」との関連が課題となった。

そこで、「就業支援に関する実践研究」では、２年目の報告書（2004 年）において、「個別移行支援計画」と「個別の教育支援計画」「個別の指導計画」との関係性を整理し、作成・活用のポイントについて実践事例を挙げて説明している。

2003 年３月に、文部科学省調査協力者会議より「今後の特別支援教育の在り方について」最終報告が出され、「個別の教育支援計画」が就学前から学校卒業後までの一貫した相談支援を行うツールとして位置づけられた。

また、この年より社会福祉基礎構造改革として「支援費制度」が施行され、社会福祉サービスは措置制度から契約制度へと切り替わった。これにより、サービス利用の主体者が明確になり、福祉においても教育においても「個別の支援計画」の必要性が認識されるようになった。

④ 「個別の教育支援計画」への統合段階（2005 年～）

「個別の支援計画」が、障害者基本計画及び今後の特別支援教育の在り方で提起されたことにより、「個別移行支援計画」は、「個別の教育支援計画」の一部として、統合されることになった。

在学中に活用される支援計画を「個別の進路指導計画」とし、主に学校卒業後に活用されるものを「個別移行支援計画」としつつ、「個別の教育支援計画」の一部（高等部段階から学校卒業後の移行期を支える支援計画）とする考え方により、支援計画を整理・統合する時期が、2005 年以降の段階である（宮崎，2004）。

「個別の教育支援計画」は、学齢期全体にわたる計画であり、すべての児童生徒に策定される計画として障害者プランにも位置づけられたため、児童生徒一人一人の豊かな地域生活・学校生活の充実をめざして関係機関が連携して支えることを目的としている。進路指導の充実という観点から開発された「個別移行支援計画」とは、支援をする時期や対象とする児童生徒は異なるが、関係機関とのネットワークの構築により支援を展開する基本的な考え方は共通している。一方、児童生徒の現在の生活の充実と卒業後の将来の生活の充実の両方をめざす考え方は、「個別移行支援計画」には見られなかった目的であった。

「個別の教育支援計画」へと概念を発展させたことにより、障害種別を超えた活用の事例や就学前から卒業後までの各地域における実践を積み上げげつつある。当事者及び支援者がその活用のあり方について模索をしている時期であると考えられる。

⑤ 「個別移行支援計画」から「個別の教育支援計画」への統合について

「個別移行支援計画」の成立過程を、様式及び目的等の違いから、「開発段階」(1999～2001年)、「成立段階」(2002～2004年)、「個別の教育支援計画」への「統合段階」(2005年～)の３段階で分けることができた。

ア)「開発段階」(1999～2001年)

「開発段階」(1999～2001年)は、都立養護学校職業教育推進委員会報告書(2001)の「個別移行支援計画表(試案)」までの時期を指す。この試案は、当時の社会の動向等を踏まえて、支援計画という構想につながったと考えられる。それらの動向として、以下の３点が挙げられる。

まず第１は、職業教育の充実である。これは、都立養護学校における職業学科の新設を経て、養護学校高等部の課題となっていた。第２には、新たな職域への対応である。これは、障害者雇用促進法の改正に伴い、知的障害者の雇用が進むことを想定し、全国特殊学校長会が新たな職域についての調査研究を行っている。また、この時期は、長引く不況の影響のため産業構造の変化が激しかった時期でもあり、従来の製造業中心の職域からの脱却が求められていた。第３には、進路指導の充実をめざしたネットワークの構築である。この時期は、就業・生活支援センター、就労支援センターの新たな事業実施に伴い、社会福祉分野及び労働分野における支援機関の連携が求められるようになり始めた頃であった。これらの動向が、職業教育・進路指導の充実を学校に求めていたと考えられる。そして、ネットワーク構築のための個別移行支援計画の試案が構想されたと推察される。

イ)「成立段階」(2002～2004年)

「成立段階」(2002～2004年)は、「個別移行支援計画Ｑ＆Ａ基礎編」(2003年)、「個別移行支援計画Ｑ＆Ａ応用編」(2004年)発表の時期までを指す。試案の試行を経て、「個別移行支援計画」の基本的事項の整理や事例を通しての活用方法について明らかにしている段階である。特に、高等部在学中の「支援計画(１)」と主に卒業後に活用する「支援計画(２)」を構想し、様式についても提案している点が大きな特徴である。また、これらの構想は、いずれも文部科学省委嘱事業の調査研究から生まれている点もその特徴である。これらは、「21世紀の特殊教育のあり方」(2001年)のなかで「盲・聾・養護学校が中心となって関係機関と連携して、障害のある生徒の在学時から卒業後にわたる個別の就業支援計画を策定」という内容をうけて実施されていると考えられる。

高等部在学中と卒業後という時期による支援計画の区別が図られたことにより、「開発段階」の試案には見られなかった学校在学中の「個別の指導計画」との関連が意識されることになる。できるところを伸ばし、苦手なところの支援を受けながら、社会自立をめざす支援計画と指導計画との関連とその活用が徐々に検討され始めた時期である。

ウ）「統合段階」（2005 年～）

「統合段階」（2005 年～）は、全国特殊学校長会による調査研究報告書「盲・聾・養護学校における『個別の教育支援計画』について」（2005 年）以降の時期を指す。「個別の教育支援計画」は、2003 年の「今後の特別支援教育のあり方」で提起された支援計画である。その特徴には、就学前から学校卒業後までの一貫した相談支援体制を構築するためのツールとしての役割が挙げられる。また、校内及び地域における関係機関との連携を図り、現在の生活と将来の生活の充実を図ることをめざす。しかし、「個別の教育支援計画」は、すでに活用され始めていた「個別移行支援計画」との関連を明らかにすることが必要であった。そのため、高等部段階における「個別移行支援計画」が「個別の教育支援計画」の一部であるとする理解が広まるのは、全国特殊学校長会の調査研究報告書（2005 年）以降であると推察される。

その後、発達障害者支援法（2005 年）、障害者自立支援法の施行（2006 年）、障害者雇用促進法（2006 年）、学校教育法等の改正（2007 年）が続き、制度やサービスにおいて大きな変化の時期を迎えている。障害者自立支援法の施行により、就労支援に重点が置かれるとともに、地域生活の充実が求められている。学齢期から成人期への移行支援に関する支援計画の活用については、今なお多くの課題を抱えており、こうした社会状況の中、「個別の教育支援計画」を活用して、児童生徒及びその家族を支援することがますます求められていると推察される。

（原　智彦）

5　移行支援に向けた進路指導担当の役割

進路指導では、一人一人の能力を最大限に伸長し、主体性を育て社会参加し社会貢献できる人に育てることが大事である。卒業時には、ほぼ全員が進路先と契約を交わす。契約を遵守し責任を果たすことが求められる。自分に適する進路を見いだし、自分の進路を決めていく中で、主体性を育てること、責任を果たすこと、必要な支援を見いだし支援機関とつながることが大事である。

(1) 主体性を育てる実習計画

3 年間の進路指導
1 年　知る
2 年　選ぶ
3 年　決める

かつて知的障害者の就職先として製造業が多い時代では、特別支援学校の作業学習も木工、陶芸、農園芸、手工芸等、物づくりが中心であった。産業現場における実習の計画も、校内実習をして生徒の能力の適性を見極め、その上で長期の現場実習をして実力を認め

てもらい就職するというものであった。製造業で働くための教育計画になっていた。

しかし、産業構造が変わり、知的障害者の就労先も多様化した現在では、多様な職種から選択し、一人一人に応じた進路指導が求められるようになった。その中で、自己選択・自己決定し、役割や責任を担い貢献することが重視されるようになった。

現在、多くの特別支援学校では、各学年の実習目標を「1年：知る」「2年：選ぶ」「3年：決める」と立て、計画的に実施している。

① 1年：知る

知的障害者の就職先は職種が多様化し仕事内容も様々である。また、労働時間や勤務日、給与体系、キャリアアップなど働き方も様々である。1年次では多様な選択肢があることを「知る」ことが求められる。

知的障害教育では、体験的に学ぶことが有効であるといわれている。そこで体験・見学を取り入れ「知る」ようにする。長期実習をしていては、知る職種が少なくなるので、半日や1日の体験や見学をし、かつ、映像教材も活用する。また、わからないことやできないこと、見通しがもてないことがあると不安が大きくなるため、見学先や体験先は、先輩が働いている優良企業を厳選し、憧れを抱かせるように事前に企業との打合せを十分に行い、事前学習をする。

作業学習も事務・清掃・物流・食品・販売接客・介護などの学びができるように設定する。校内の作業と見学先がつながるようにしておくことでも安心が得られるはずである。1年次に、体験を踏まえ仕事分類をしっかり行っておき、その後の選択で活用できるようにすることが大切である。

② 2年：選ぶ

2年の「選ぶ」では、2年次の現場実習先を「選ぶ」ことである。これまで体験した授業・短期実習・職場見学から選ぶのである。今までを振り返らずに、新しい仕事を探し続けていてはいつまでも絞り切れなくなる。

選択肢をわかりやすく提示することが大事である。そこで、見学や体験後の記録は一枚にまとめておき、用紙を広げ選択肢とする。作業日誌や実習日誌の評価項目は同じにすると比較しやすくなる。また、評価項目について自己評価と他者評価（教員や実習先の評価）を並列できるようにすると、主観的な評価と客観的な評価が比較でき、何が得意で他者からも認められ、何が課題かわかりやすくなる。生徒が選択したときに、当然理由を考えてもらうが、そのとき、これまでの実習日誌や作業学習日誌から抜粋して「このとき良い評価をもらったからより伸ばしたい」または「このとき課題であると評価されたことを改善したい」など、当時の評価記録を根拠に理由を書くようにする。体験を有効活用し、自分の進路を自分の体験から分析し、自分で決めることができるよう支援することが大事である。

選択に関しては、好きなことの選択とできることの選択がある。このことも体験的に生徒に学ばせたい。そこで、2年の1回目の実習は自分の好きな企業で、2回目の実習はできる企業で実習する。好きな選択とできる選択が一致して、企業から良い評価が得られればそれに越したことはない。現実は、実力（できる力）がなければ就職には至らない。そのことを両方の実習をして評価を活用し学ぶようにする。また、できることが認められ磨きをかけることでさらに貢献できるという喜びを作業学習等で体得させるようにする。

③　３年：決める

３年の「決める」は、就職する会社を決めることである。そのためには、会社から求められることを理解し、発揮して認められなければならない。これまでの実習評価や求人票から、会社が求めていることを分析し把握する。校内でその力をつけるよう個別指導計画に反映させ努力する。その過程で必要な支援も明らかにする。そして、現場実習や採用選考で力を十分に発揮し認められるのである。

２年次の終わりに就職したい会社を自ら選択し、そのための努力をし続け、３年次の秋以降に就職を勝ち取るというプロセスをやり遂げることで、自己選択・自己決定に伴う重要な自己責任についても体験的に学ぶのである。

就職を勝ち取るにはこのように大きな労力と学習が必要である。しかし、それが進路指導のすべてでは決してない。就職は生きがいでもあるが、生きる糧でもある。就職を決めるとき、卒業後どのように生きるのかライフプランを描くことが重要である。どのくらいの収入があれば生活ができるのか、趣味などの生きがいが実現できるかなど、並行して学ぶ必要がある。職業、家庭、美術、音楽、体育、部活動、地域活動、暮らし、家族など、総合して自分の生き方を計画することが必要である。地域活動や福祉サービス利用を在学中に取り組むことはとても大事であり、ショートステイなどをできるだけ利用し、将来の暮らしの希望を具体的に考えられるようにするとよい。

自分の理想とするライフプランと、求人票の条件を照らし合わせ、かつ、会社が求める人材と自分の実力とを総合的に判断して、就職を目指す企業を「決める」のが３年次の大きな目標の一つである。

（２）個別移行支援計画の成果と課題

高等部３年間かけ検討された、将来の生き方、本人の希望、自分の適性、必要な支援は個別移行支援計画にまとめられる。

①　個別の教育支援計画及び個別移行支援計画の成果

個別移行支援計画の成果として、生活をトータルに考え、働くことを位置づけられることが挙げられる。生活は、働くこと住むこと楽しむこと学ぶことなどが関連しあっている。例えば、卒業生から離職の相談があっても、将来の目標や日々の収入がなくなることによる影響を伝えることで考え直すことができる。一人暮らしの実現のために踏ん張ろうとか、旅行を実現するために頑張ろうなど、個別移行支援計画を見ながら働くことで得られる生きがいや夢の実現を考えられる。

また、個別移行支援計画の成果として、卒業後の移行に伴うストレスが軽減されることが挙げられる。学齢期から福祉、医療、労働等の連携を築くことで、卒業後、日中活動の場が大きく変わっても変わらない地域活動や医療機関、暮らしの支援があることで、また、学校にも相談できることで、大きな変化に伴うストレスが緩和される。

② 個別移行支援計画の現状の課題

個別の教育支援計画（個別移行支援計画）は卒業後までを見通して、一貫した的確な支援を行うことを目的にしている。しかし、個別移行支援計画を提示しても、卒業後のサービス等利用計画には直結しない。

学齢期の個別の教育支援計画と卒業後のサービス等利用計画を連続した切れ目のない支援とするには、学齢期の個別の教育支援計画から卒業後のサービス等利用計画との共通点と相違点を整理し調整していくことが必要である。

ア）学齢期の教育的ニーズから社会参加する本人のニーズへ

個別の教育支援計画は、障害のある児童生徒等一人一人に必要とされる教育的ニーズを正確に把握し、長期的な視点で幼児期から学校卒業後までを通して一貫した的確な支援を行うことを目的にしている。

学齢期の支援から成人の支援に変わるにあたって、教育的ニーズから社会参加する本人のニーズへ変わる。学齢期の個別の教育支援計画の作成では、形式的には学校が主となり教育的ニーズや支援を検討し計画を立てる。そして、本人と保護者に説明をして保護者から同意を得て実施される。活用の仕方は個別で多様であるが、学校から地域に支援を発信していくことが多い。

卒業後、必要な支援やニーズは、本人と参加する場面の中に生じる。支援内容や支援量を検討する場合、就労支援をするならば就職先で、家庭支援をするのであれば家庭で現状把握を行うことが重要である。支援場面のイメージがバラバラでは、適切な支援はできない。ニーズの共有化が図れた上で、学校で行っていた支援やアセスメント調査による支援量など組み合わせて具体化することが大事である。決してその順番が逆にならないよう注意すべきである。学齢期とは大きく変わる。学校や保護者が主とならないように注意する必要がある。本人が参加する場面において、いかに本人に寄り添いニーズを見いだし、関係者や支援者と共有できるかがポイントとなる。

本人から直接ニーズや相談を受けたときも場所に注意する。支援者の多い場所や保護者のいる家庭で聞き取ったとしても、最終的には、参加する場面で相談し解決を図っていくことが大事である。本人のニーズに迫るため、ときにはホームアンドアウェー方式で両方から聞き取り吟味することも有効である。

イ）保護者の責任から本人の責任へ

卒業後、企業就業であれば雇用契約を結ぶ。福祉サービス利用においても契約を結ぶ。それは、本人と会社や事業所とである。評価では契約の履行も含まれる。契約は本人も相手も対等にかわす。お互い目的を一にして協力し合い努力し、役割を果たしているか、バランスが崩れていないか評価され、改善を図っていくのである。

このことも学校時代と大きく異なる。学校が計画したことを保護者が同意して実施するのではない。本人が相手と対等に契約をし、責任を果たすことが当然とされるのである。支援会議をして方針が決まったときには、次回の支援会議まではその方針を変えずに取り組むことが求められる。もし変更を希望する場合は、評価時期や次の支援会議のときにそれまで取り組んだ実績をもとに検討することになる。取り組みもせずに変更を求めることは一般的に認められない。連携した支援を受ける場合、要となるのは本人である。本人がブレてしまうと支援者もバラバラになってしまう。

ウ）高等部移行期の指導の見直し

学校から社会へ、子どもから大人へ移る移行期には、選択と責任について体験的に学ぶことが必要である。

進路決定や移行支援に関する取組では、本人の選択を大切にして実習先や支援者を紹介し実現していく。この取組を再注目し意識して取り組むことが大事である。卒業後は、学校の同窓会や本人講座、相談事業所や就労支援機関によるたまり場や学習会を生かして、責任を果たすことの重要さやその自覚を促すことも大事である。

サービス等利用計画では、「課題解決のための本人の役割」と「評価時期」の欄があり大変参考になる。高等部２年の終わりごろから卒業時まで取り組む個別移行支援計画では、サービス等利用計画との擦り合わせも検討したい。学齢期、形式的には学校が計画し保護者が同意して実施される個別の教育支援計画（個別移行支援計画）であるが、本質的には、本人の意向を受け計画し、本人自身がその実現に向け真剣に取り組み続け、それを支援する体制を築いていく。自分の継続した努力と支援者の支援の両方がしっかり噛み合うことが大事である。個別移行支援計画の作成・活用する中で特に意識して決めたことの責任を果たす重要さを学ぶことが求められよう。このことにより、卒業後のサービス等利用計画へも接続されやすくなると期待される。

（菊地　直樹）

【参考文献】

内海淳（1996）：進路学習とは．新・教師のための福祉・就労ハンドブック，全日本特殊教育連盟編 No.469,46.
内海淳（1998）：知的障害者の移行支援．特殊教育学会第 36 回大会論文集.
内海淳（2000）：進路指導の実践と論点．障害児教育方法の探究 第 11 章，田研出版．
内海淳・原智彦・中西郁（2005）：養護学校進路指導における「個別移行支援計画」の開発．秋田大学教育文化学部研究紀要，23-32.
緒方直彦（2003）：知的障害生徒の個別移行支援計画に関する一考察－進路学習の課題をふまえて－．東京学芸大学大学院修士論文.
障害者就労支援システム検討会（2000）：地域における障害者の就労支援システムの構築に向けて（答申）.
全国特殊学校長会（1999）：障害者の新たな職域開拓に向けた職業教育等の調査研究（第 1 年次報告）.
全国特殊学校長会（2000）：障害者の新たな職域開拓に向けた職業教育等の調査研究（第 2 年次報告）.
全国特殊学校長会（2002）：平成 13 年度文部科学省委嘱事業「就業支援に関する調査研究」報告書.
全国特殊学校長会（2002）：障害児・者の社会参加をすすめる個別移行支援計画．ジアース教育新社.
全国特殊学校長会（2004）：盲・聾・養護学校における「個別の教育支援計画」について（中間まとめ）.
全国特殊学校長会（2004）：平成 15 年度研究集録.
全国特殊学校長会（2005）：盲・聾・養護学校における「個別の教育支援計画」について（報告書）.
全国特殊学校長会（2006）：「個別の教育支援計画」策定・実施・評価の実際．ジアース教育新社.
国立特殊教育総合研究所（2006）：「個別の教育支援計画」の策定に関する実際的研究.
全国特別支援学校長会，全国特別支援学級設置学校長協会（2007）：小・中学校等における「個別の教育支援計画」の策定と活用．ジアース教育新社.
移行支援を踏まえた進路指導に関する研究－生活支援を重視した進路学習の構築を目指して－
東京都教育委員会（2001）：盲学校、聾学校及び養護学校就業促進に関する調査研究報告書.
東京都教育庁指導部（1998）：平成 9 年度都立養護学校職業教育推進委員会報告書 都立養護学校の職業教育の充実.
東京都教育庁指導部（1999）：平成 10 年度都立養護学校職業教育推進委員会報告書 時代の変化に対応した職業教育の充実.
東京都教育庁指導部（2000）：平成 11 年度都立養護学校職業教育推進委員会報告書，時代の変化に対応した職業教育の充実－多様な職業教育と新たな進路指導を追求して－.
東京都教育庁指導部（2001）：平成 12 年度都立養護学校職業教育推進委員会報告書，時代の変化に対応した職業教育の充実－多様な職業教育と新たな進路指導の展開－.
東京都教育庁指導部・東京都知的障害養護学校就業促進研究協議会（2004）：一人一人のニーズに応じた社会参加へのサポート個別移行支援計画 Q ＆ A 応用編.
東京都知的障害養護学校就業促進研究協議会（2003）：個別移行支援計画 Q ＆ A 基礎編．ジアース教育新社.
21 世紀の特殊教育の在り方に関する調査研究協力者会議（2001）：21 世紀の特殊教育の在り方について.
原智彦・内海淳・緒方直彦（2002）：転換期の進路指導と肯定的な自己理解の支援．発達障害研究，No.24,262-271.
松矢勝宏（1996）：職業教育とキャリア教育．新・教師のための福祉・就労ハンドブック，全日本特殊教育連盟編 No.469,16-18.
松矢勝宏（2000）：学校から地域社会へ－移行支援と進路学習－．脳と発達 No.32,242-246.
松矢勝宏（2001）：これからの移行支援．発達の遅れと教育 11 月号，4-7.
水谷由美（2004）：アメリカ合衆国の個別移行計画．主体性を支える個別の移行支援，大揚社，102-113.
宮崎英憲編著（2004）：個別の教育支援計画に基づく個別移行支援計画の展開．ジアース教育新社.

第２節　文部省委嘱研究から東京都知的障害特別支援学校就業促進研究協議会の誕生へ

１　1999・2000 年度文部省委嘱研究「盲・ろう・養護学校就業促進に関する調査研究」

1999・2000 年度文部省委嘱研究「盲・ろう・養護学校就業促進に関する調査研究」は、４都県に委嘱され、東京都では知的障害養護学校７校を研究推進校、２校を研究協力校として計９校を選び研究を発進した。

それより以前、東京都教育委員会において、1997 年度には都立養護学校職業教育推進委員会が「都立養護学校の職業教育の充実」、1998 年度には「時代の変化に対応した職業教育の充実」について検討してきており、1999 年度からの委嘱研究はそれらを踏まえて研究主題を「特殊教育諸学校、労働、福祉関係機関、企業等の連携を図った効果的な職業教育及び進路指導のあり方に関する研究」とした。

この委嘱研究に際して、就業促進調査研究運営協議会を組織した。

外部委員には企業・福祉関係者 10 名、労働局関係６名、学校委員には 20 名程が選ばれ、館暁夫職業能力開発総合大学助教授（当時）が座長、宮﨑英憲都立青鳥養護校長（当時）がセンター校の役割を担った。

（1）卒業生の進路状況・各校の進路指導の実態及び卒業後指導の現状と課題

第１年次は、図２に示したように

○都立知的障害養護学校卒業生の進路状況

○各校における進路指導の実態

○卒業後指導の現状と課題

について調査研究をした。

具体的には、アンケート調査と関係機関との連携で進めている進路指導事例、学校が中心になって進める事例、就労支援機関が中心になって進める事例とともに、公共職業安定所の協力による職場開拓の事例も調査した。

加えて、学校間の効果的な連携の在り方、福祉・労働等の関係機関や企業等との連携による生活・就労のシステムについて考察も行った。

以上のような基礎的調査により第２年次への課題を導くことができ、図２にある３点のテーマを掲げることができた。

第２年次の調査研究で掲げたテーマにより

○知的障害養護学校就業促進協議会の拡充・他機関との連携・学校ブロックにおける情報交換　等

○新たな職域・職種拡大につなげる職務分析・その活用　等

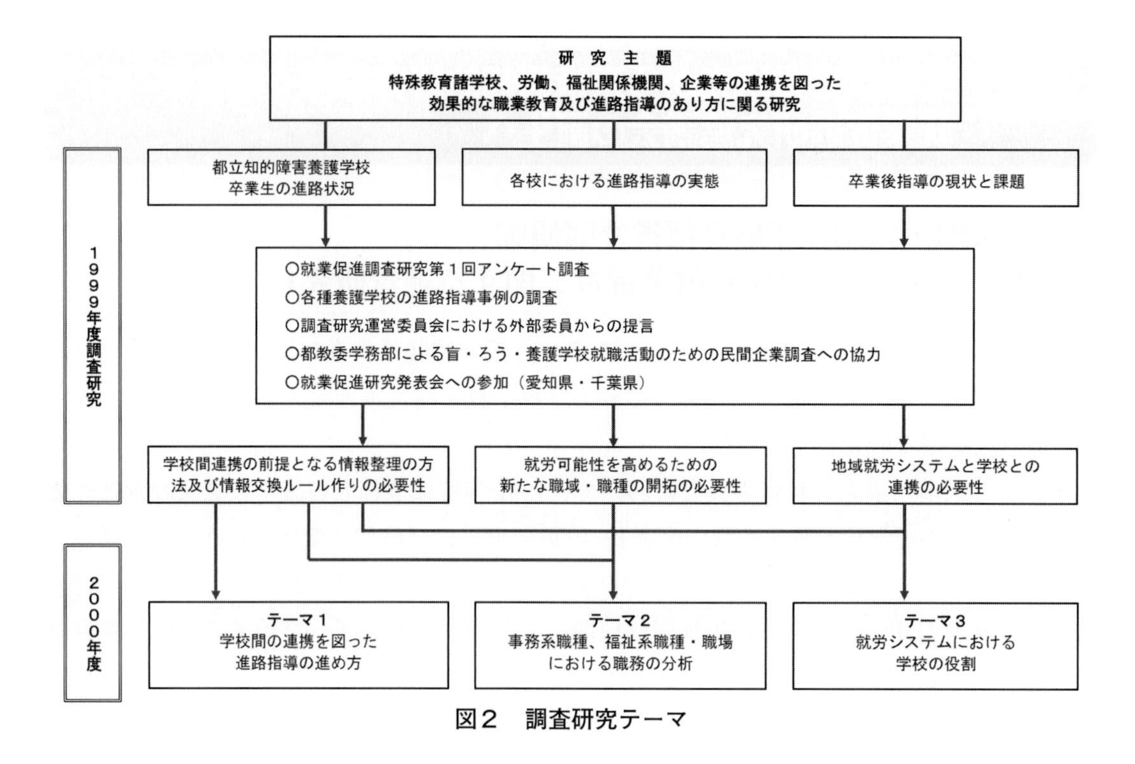
研 究 主 題
特殊教育諸学校、労働、福祉関係機関、企業等の連携を図った
効果的な職業教育及び進路指導のあり方に関る研究
1999年度調査研究
都立知的障害養護学校
卒業生の進路状況
各校における進路指導の実態
卒業後指導の現状と課題
○就業促進調査研究第１回アンケート調査
○各種養護学校の進路指導事例の調査
○調査研究運営委員会における外部委員からの提言
○都教委学務部による盲・ろう・養護学校就職活動のための民間企業調査への協力
○就業促進研究発表会への参加（愛知県・千葉県）
学校間連携の前提となる情報整理の方
法及び情報交換ルール作りの必要性
就労可能性を高めるための
新たな職域・職種の開拓の必要性
地域就労システムと学校との
連携の必要性
2000年度
テーマ１
学校間の連携を図った
進路指導の進め方
テーマ２
事務系職種、福祉系職種・職場
における職務の分析
テーマ３
就労システムにおける
学校の役割

図２　調査研究テーマ

○東京都における就労支援システム、本人を取り巻く就労支援ネットワーク、生活支援との関連　等

の調査研究を進めた結果、今後の課題の中に個別の就業支援計画に関する研究の推進が大きなものとして挙げられたのである。

その後、「全国特殊学校長会 2001 年度委嘱研究就業支援に関する調査研究」「2002・2003 年度文部科学省委嘱事業就業支援に関する実践研究～個別移行支援計画～の開発」へと研究を進めていった。

❷ 「東京都知的障害養護学校就業促進研究協議会」の誕生へ

1999 年度（第 1 年次）に委嘱研究に際して、調査研究運営協議会として設置し、運営・調査実施してきた「東京都知的障害養護学校就業促進協議会」は、本調査研究を継続して進路指導の改善を進めていくために「就業促進研究協議会」に改称したのは、2000 年 12 月のことである。

東京都立知的障害養護学校長会と東京都教育委員会指導部心身障害教育指導課の了承を得て、規約も成立して今日に至っている。

そして、現在は「東京都知的障害特別支援学校就業促進研究協議会」となっているが、研究・協議をする目的は変わらず、進路指導担当教員の研修・発表の場として教育・福祉・労働分野と進路指導に関わる全体的な研修の場として存続している。

（小笠原まち子）

第3節　東京都知的障害特別支援学校就業促進研究協議会の活動

1　進路指導の見直し ～主体性の育成と個別移行支援計画～

（1）「選択」と「契約」

福祉の分野では、2003年に支援費制度が始まり「措置から契約へ」と変わった。福祉サービスや事業所を選ぶことができる画期的な変化が起き、在学中から福祉サービスを選び利用することが各段に広がった。

企業就業の取組では、昔のように、採用見込みがある会社に、現場実習を繰り返して雇用してもらうやり方はほぼなくなってきていた。多様な職域を体験した後に会社を選び、内定を得るように変わっていった。しかし、会社から採用をめざす現場実習前に求人票を提示されることは少なかった。生徒は雇用条件の確認を書面ですることなく現場実習をした。そして、口頭で内定見込みであることを伝えられ、後日、会社から指名求人票が届き、応募・面接をし、雇用契約を結んだ。

福祉サービスも企業も選択できるようになった2003年度ごろ、知的障害特別支援学校の現場実習の仕方、就職活動の仕方、契約について進路担当者は課題意識をもち始めた時期であった。また、選べる時代に対応した、進路学習の充実と改善が必要であると実感した時期であった。

（2）東京都知的障害特別支援学校就業促進研究協議会の活性化

東京都知的障害特別支援学校就業促進研究協議会（以下、研究協議会）では、ハローワークの所管する地域を考慮して、東京都内を６ブロックに分け、ブロック内の特別支援学校が定期的に集まり、現場実習の情報交換や各学校の取組、障害者雇用に関わる施策等を学びあっていた。

かつては、特別支援学校１校が知り得た少ない企業情報を持ち寄り、世の中の動向等を分析し戦略を考えていた。しかし、雇用促進法の改正、特例子会社の設立などにより、大企業が障害者を雇用する時代となり、複数の学校が同じ会社、または、同系列の支店や店舗で実習をするようになってきた。

そこで、学校と企業の一対一の関係から、東京都の特別支援学校と大企業との関係で現場実習や就職活動をするように変えていった。企業と連絡を取りあう窓口校を決め、企業の情報や現場実習の受け入れなどを代表で聞き取り、窓口校は都内の特別支援学校に情報提供した。また、窓口校は現場実習等を希望する学校を集約し、企業に報告し、調整後、現場実習を行った。大企業に職場開拓をするときには、学校単独で行うのではなく、特別支援学校がチームとなり開拓をすることも試みた。さらに、研究協議会で企業セミナーを開催し、オール東京都の特別支援学校の現場実習や就職活動についてプレゼンし、障害者雇用に関心のある企業を募ることも行った。

学校合同の開拓やプレゼンでは、それぞれの個人技のようにもっていた進路指導のノウハウが共有され、融合されとてもよいものができた。また、制度の説明や障害者雇用の動向については、ハローワークとの連携が必要であり、ハローワークと協力体制が強化されていった。

このように進路指導担当者やハローワークと連携して取り組む中で、求人票を事前に確認してから応募し、評価してもらうようにならないかという課題が改めて浮上した。2003年に福祉から「措置から契約へ」とシフトチェンジされた。「選択」と「契約」をキーワードに、進路指導の見直し、障害者の就職活動の見直し、適正化を考えるきっかけとなった時代であった。

(3) 主体性育成と選択、そして契約へ

契約には責任が伴う。契約したら約束をしっかり守らなければならない。また、障害者差別解消法により合理的配慮を求めることができる。これも、自ら配慮を申請し、配慮を受けたなら、活動に積極的に参加し責任を果たさなければならない。希望したけれどやっぱりやめた、気分がのらないでは困る。周囲の関係者や支援者に迷惑をかけ、支援者を裏切ることにもなる。知的障害者には、難しい面もあるが、契約と責任、選択と責任について、計画的に学習することが必要である。

協議会では、体験と振り返りを繰り返し、生徒自ら強みを見いだし、会社に自分の力を認めてもらい「内定を得る・勝ち取る」という、プロセスを経ることで、責任を果たす職業人になると考えた。

３年間の現場実習の計画を、第１学年は「職域を知る」、第２学年は知った職域から選び「力試しをする」、そして評価を分析して、就職をめざす会社を絞り込み、第３学年は求人票を確認した上で、実力を発揮し「内定を決める・勝ち取る」とテーマを決めて、現在多くの学校が取り組んでいる。

進路指導担当は「知る・広げる」段階から、「選択し絞り込む」段階へ変わるところが重要ポイントであると捉えている。知ったこと、力試しをしたことを分析して、その結果、生徒自ら、就職をめざす会社を絞り込めれば、納得して就職活動に向かっていくと考えた。

この段階が変わるポイントをしっかり押さえるために、「知る」段階では体験後に「職種の特徴」「できたこと」「課題」等をまとめ記録を残す。そして蓄積されたまとめの記録を、授業や進路面談等で、比較検討し自分に適した会社を「選択」する。決して、世の中のどこかに自分に合った会社があるかもしれないと、いつまでも自己を見つめずに、探し求めるのではなく、これまでの体験した貴重な情報を生かし、分析し、自分の力で絞り込んでみるのである。過去の情報から比較検討することは難しい作業である。体験後の記録は一人一人に応じて工夫することが求められる。

生徒が自ら、これまでの体験の中から進路希望先を選ぶことができたと思えたなら、「自分の進路を自分で見いだした」とエンパワメントされる。そのことは、就職の困難も、就

職後の苦労も乗り越えていく原動力になる。

このモデル的な取組が、研究協議会から、各学校へまた企業へと広まり浸透するとともに、東京都の知的障害特別支援学校の企業就労率は飛躍的に増加していった。各学校では、第１学年の「知る」企業実習を多く行うため、現場実習の期間を短くしたり、意欲を高めるため優良企業で実施したり、また、まとめの記録を比較しやすいように同一書式に揃えるなど工夫していった。かつて、学校で校内実習等をして、学校で実力を見極めてから、長期の企業実習をして就職を決めるやり方から大きく変わっていった。

（４）個別移行支援計画の開発と活用

研究協議会は、2002・2003年度文部科学省委嘱事業「就業支援に関する実践研究」を受け、その中間報告書として2003年３月に、全国にさきがけて個別移行支援計画の書式と理論と活用について発表した。その報告書の中で、個別移行支援計画は、卒業後の豊かな生活に向けて在学中より関係支援機関と連携を図り、「子どもから大人へ」「学校から社会へ」スムーズな移行を図るために有効であると説明した。「子どもから大人へ」とは、青年期の葛藤など精神的な発達も含め大きな概念であるが、その中には、児童から成人の制度へ変わること、契約社会に参加することも含まれる。

個別移行支援計画について、卒業間近に検討し始めるようでは、卒業後、主体的に目標をめざし取り組めるのか、契約した責任を果たせるのか懸念される。在学中に「希望し、取り組み、振り返り、改善し、決める」ことを十分に行い、ニーズの裏付けをしておくことが大事である。個別移行支援計画は、在学中の個別の指導計画との連動が欠かせないのである。

2003年３月に報告した当初の個別移行支援計画では、在学中の進路に関わる教育計画を「個別移行支援計画Ⅰ」として計画、実践、評価を記録し、「個別移行支援計画Ⅰ」を経て精査された「卒業後の希望」「必要な支援」「関係機関との連携」を、「個別移行支援計画Ⅱ」にまとめるように提案した。「個別移行支援計画Ⅰ」を打ち出すことで、在学中の自立や社会参加に向けた取組が一層充実されることを期待したのである。

ところが、個別移行支援計画を開発した後、「個別の教育支援計画」の実施が通知された。そこでも、「個別の指導計画」との連動が大事であるとされた。そのような中で、当時開発した「個別移行支援計画Ⅰ」はなくなり、「個別移行支援計画Ⅱ」は個別移行支援計画として残り、個別移行支援計画は、個別の教育支援計画の一部と位置づけられたのである。

(5）個別移行支援計画と在学中の個別の指導計画・進路学習

卒業後の自立と社会参加を生徒本人が望み、自ら取り組むことを支援することが個別移行支援計画では大事である。そのためには、在学中から生徒が、自立や社会参加に向けて「希望し、取り組み、振り返り、改善し、見直し充実を図る」ことを十分に行うことが必要である。前掲した、進路を決める段階的な取組は、在学中の福祉サービスの利用や地域活動への参加にも活用できる。

福祉サービスや地域活動に参加する前に、支援会議を行い、生徒の社会参加への希望が更に高まるように、成功体験に導くアイディアを考えて臨むのである。生徒は成功体験すると、それをきっかけに、積極的に次回も希望するようになる。生徒の希望を応援するという支援の構図が成立すると、本人と支援者が一体化し、やる気も支援も充実し、自立と社会参加が加速する。

在学中からショートステイを積極的に取り組んだ特別支援学校では、卒業後のグループホームや通勤寮で暮らす者が増加した。学校の職業や家庭科の授業では、より現実的な内容が扱われ、授業に支援者も参加した。何より生徒が活発に質問し、経験した生徒は誇らしげに報告するなど、生き生きとした授業となった。

暮らしや余暇の体験や授業が充実することで、求職登録や求人票を見るときに、この給与でグループホーム暮らしができるのか、地域活動と勤務時間が重ならないかなども検討できるようにもなる。個別移行支援計画は、まさに一人一人の人生のライフプランとなる。

(6) 卒業後の定着支援の変化

在学中に生徒と関係機関との連携が築かれていれば、卒業時の個別移行支援に関わる支援会議では、すでにできている支援チームの中に、新たに就職先の会社の方、就労支援機関の方が加わるかたちになる。会社の方は一人で障害者を抱える不安感が解消され、安心感が得られる。

卒業後の支援は、個別移行支援計画に記載されている関係機関と連絡を取り合い、役割分担しチームで行う。進路指導担当は、支援ネットワークを活用する力、チーム力を最大に生かすコーディネート力、困難に直面したときに支援会議を開き、打開策を検討するファシリテーターとなることが、臨機応変に求められる。

個別移行支援計画はＡ４判１枚であるが、関係機関と連携を図ることで、多様で強力な支援が可能となる。そして､本人のキャリアアップに従い書き換えていくことが肝心であり、それを支援するためのツールとして活用することによりネットワークを地域に築き、継続させることが大事である。

（菊地　直樹）

❷ 知的障害特別支援学校のネットワークによる進路指導の取組

（1）進路指導担当の育成

①　東京都知的障害特別支援学校就業促進研究協議会の組織化

1999・2000 年度に東京都教育委員会が文部科学省から委嘱を受けて、「盲・ろう・養護学校就業促進に関する調査研究」を進める際に、研究協議会は組織された。この調査研究では、子どもから大人へ、学校から社会へと生徒が移行していく際に必要な関係機関とのネットワークづくりとして、「個別移行支援計画」を開発するに至っている。

調査研究を進めるにあたり、研究協議会よりも以前から組織されていた、多摩地区の進路担当者会議をモデルとして、都内の学校を地域ごとに６ブロック（城北、城東、城南、多摩北部、多摩中部、多摩南部）に分けて調査研究を進めた（図１）。

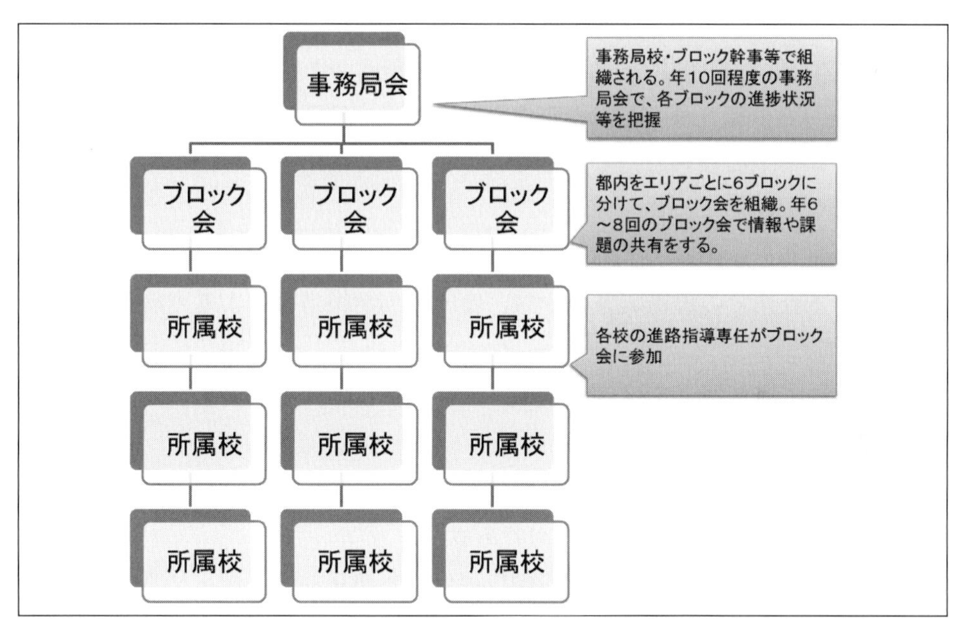

図１　就業促進研究協議会の組織

６ブロック化にあたり、各ブロックの幹事校や事務局校の教員によって、事務局会が設置され、年 10 回程度の事務局会を開くようになり、そこで各ブロックの調査研究状況を把握するとともに、ブロックへの情報発信の役割を担うようになった。

各ブロック会では、ブロック所属校の進路指導専任が会議に参加し、各校の進路状況や職場開拓状況、各自治体の福祉サービス等の情報交換をするようになり、調査研究と並んで重要な情報交換の場となった。

②　実習先企業の担当校制度の始まり

研究協議会で進路に関する情報を共有する前は、各校がそれぞれ独自の実習先企業の開拓を行っていた。あるファストフード店が新規に開店した際、近隣の学校がこぞってその会社の人事部に実習の相談をしたため、担当者は電話対応に追われて他の業務が滞るという事態が生じた。当該企業から養護学校（当時）全体で連絡窓口となる学校を決めて実習相談の連絡を入れてほしいという依頼があり、そこから企業実習に関しての担当校制度が始まった。

卒業生が就労していて人事部と関係が成立している学校や、本社がある地域の学校が担当校となり、企業の実習募集の内容を確認し都内の学校に情報発信するようになった。図２は窓口校による企業への聞き取り内容の一例である。

また、必要に応じて、実習募集の前に企業見学会を担当校が企画することも始まった。このような実習担当校制度を用いることで、都内各校に実習情報と、各社が求める人材が周知されるようになり、生徒と実習のマッチング率が高まった結果、採用選考に応募し就労できる生徒の数が増えていった。

2015年の調査によると、担当校制度を導入している企業は約30社である。各年度における企業就職した卒業生のうち、担当校導入企業への就職者を見ると、2012年度311名中69名（22.1%）、2013年度330名中76名（23.0%）、2014年度281名中50名（17.8%）となった。担当校は、企業から依頼されて担当校が置かれるため、実習募集人数が減少したり、実習受け入れ店舗がエリアで限られたりする場合は、今まで活用していた担当校制度を企業側からやめる場合もある。

担当校方式の傾向を分析すると、以下の点が挙げられる。

①各校における企業での現場実習のうち、ほぼ25%が担当校による調整を経ており、円滑な実習が行われている。

②現場実習を経て採用選考を受けた結果、企業就職者の約20%が担当校協力企業に就職している。

③担当制度実施企業での実習回数は増加しているが、すでに多くの卒業生を採用している企業が多く、近年の就職者は減少傾向である。

担当校制度だけでなく、ブロック内の学校間による情報共有が図られることで、学校同士の横のつながりができるようになった。そのため、従来は自分の学校で職場開拓したものの、業務とマッチする生徒が自分の学校にいない場合は実習に至らないケースがあったが、現在ではブロック内の学校に情報提供し、他校の生徒でマッチングを図るようにまでなっている。つまり、自分の学校の生徒だけでなく、都内の特別支援学校に通っている生徒たちを「東京都の生徒」として、ブロック全体で考えられるようになってきたのである。

企業用

就業促進研究協議会　　記入日：平成　　年　４月１０日

実習調整機関聞き取り用紙　　学校名：〇〇特別支援学校

記入者：　□□　□□

企業名	〇▽□　株式会社	肩書き 担当者名	人事部長 ××　様
住所	〒１００－９９９９　〇〇区〇〇　１－２－３　□□ビル		
TEL	０３－３＊＊＊－＊＊＊＊	FAX	０３－３＊＊＊－＊＊＊＊

従業員数	名	採用計画	あり	＊指導員数、業務内容、今後の展望など ・指導員…５名 ・業務内容…①発送関連業務②書類開封・書類チェック業務③書類ファイリング関連④ＰＣ関連業務⑤シュレッダー業務⑥その他のオフィスサービス
内 障害者数	名	次年度 採用 計画	４名	

実習の受け入れについて

実習の受け入れ	可	１回の受け入れ人数	４名
２年生の受け入れ	否	教員の付き添い	不要
必要な実習期間	２ｗ		

実習関係についての情報

【３年生の実習】　実習期間中の勤務時間は　９：００～１６：００（採用時は９：００～１７：００）

①　６月〇日（月）～６月〇日（金）　②　６月〇日（月）～６月〇日（金）

③　７月〇日（月）～７月〇日（金）

秋にも実習を予定しているが、基本的に１学期に実習をした人の中から、５～６名を選抜して実施予定。

申込をされた学校へは、５月〇日（月）、〇日（火）に実習前面接会を実施。

【求める人材像】　〈前提〉就労意欲があり、目標に向けて努力ができること。

１．障がいの種類は問わない。現在は知的障がい者手帳所持者が中心。

２．公共機関を利用し、通勤が可能。非常時には連絡、経路の変更などに適宜対応できる。業務時間外、昼食時など一人で適宜対応できること。

３．挨拶、質問、意思表示（「わかる」「わからない」）・意思疎通がしっかりできること。業務上の報告・連絡・相談ができること。

４．企業の部門名の漢字がわかる、１０まで数えることができる、一人で荷物をもって階段昇降ができる

５．集中力があり、細かい作業、継続作業が得意な方。単純・反復業務に一定のペースを維持できる方。

６．就労支援機関への登録。清潔感。情緒の安定。職業訓練の経験があること。障がいの受容ができていること。「学校や福祉施設と会社との違い」が理解できていること。

夏期休業中の保護者責任の実習は可能か	否
可能な場合の期間・手続きなど	
保護者独自の見学や相談	否
謝礼金の授受	否

前年度の雇用条件等について	賃金	時給 980 円（初任給）
	就業時間数（週あたり）	35 時間
	加入保険	雇用・労災・健康・厚生
	通勤手当	全額支給
	その他特記事項	正規雇用（試行雇用３ヶ月）、賞与年２回

その他の情報

４／１２各校に「職場実習のお知らせ」を就業促進研究協議会ブロック幹事校経由で送りしました。お知らせをお読みいただいて、人事部××様まで直接申込書・実習生資料等をお送りください。

図２　窓口校による企業情報例

③　教員向け研修の始まり

事務局会が定期的に開催される中で、ブロック共通の悩みや課題が挙げられるようになった。今まで各校独自で行ってきた進路学習の流れや現場実習の実施方法が他校とは異なっていることに気づいたり、障害者雇用や福祉制度に関する制度変化に伴う新しい情報を得ておく必要性があったりなど、都内の特別支援学校の進路担当者が共通にもっていなければならない情報や知識が明確になってきた。また、学校間での進路情報の格差を少なくすることも、課題となっていた。

そこで、研究協議会では事務局会が企画・運営する「全体会」という形で、教員向けの研修会を2004年より開くことになった。教員向け研修会は2013年からは東京都教職員研修センターとの連携研修へと発展していく。また、企業に向けた特別支援学校の進路指導の紹介や他社の障害者雇用の実践についての発信の場として、後に触れる企業向けセミナーと同様に、企業の障害者雇用担当者や雇用管理担当者と教員が一緒に研修ができる機会を設けた。

当初は、研究協議会で調査研究を進めた「個別移行支援計画」や「個別の教育支援計画」の研修と、教員向けのビジネスマナーを企業の人事担当者を講師に招いての研修会が多かった。それまで東京都の教員研修では、初任者研修も含めて名刺交換の仕方や電話でのアポイントメントの取り方などの研修機会は少なく、先輩の教員が体得したものを口伝的に引き継いでいるのが現状だった。

当時は、実習を依頼する際から、進路指導担当者は何度も企業の実習担当者に平身低頭していた。しかし、実習を受け入れる企業側と対等な立場で話を進めないと生徒に不利益が生じること、企業と学校はお互い対等な立場ではあるが、実習を依頼する最初のときと実習を終えた最後のときに進路担当はしっかりと頭を下げるべきだと、当時の講師にアドバイスをいただいた。

その後2007年からは、全体会として東京労働局から最新の労働行政の情報と、変化が著しい福祉サービスの情報を得る機会を毎年設けることになった。東京労働局からは、雇用促進法の改定や東京都の障害者雇用状況、助成金制度など、その年ごとのトピックスを中心に情報提供いただいている。

福祉サービスは制度がめまぐるしく変化しており、支援費制度、障害者自立支援法、障害者総合支援法、計画相談（サービス等利用計画）については、制度の概要だけでなく具体的な利用方法等の詳細を専門家に講演いただく機会となった。就労だけでなく、就労を支える生活支援についても、進路担当者は情報を得ておく必要がある。そのためグループホームや通勤寮の様子や障害基礎年金についても、定期的に研修会を実施し情報が得られるようにしている。

2013年からは、東京都教職員研修センターとの連携研修が始まった（表2）。年３回（現在は年２回）の研修センターでの教員向け研修について、研究協議会が企画・立案・運営するものである。対象が特別支援学校教員だけでなく、特別支援学級担任や一般の学校で

表１　就業促進研究協議会の教員向け研修会の経緯

教員向け研修の変遷

年度	回数（年）	主な内容	備　考
2004 （H16）	1	個別移行支援計画による進路指導・教員向けビジネスマナー・職場開拓のノウハウ	企業担当者を講師に迎える 分科会形式
2005 （H17）	1	進路指導の専門性・個別の教育支援計画・教員向けビジネスマナー・職場開拓のノウハウ	分科会形式
2006 （H18）	1	進路担当者のスキルアップ	分科会形式
2007 （H19）	1	障害者自立支援法・労働行政	H18.4より障害者自立支援法施行
2008 （H20）	2	労働行政・障害者自立支援法	
2009 （H21）	2	労働行政・生活支援機関の利用・小売販売の雇用	
2010 （H22）	4	労働行政・福祉職場における障害者雇用推進プロジェクト・特例子会社の役割・フード業界で働く知的障害者	初めての就労先業態別の研修会実施（企業参加）
2011 （H23）	3	労働行政・就労支援アドバイザー事業・障害基礎年金・フード業界で働く知的障害者	
2012 （H24）	3	労働行政・虐待防止法の改正について・知的障害が中重度の人の就労	
2013 （H25）	6	労働行政・福祉サービス・障害者総合支援法・キャリア教育・小売販売で働く知的障害者・事務系職場で働く知的障害者	都教職員研修センターとの連携研修始まる（年3回でそのうち2回は企業も参加）
2014 （H26）	5	労働行政・福祉サービス・キャリア教育・事務系職場で働く知的障害者・小売販売で働く知的障害者・サービス等利用計画について	
2015 （H27）	4	労働行政・福祉サービス・キャリア教育・清掃／事務で働く知的障害者・高齢者施設等で働く知的障害者	
2016 （H28）	5	労働行政・福祉サービス・キャリア教育・進路先に応じた職業教育の充実・グループホーム／通勤寮について・これまでの特別支援教育の	連携研修が教員向けに特化される
2017 （H29）	5	労働行政・福祉サービス・キャリア教育・企業就労全般・企業就労者の生活支援・企業就労者のキャリアアップ	協議会としての企業向けの研修会の再開 企業見学会とセットにした研修会の実施

表２　就業促進研究協議会の研修会の概要

研修会の種類と内容

研修会	時期	主な内容	対象
全体会1	5月下旬	基本的な情報（・労働行政の最新情報　・福祉サービスの最新情報）	特別支援学校進路指導担当者
全体会2	10～12月	知的障害のある人たちの生活に関する研修（グループホーム、サービス等利用計画、障害基礎年金等）	特別支援学校進路指導担当者
全体会3	2月	企業に向けての発信（インターンシップについて、キャリアアップについて等）	企業／特別支援学校進路指導担当者
連携研修1	8月	キャリア教育の概論	特別支援学校教員／特別支援学級教員／通常学級教員
連携研修2	8月	企業で働く知的障害者（働いている事例や雇用管理の様子）	特別支援学校教員／特別支援学級教員／通常学級教員

障害のある生徒の進路指導に関心のある教員も研修に申し込めるようになったため、毎年第１回目の連携研修は、大学教授による進路指導・キャリア教育の概論的な研修会を開いている。また、卒業後の進路先について進路以外の教員にも理解してもらうため、企業の障害者雇用担当者を講師に招き、企業の人事担当者にもそれらの話を聞いてもらう研修会も企画した。教員には企業同士のやりとりを聞き、雇用管理上の課題などを共有できるようにした。この連携研修は2016年からは、研修対象を教員に絞った形で実施している。このように協議会では、研修対象によって内容を精査し、最新の情報を提供できるようにしている。

（小野寺　肇）

（2）定着支援に向けた動向把握（全都調査）

研究協議会では、その活動の柱の一つとして、卒業生の就業や定着状況について、調査を行ってきた。就業の実態を調査することで、産業構造や求人の変化を敏感に把握して、授業や学習内容に反映すること、生徒・保護者・事業所へ情報提供すること、生徒・卒業生の支援に生かすことなどを目的とした。

①　知的障害者の就労移行支援状況と福祉、教育、労働の連携のあり方に関する実態調査（社会福祉法人東京都社会福祉協議会「福祉、教育、労働の連携による知的障害者の就業・生活支援」より）

この調査は、2007 年に社会福祉法人東京都社会福祉協議会と協働で実施した。就業と生活の実態と支援課題を多面的に把握した調査は、その先にも後にも存在していない。その意味で、意義深い調査と考える。

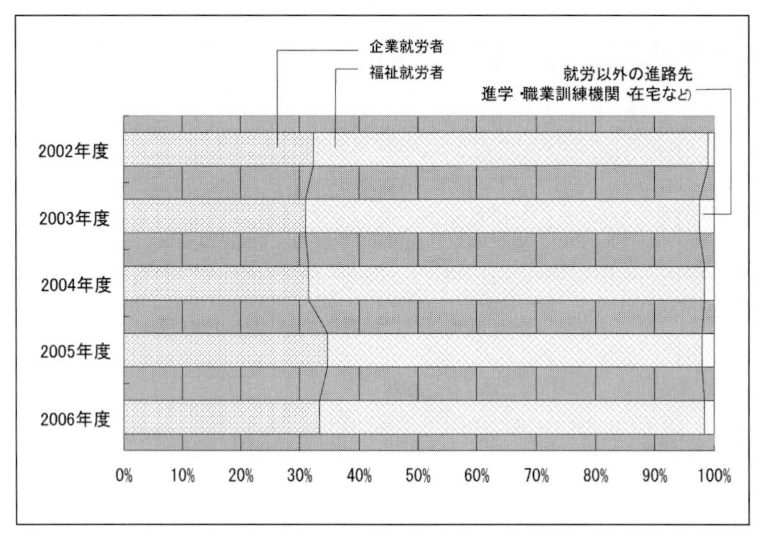

図３　卒業時の進路先（2002 ～ 2006 年度卒）

調査実施のあらましについては、「福祉、教育、労働の連携による知的障害者の就業・生活支援」によるとして、ここでは、その結果を概観したい。

2002 ～ 2006 年度の５年間の卒業時就業者は 32.7％、卒業時点での就職者もその割合も伸びていた時期だった。また、この頃から職域の拡大や多様化も、特徴として顕著になり始めてきた（図３・４）。

また、この調査で初めて離職者についても、数字で把握することができた（表３）。それまで、「知的障害の方（特に軽度の方）はすぐに辞めてしまう」といった多方面からの指摘に、私たちは明確に反論や修正ができなかった。

しかし、この調査で離職率また定着率について、はっきり数字で得ることができ、「私たちの卒業生は５年間で定着 84％、よくがんばっている！」と、堂々と言えるようになった。

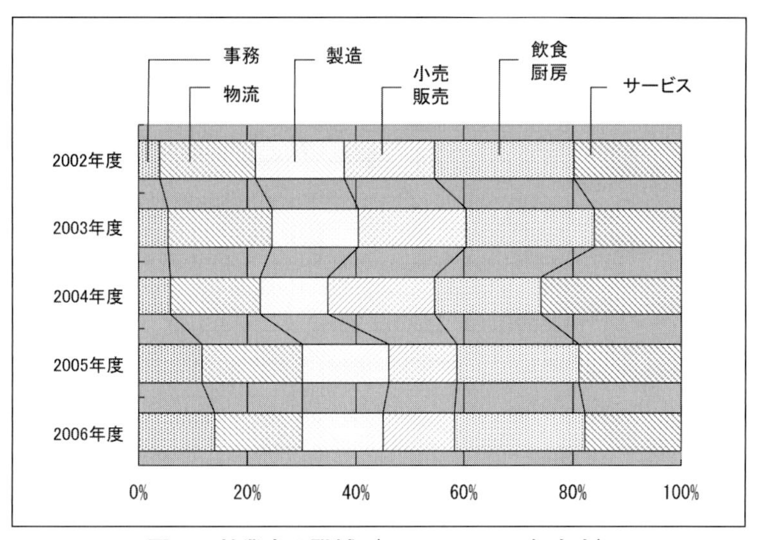

図４　就業者の職域（2002 ～ 2006 年度卒）

表３　企業就業者の離職率（2002 ～ 2006 年度卒）

卒業年度	卒業時企業就労者	離職者	離職率	離職者中再就職者
2002年度	227	58	25.6%	34
2003年度	240	46	19.2%	26
2004年度	255	54	21.2%	29
2005年度	302	53	17.5%	24
2006年度	328	15	4.6%	6
計	1352	226	16.7%	119

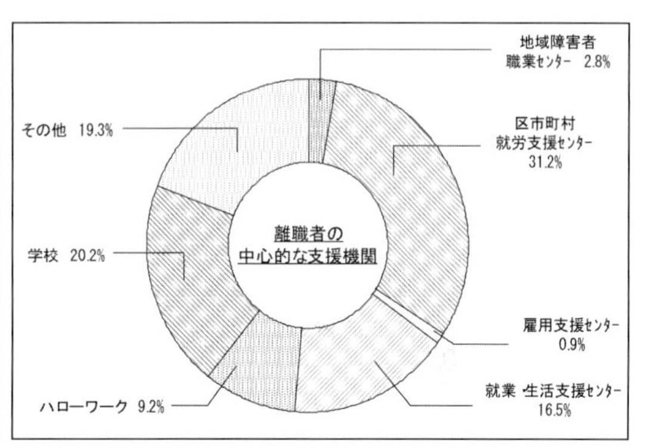

図５　離職者の中心的な支援機関

また、離職した人たちが、多様な支援機関を活用して、再就職やその後の支援を受けていることもわかってきた。離職時に限らず、卒業後の様々な内容の相談先として、各支援機関についても、在学中の学習で取り扱っておくことで、卒業生の社会生活を送るための大事な安心材料になることがわかってきた（図５・６）。

さらにこの調査では、生活支援についても、重要な示唆を得ることができた。早いうちにショートステイやヘルパー利用について学ぶことや実際に活用することが、後々のニーズや充実した生活につながると考察することができた。

特に、知的障害の軽い人たちには、働く生活をつくるという視点で、通勤寮やグループホーム、または一人暮らしやルームシェア等の多様な暮らし方を追求していくことが、彼らの

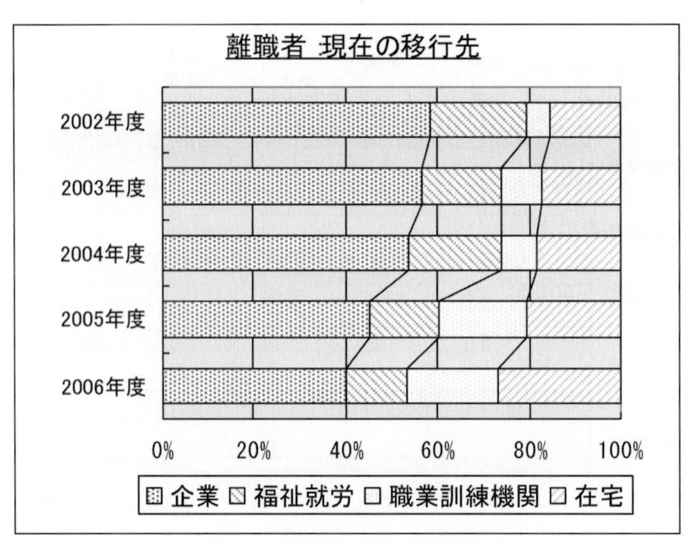

図６　離職者の現在の移行先

就業定着としても重要な支援に結びつくことがわかった。

「生活上の支援課題」という視点で、すべての卒業生に、住まい・暮らし方、趣味・余暇、健康・医療等々の支援とともに生活設計ができると、実は安定した就労支援につながることもこの調査から学ぶことができた（次頁図７）。

これらの結果から、キャリア教育や授業改善等にも、私たちの意識や観点を柔軟に多様にしていくことが求められると考える。

生活上の支援課題　～なぜ生活支援か～

① 知的障害が軽度の方の
福祉サービスにふれる機会

障害者自立支援法の
障害程度区分の認定

不明
17.3%

認定を受けている
18.8%

認定を受けていない
63.8%

ヘルパーの利用状況と利用意向（複数回答）

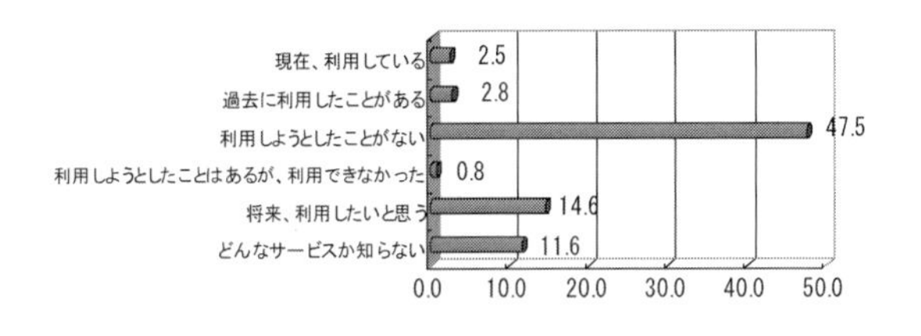

通勤寮やグループホームの利用状況と
利用意向（複数回答）

② 「変化」を体験する機会

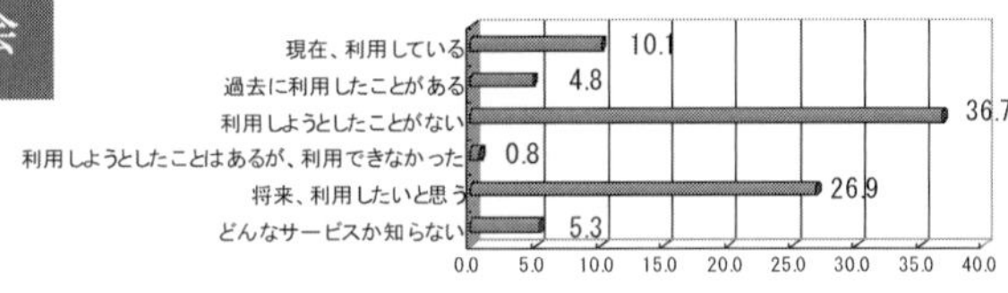

生活上の支援課題　～なぜ生活支援か～

① 知的障害が軽度の方の福祉サービスにふれる機会が少ない。

② 「変化」を体験する機会が少ない。

③ 将来の不安定要素。

■就労支援と同様に、意図的に、組織だった支援
■学齢期からの取り組み
■他人と過ごす（楽しむ）、家を出てみる

図７　生活上の支援課題

②　進路動向調査と定着調査

この調査は、1998年から続けており、社会福祉法人東京都手をつなぐ育成会との連携・協働で実施してきた。知的障害特別支援学校卒業生の就業状況に限らず、定着状況、住まいの状況と合わせ、特別支援学校卒業後３年間の追跡調査も同時に実施している（図８・９）。

この調査によって、年度ごとの就業状況や職域の傾向等、基本的なデータを毎年得ることができている。年度ごとの特徴はもちろん、経年による変化、施策や法改正の影響、社会や産業の変化、卒業生の担当業務の変化等を見ることができている。

そして、そのデータを授業でも保護者会でも活用して、タイムリーな情報提供ができている。また、事業所や関係機関にも同様に活用できている。

ここでは、主に就業状況についてデータを見ていく。

東京都知的障害特別支援学校高等部卒業生 就業者数の推移
（東京都知的障害特別支援学校就業促進研究協議会 調査より）

年度	2001	2002	2003	2004	2005	2006	2007	2008	2009
卒業生数（人）	709	702	795	805	904	946	966	917	1,147
就業者数（人）	214	211	224	243	304	306	345	368	449
就業率（%）	30.2	30.1	28.2	30.2	33.6	32.3	35.7	40.1	39.1

年度	2010	2011	2012	2013	2014	2015	2016
卒業生数（人）	1,155	1,258	1,402	1,451	1,520	1,547	1,613
就業者数（人）	449	522	602	625	663	703	718
就業率（%）	38.9	41.5	42.9	43.1	43.6	45.4	44.5

図８　高等部卒業生の就業者数の推移

東京都知的障害特別支援学校　高等部卒業生の就業先での職域
（東京都知的障害特別支援学校就業促進研究協議会 調査より）

進路先の職域	主な業務内容
事務	ＰＣデータ入力、ファイリング、社内メール等の仕分け、シュレッダー、コピー、庶務・軽作業、他
製造	食品、機械部品、ライン作業、成型機操作、印刷、製本、他
物流	荷物運搬・整理、ＤＭ封入、入庫検品・棚入、ピッキング、発送準備・梱包作業、他
小売販売	商品のパック・袋詰、品出し、商品の陳列・整理、他
販売・接客	販売補助、店内でのお客様応対、レジ・レジサッカー、他
飲食厨房、調理・食品	店内フロア清掃、調理器具・食器類等の洗浄作業、盛り付け、調理補助、他
衛生福祉サービス	高齢者施設等介護周辺業務（清掃、ベッドメイク、食事準備等）、医療・福祉・生活支援対人サービス、他
清掃	社内外清掃・整備・営繕、リサイクル、クリーニング、生活衛生等、他

図９　高等部卒業生の就業先での職域

2001年度からのデータを並べてみると、2006・2007年の「連携通達」、2008・2013年の障害者の雇用の促進等に関する法律改正、CSR・コンプライアンスといった取組による事業所の理解が進んだこと等々、制度や施策の充実に伴って、社会全体の理解が進んできていることが読み取れる（図10）。

過去5年間 東京都知的障害特別支援学校高等部卒業生 進路状況
（東京都知的障害特別支援学校就業促進研究協議会 調査より）

職域	2012	2013	2014	2015	2016
事務	139	156	175	201	211
製造	22	26	29	38	32
物流	84	67	86	73	98
小売販売	93	75	68	51	71
販売・接客	10	15	26	29	24
飲食厨房、調理・食品	116	108	114	110	97
衛生福祉サービス	38	41	34	49	54
清掃	94	124	114	143	123
その他	6	13	21	9	8
計	602/1,402 (42.9%)	625/1,451 (43.0%)	667/1,520 (43.6%)	703/1,547 (45.4%)	718/1,613 (44.5%)

図10　高等部卒業生の進路状況

また、卒業生が実際に担当している業務にも変化が見られ、単一の業務から複数の業務の組み合わせで構成される、バックヤード中心からフロントヤードで直接接客対応も行う、オフィスでの事務作業が最多になったなどの変化が見て取れる。このような社会の変化に敏感になり、学習内容に取り入れていくことが、生徒の選択肢を広げることにつながる。

③　授業や保護者会等での活用

これらの調査から得られた情報は、生徒や保護者への情報提供に活用している。主な趣旨としては、見通しや目標をもってもらうこと、卒業後の生活を「働く生活」と捉えて生活設計の観点をもってもらうこと、学び続けて素敵な大人になってほしいというメッセージを送ることと考えている。

実際に卒業生たちはどんな意識で生活を送っているのか、授業で調査結果の中から「就職したときの感想」や「（卒業後の）現在の生活で手伝ってほしいこと」などを紹介している（図11・12・13）。

「給料をもらえたことがうれしい」は、生徒はまだ誰も経験がない。「やっぱりうれしいんだ……」「家族もそれを喜ぶんだ……」等の想像につながっていく。そして、「（自分が希望する会社だと）給料っていくらくらいもらえる？」「給料をもらったら、何に使おう？どう使おう？」「いくらあれば一人暮らしができる？」と、次の学習課題へと広がりを見せる。高卒求人票、最低賃金、（社会）保険、労働基準法、通勤寮やグループホーム、食費・光熱費・家賃等の生活費、年金……このような内容の学習へと進んでいくことになる。

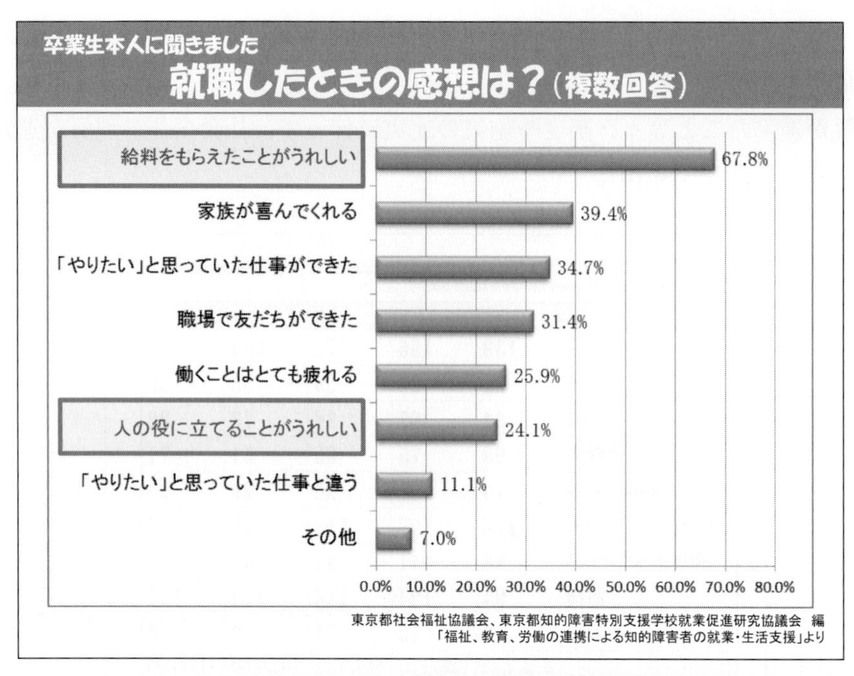

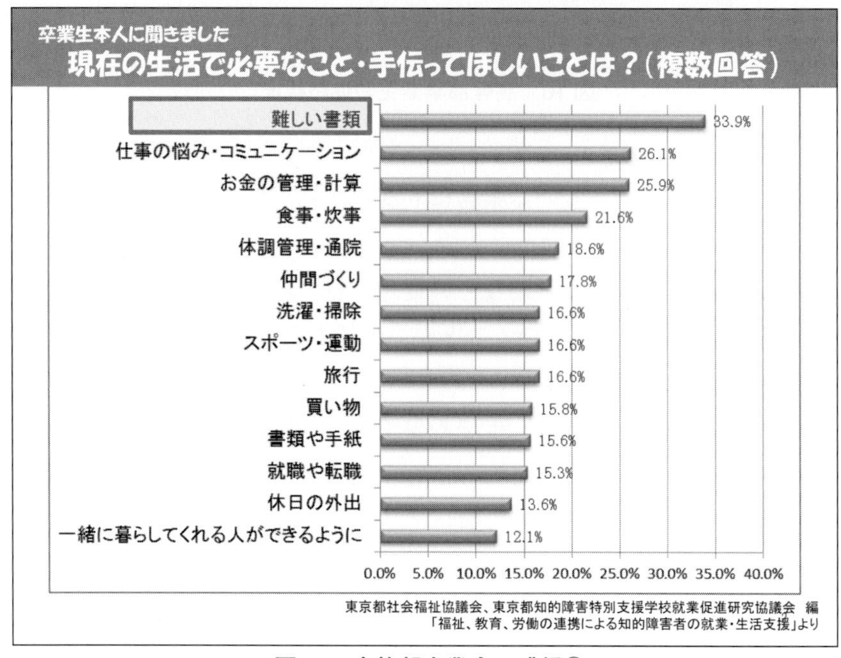

図 11　高等部卒業生の感想①

給料と並んで「難しい書類」も生徒には未経験な内容になる。これまでは、様々な「手続き」について、保護者と学校とでほぼ済んできた。これからは、雇用契約をはじめ、内定通知書と承諾書、雇用契約書、各種証明書の申請、福祉サービス等の利用契約、受給者証、銀行口座開設、年末調整、契約更新等々、原則本人が行うことが増えてくると、授業でも扱っていく。

すると生徒は「だから『難しい書類を手伝ってほしい』が1位なんだ」と理解していく。

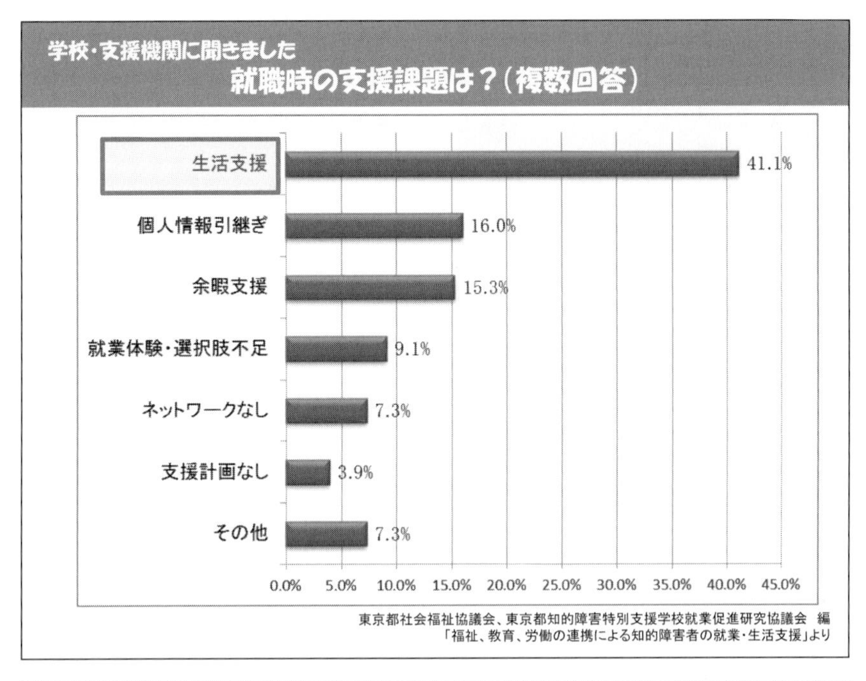

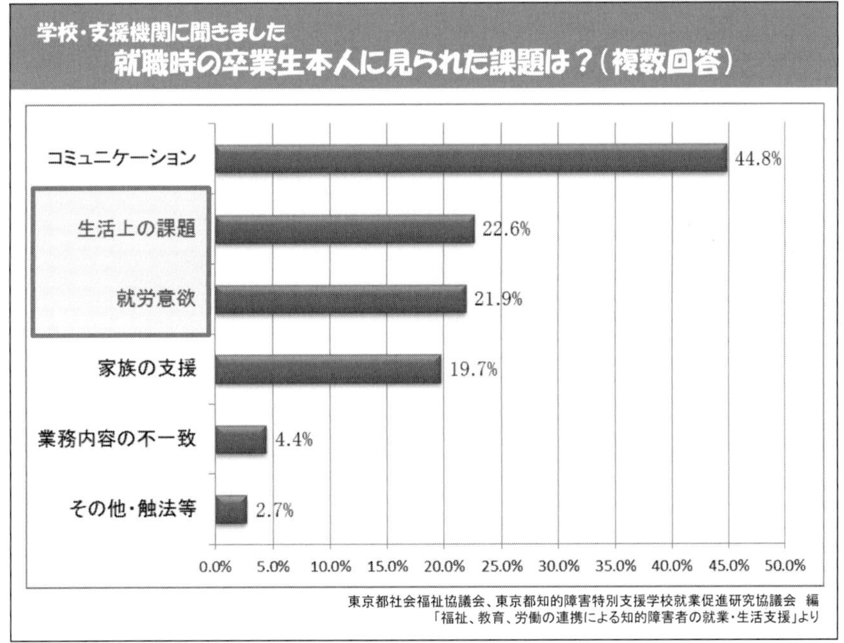

図 12　高等部卒業生の感想②

そして「自分もそういうの（難しい手続き書類）は苦手。どうすればいい？」となっていく。支援者、支援機関、「相談」への学習へと進むことになる。

同様に、保護者への情報提供・共有にも活用する。

また、授業でも使ったスライドを用いながら、卒業生の生活や課題になったことを共有し、保護者会以外に月に一度の「保護者学習会」の場へと活かしている（図 14）。

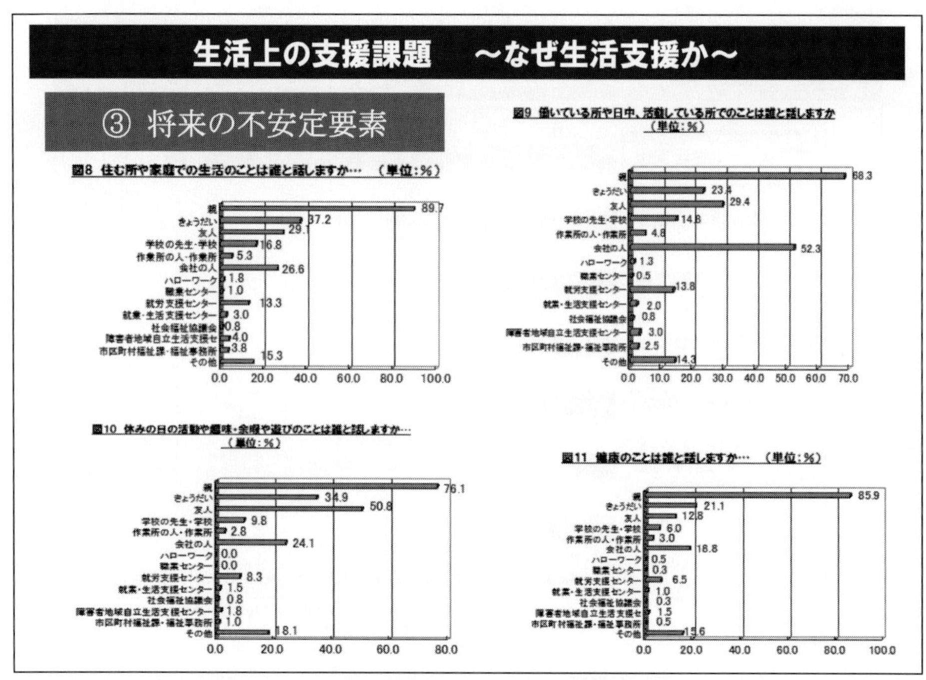

図 13　高等部卒業生の感想③

平成30年度「保護者学習会」

月	内容	講師
7月	東京都の進路状況、労働施策・卒業生の状況と本校の進路指導、他	進路指導部
9月	障害者雇用の実態と法制度・施策、雇用条件・雇用契約、他	ハローワーク池袋より 雇用指導官
10月	働く大人になるための法律基礎知識、他	就労支援アドバイザー （社労士）
11月	所得保証、障害基礎年金、他	就労支援アドバイザー （社労士）
11月	ライフイベントと人生を考える、他	相談支援事業所理事長
12月	生活支援あれこれ（サービス等利用計画など）	相談支援事業所 所長
1月	自立・暮らしを考える	東京都知的障害者育成会 通勤寮長、ｻｰﾋﾞｽ管理責任者
2月	就労支援センターのかしこい付き合い方、大人のわが子との関係作り、他	就労支援アドバイザー （就労支援センター長）
3月	保護者から見た卒業後	卒業生保護者

図 14　「保護者学習会」

知的障害が軽い生徒の保護者の場合は特に、働くことだけに多くの意識が行きがちになる。しかし、調査結果から、「働く生活」をつくっていくときに、日中力を発揮してほしい活動や労働を支えるためには「生活支援」が大きな支援課題であることにイメージを広げていく。また、「だれにどんな内容の話をしているか」の結果を見ると、卒業後もすべての話題の相手で「親」がトップであることに若干のショックを覚えつつ、我が子の「自立とは？」を仲間や先輩保護者（在校生対象なのだが、卒業生保護者も参加してくれている）ともつながって一緒に考えている。

そして、このような調査結果を知った保護者は、生徒の将来を思うとき、障害基礎年金等を含む所得保証と合わせて、生活設計の視点を持ちながら、卒業生保護者の学習会の立ち上げへと動いていった。

大人になりゆく我が子をどのように見守ればいいか、支援者（本人たちが『頼れる人』）を増やすにはどんな観点が必要か、保護者としての役割はどう変わっていくのか、それらを支える制度・サービスはどうなっているのか等々を「保護者学習会」をとおして、学校は一緒に学び続けていきたい。

（小澤　信幸）

（３）東京都教育委員会の事業を実現する就業促進研究協議会の活動 ～関係機関との連携～

①　企業向けセミナーの実施

研究協議会は2002年に、初めて企業向けのセミナーを開催した。現代は東京労働局をはじめ、様々な機関で企業向けの障害者雇用促進セミナーを開催しているが、今から15年以上前に養護学校が企業向けにセミナーを開催することは、当時としては例がなく大変画期的なものだった。

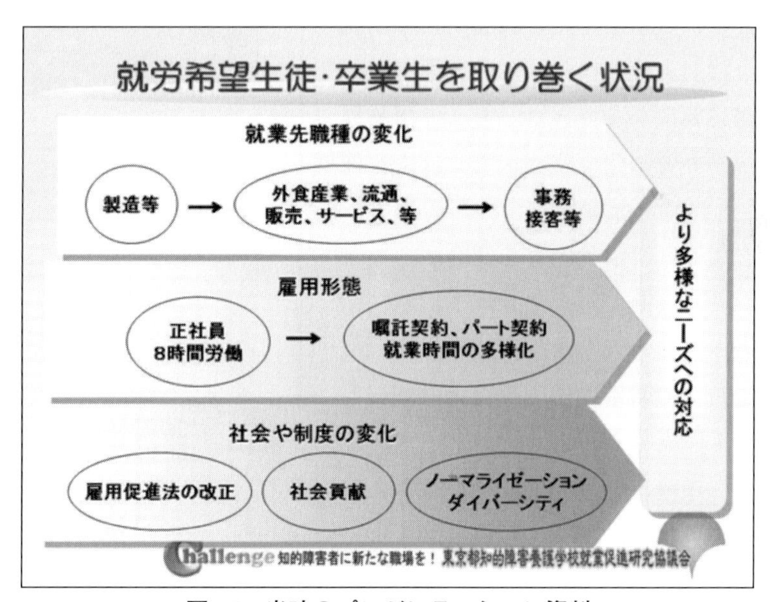

図15　当時のプレゼンテーション資料

第１回のテーマは、「障害者のインターンシップを考えるファーストステップ」とし、50社を対象としたセミナーであった。学校側から知的障害のある人たちの理解を促進する趣旨のプレゼンテーションを行ったほか、すでにインターンシップを受けていた企業３社による活用例を、パネルディスカッション方式で紹介した（図15）。

以来、企業向けセミナーは学校からの企業に向けた発信と、先駆的な企業の実践紹介を軸として実施されていった。当時は知的障害者の就労現場が、製造業関連から外食や物流、そして、事務へと変換していく時期であり、就業促進としても新しい職域での雇用を提案していった。

2003・2004年の企業向けセミナーは研究協議会主催で行っていたが、2005年からは、東京都教育委員会と研究協議会が共済で実施という形になった。しかしながら、セミナーの企画については研究協議会メンバーが主軸になって行っていた。参加者の人数も増え、多いときは250名近くが参加するセミナーとなった。さらに2008年からは東京都が主催のセミナーに発展していった。

しかしこの頃は、障害者雇用促進セミナーが一般的になり、講義形式やパネルディスカッション形式のセミナーでは参加者数を増やすことに限界がきていた。

そこで研究協議会は2011年に、業態を絞ったセミナーを開催した。最初の業態は飲食業で、「フード業界で働く知的障害者～同業者同士が語る知的障害者雇用～」をテーマに、ファミリーレストランや給食委託企業の方々に、実践紹介をしていただいた。その後も事務業務、事務と清掃業務、高齢者施設での働き方など、業務内容を絞って参加者が共感しやすい内容のセミナーを展開していった。

②　パンフレットの作成

各校独自の職場開拓方法から、ブロック体制や窓口校制度などによる都全体での職場開拓に変化していく中で、特別支援学校共通の開拓用パンフレットの作成が必要になってきた。そこで事務局が中心となり現場実習に関するパンフレットを作成した（図16）。当時は研究協議会独自のホームページを開設しており、活動内容を紹介するなどの情報発信のツールとしてパンフレット同様に活用していた。パンフレットは数回更新されたが、現在は都教育委員会で特別支援学校全体を網羅したパンフレットを作成している。

図16　開拓用パンフレットの内容

パンフレットの中身は、研究協議会の３つの取組として、①企業向けセミナーの開催、②生徒一人一人の適性や企業のニーズに応じた職務の提案、③職務内容に応じた作業能力の育成について紹介していた。また、高等部１年生の職場見学や短期インターンシップから、高等部３年生の現場実習、卒業後の定着支援までの一貫した流れの紹介、インターンシップ実施の流れなど、１つのパンフレットで広範囲の説明ができる構成になっていた。

③　ビデオの制作

2003年には、各校から卒業生の様子を撮影したビデオデータを編集して、「知的障害者の職域・就労先」を企業向けに紹介する10分ほどのビデオを、研究協議会で初めて作成した（図17）。

第1回目のビデオは、企業の方からのよくある質問に画像で応えるという編集が特徴的であった。「卒業生が活躍している職種は」という質問に対し、①飲食業、②小売販売バックヤード、③物流、④製造と、当時就労者が多かった職種の紹介を行っていた。また、安全意識については、包丁や道具を使えるのかを使っての作業シーンを、文字の理解については、伝票のチェック、照合等の作業シーンを使って、知的障害のある卒業生が業務に十分応えられている様子を紹介した。コミュニケーションについては、ペアになっての業務等、接客でのカフェ、レジ業務を紹介している。当時はまだ少なかった事務補助業務については、最後にパソコンによるデータ入力の様子を紹介している程度だった。

図17　ビデオの内容

当時はこのような動画で知的障害者の就労現場を紹介するものはなく、とても画期的なものであった。もちろん企業向けセミナーでも活用したが、各進路担当が映像データを持って企業開拓の際にも役立つものだった。

さらにこのビデオは、生徒の学習教材としても大変効果的で、様々な職種がでてくるので生徒たちが体験してみたい職種を選んだりイメージしたりするのに役立った。

2004年に第2作目のビデオとして、研究協議会で続編のビデオを作成した。こちらはインターンシップに焦点化した内容で、卒業生や実習生の様子を紹介する以外に、企業の雇用管理者のコメントを多く入れ、インターンシップの効果をアピールする内容だった。

その後2009年には、東京都教育委員会がプロジェクトチームを作ってビデオづくりを行い、2つの動画が作成されている。

④　個別移行支援計画の考案

2002年に、文部科学省は全国特殊学校長会に「教育と労働関係機関等が連携した就業支援の在り方に関する調査研究」を委嘱した。この調査において東京都では研究協議会が実践研究を担当し、「個別移行支援計画」を開発した。

特別支援学校高等部の生徒は、卒業を機に、「学校から社会へ」「子どもから大人へ」という二重の変化を経験する。卒業生の中には、この二重の変化をスムーズに乗り越えられず、課題に直面してしまうことがある。

個別移行支援計画を開発した当時は、ノーマライゼーション理念の浸透から多くの障害者が地域生活を願い、経済活動を含め様々な分野で活動の場を広げられるようになってきていた。そこでは、障害のある人たちは適切な支援があれば、多様な分野への社会参加が可能であり、能力を発揮できるという「新たな自立観」が見られ、「本人主体」「本人参加

・自己選択・自己決定」の概念が重視され、自らの社会参加（移行）のために、自ら受ける支援を選択・決定することが求められるような時期であった。

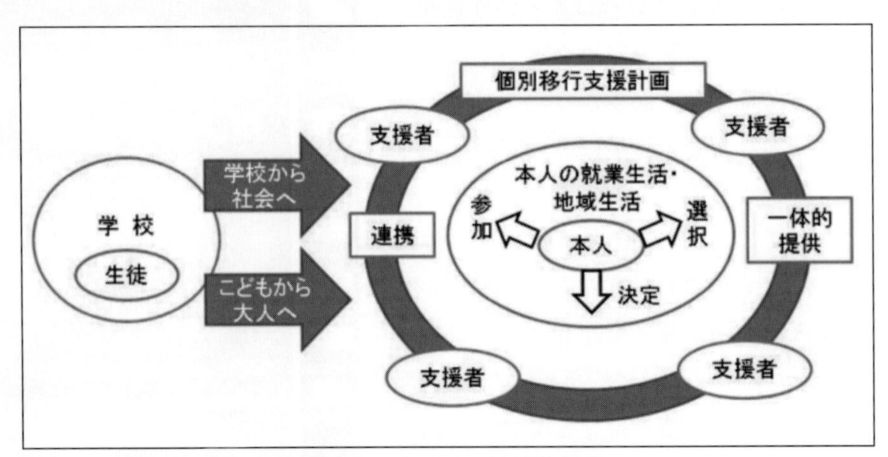

図 18　移行支援の連携全体図

個別移行支援計画は、当時アメリカで始められていたITP（Individual Transition Plan）を参考にして考えられた。

障害者本人を中心に置き、生活分野と就業分野を一体化して支援する施策や制度が求められる中、様々な領域（生活・就業・余暇・医療等）の支援を連携させることで、本人が必要とする支援を一体的に提供することが可能となった。個別移行支援計画の作成のプロセスは、本人が必要とする支援内容を明確にするとともに、様々な領域の支援の連携の一体化を促進させるものであった。

個別移行支援計画は、高等部在学中に使用する「個別移行支援計画（１）」（図 19）と、進路先が決定する頃から作成し卒業後につなげていく「個別移行支援計画（２）」（図 20）という、２つの書式に分かれたものが当初作られた。

高等部在学中のインターンシップの記録を中心に、生徒の自己認識と将来への希望や意欲をより強めることをねらいとしたものが「個別移行支援計画（１）」で、後に個別の進路指導計画へと変容していく。

「個別移行支援計画（２）」は、高等部３年生の現場実習終了する頃から作成し始め、生徒、保護者の将来の希望を踏まえ、それを実現させるために必要となる支援者・機関の協力を得て、情報を共有化しつつ、生徒・保護者の希望と支援者・機関の意見の調整をすることが重要であった。そのために在学中に本人・保護者も参加の上で支援者が集まる支援会議をもつことが必須であった。この「個別移行支援計画（２）」が「個別移行支援計画」となっていった。

その後、「個別の教育支援計画」が個別移行支援計画を基に作成されるようになり、特別支援教育コーディネーターが特別支援学校に配置され、在学中の支援会議が一般的になっていった。

個別移行支援計画 (1)		
年　　組	生徒氏名	担任

進路相談の記録			
日付	出席者	形態 場所)	内容

生徒の希望	
保護者の希望	

就労に向けて、生徒·保護者の希望をもとに考えられる支援計画		
卒業後の生活を目指した目標：		
1年間の目標：		
学習場面	具体的な課題	手だて ·配慮事項
評価：		

インターンシップのまとめ			
インターンシップ先：		仕事内容：	
生徒本人の評価			
保護者の評価			
実習評価のまとめ	＜社会生活面＞		
	＜作業面＞		
	＜対人関係面＞		
	＜その他＞		
今後の方針			

図 19　「個別移行支援計画（1）」の書式

⑤　高等学校との連携

東京都では、小中学校で不登校になった生徒や基礎学力をつけたい生徒向けに、高等学校にチャレンジスクールやエンカレッジスクールといった種類の学校を設置している。そのような学校を選ぶ生徒の中には、発達障害や知的障害など特別支援教育の対象生徒が少

個別移行支援計画（2）

<table>
<tr><td colspan="10">本人のプロフィール　　　記入者（　　　　　）</td></tr>
<tr><td>氏名</td><td colspan="2"></td><td>ﾌﾘｶﾞﾅ</td><td colspan="2"></td><td>男
女</td><td>生年月日</td><td colspan="2">昭和　年　　月　　日</td></tr>
<tr><td>住所</td><td colspan="6">〒</td><td>連絡先</td><td colspan="2"></td></tr>
<tr><td>保護者</td><td></td><td>住所</td><td colspan="4">〒</td><td>連絡先</td><td colspan="2"></td></tr>
<tr><td>出身校</td><td colspan="2">養護学校</td><td>担当</td><td colspan="3"></td><td>連絡先</td><td colspan="2"></td></tr>
<tr><td colspan="10">将来の生活についての希望</td></tr>
<tr><td colspan="10"></td></tr>
<tr><td colspan="10">必要と思われる支援内容</td></tr>
<tr><td colspan="10"></td></tr>
</table>

<table>
<tr><td colspan="5">具体的支援</td></tr>
<tr><td>家庭生活</td><td>進路先の生活</td><td>余暇・地域生活</td><td>医療・健康</td><td>出身学校の役割</td></tr>
<tr><td>担当者：
連絡先：
内容：</td><td>担当者：

連絡先：
内容：</td><td>担当者：
連絡先：
内容：</td><td>担当者：連絡先：
内容：</td><td>担当者：
連絡先：
内容：</td></tr>
<tr><td colspan="5">備考：</td></tr>
</table>

以上の支援計画について了解しました。

平成　　　年　　　月　　　日　　氏名（自筆）＿＿＿＿＿＿＿＿＿＿＿＿＿＿

図 20 「個別移行支援計画（2）」の書式

なくない。また、定時性の高校にもそのような生徒が一定程度在籍している。特別支援学校の特別支援教育コーディネーター以外にも、各高等学校にコーディネーターが任命され、特別な配慮が必要な生徒について、特別支援学校と連携を図ることが多くなってきた。

その中で高等学校在籍生徒の進路選択を決めていく過程で、特別支援学校の進路担当者の専門性が求められることもある。具体的には生徒の進路決定をどのようなプロセスで行っていけばよいのか、という相談が多い。

高等学校では特別支援学校のように現場実習を教育課程に位置づけてはいないが、夏季休業中などに特別に現場実習を設定し、特別支援学校から得たノウハウを生かして実習に取り組んでいる学校がある。また、先に紹介した雇用促進の窓口校制度を活用し、高等学校在籍の知的障害がある生徒がファミリーレストランで実習を受けた例もある。

このように、特別支援学校在籍生徒だけでなく、高等学校に在籍している特別支援教育が必要な生徒へも雇用促進は必要に応じて情報提供し、生徒一人一人の自立と社会参加に貢献している。

（小野寺　肇）

（４）　就業促進研究協議会から東京都教育委員会組織へ

①　授業改善に向けたアドバイザー事業の始まり（2005 年～）

ア）1990 年代の作業学習

1990 年代、特別支援学校高等部普通科の作業学習の多くは木工、窯業、紙工、縫製等、ものづくりをとおして作業する力を育てていた。製造した商品は販売会等で販売され、感謝される喜びが働く意欲につながるという学習の流れは現在の普通科でも多く実践されている。

1997 年４月開校の東京都立あきる野学園養護学校（現東京都立あきる野学園）知的障害教育部門高等部では、作業学習（陶芸班、農園芸班、木工班、食品加工班）の改善を繰り返していた。ものづくり中心の作業学習は、治具の工夫や工程を分解してライン作業とすること等「一人でできる工夫・方法」を開発し、障害のある生徒が主体的に作業に取り組む姿が見られるようになった。個別指導計画がすべての授業で作成されるようになったことも、一人一人に応じた作業工程で働く力を育てることを後押しした。

ものづくりによる作業学習の授業改善が進む一方で 1999 年の学習指導要領改訂では「職業的な自立の推進」が基本方針となり、教科「流通・サービス」が新設される等、職業教育の充実の視点から高等部の作業学習に就職動向にも対応した種目を導入する考えが出てきた。特例子会社の設立も増え、特例子会社との連絡会や研修、学校見学が行われるようになった。

あきる野学園でも作業学習の充実のために企業の視点を取り入れて授業改善に取り組んだ。公開研究会の他、日常の授業観察を複数の企業の方に依頼し、助言をもらった。

イ）企業からの助言

企業の方による授業の感想や指摘事項は、「作業室の環境」「作業シート」「作業内容・評価」「機材・道具」「部品・材料等の管理」「作業態度」「日常生活」等幅広い項目にわたり、企業で働く経験がない私たち教員は、安全や品質保持への高い意識に驚かされた。

あきる野学園では研究部が中心となり、2000 ～ 2003 年までの４年間に企業から受けた助言内容を一覧表にまとめた（表３）。助言は主に「公開研究会」「学部研究会」「研究授業の協議会」「書面での助言」で受けたものであった。毎年たくさんの助言を受け、その数は最終的に400項目にも及んだ。研究部は予算面や立地条件で改善がすぐに難しいものと、短期に改善できるものとを分類・整理し、授業担当者に提示した。そして、授業者は助言された箇所をなるべく時間を空けずに改善するようにした。

企業の方から「あきる野学園の先生は、助言したことをすぐに改善する。助言しがいがある」とお褒めの言葉をいただいたことや、生徒たちの主体性が高まっていく変容を見て、教員らは積極的に授業改善に取り組んだ。

ウ）授業改善の例 ～１台のパソコンを共有した作業学習での出来高入力作業～

2000年頃は特別支援学校の授業でパソコンを使える環境ではなかった。しかし、企業からは期待する学習内容として「パソコンを使った在庫管理」「伝票作成でのデータ入力」

表３　実際の研究経過（抜粋）

B高等部職業教育、作業学習、進路学習に対する企業、大学、指導主事からの助言（2000年度～2003年度）

	年度	対象授業	助言内容	改善○△×	備考
4	2000	作業学習	「学習の手応え」が目的だけでは働く意識に必ずしも結びつかないのではないか。もっと広く考え、視野を地域に広げる（工場見学をする）等授業を工夫していく必要があろう。	単元について考える中で、地域のテナントでの販売等工夫するようにした。	公開研究会「講演」
25	2000	作業学習（農園芸班）	「適度」「適当」「おおよその見当」ということも農園芸班では大切な部分である。		公開研究会作業班別分科会
60	2000	作業学習（食品加工班）	パソコンでの材料管理や購買欲がわくような袋作りを工程に入れてもよい。		公開研究会作業班別分科会
65	2001	作業学習	働く意欲を培うことを作業学習では大事に。	B高の研究テーマに意欲的・主体性を掲げた	研究紀要
76	2001	作業学習（木工）	自分が行った工程にサインをして、仕事の責任を明確にする。		11月研究授業
81	2001	作業学習（農園芸）	イチゴ畑を掘る班の生徒には掘る深さを決め、測りながら進めていくような仕事とすることも考えられる。		公開研究会
86	2001	作業学習（陶芸班）	パソコンを利用して、在庫管理等に挑戦してもらいたい。		公開研究会
98	2002	作業学習（木工）	通路を黄色のテープ等で明確にし、材料や工具が飛び出していないように。	通路に出ていることの内容置く場所を決めた。	研究紀要
139	2002	作業学習	パソコンによる生産管理は企業就労につながるあらたな発想		研究紀要
144	2002	作業学習（陶芸班）	工程ごとに作業担当者の名札を作業台に取り付ける。また工程カードを色分けし、工程カードを作業着につける。		研究紀要
158	2002	作業学習（木工）	補助具は生徒の方にある程度考えさせて「使いにくい」等言えるようになることが大切。		公開研究会記録
171	2002	職業	PC入力作業環境の整備（伝票やマニュアルをPC画面の横に設置できるよう、スペースの確保および資料をはさみ立て掛ける台の設置）		公開研究会 講師助言カード「食品加工」
172	2002	職業	作業学習班間での小道具等の受発注を伝票を発行する等正式に実施する。		公開研究会 講師助言カード「食品加工」
181	2002	作業学習	作業日誌にデータを入力することもよい。		職業教育充実事業に関しての授業参観と検討会
183	2002	作業学習	パソコンを活用して成果が出る分野は収支決算（収支バランス）である。データ入力しコストを計算していくことが目標管理、効率化へとつながっている。		職業教育充実事業に関しての授業参観と検討会
186	2002	作業学習	生徒が毎日パソコンに触れるような工夫が欲しい。たとえば農園芸で気温、天気などの毎日のデータを入力すると授業以外で触れることができる。		職業教育充実事業に関しての授業参観と検討会
206	2003	作業	作業学習を移行支援計画に入れていく。就労に一番近い授業である。作業の特徴を先生方にきちっと認識してもらうとよりよくなる。		研究授業研究協議会
245	2003	進路	パソコン等職域を広げる取り組みを日々少しずつでもやっていってほしい。		研究授業研究協議会
248	2003	作業（食品加工）	作業、材料が無駄にならないように。下に落ちただけで再利用できないものもある。下に落とさない扱い等を教える必要もある。		研究授業研究協議会
249	2003	作業（食品加工）	食品加工班のアンケート入力、項目を用紙通りに入れれば集計できる形にしたほうがよい。		研究授業研究協議会
261	2003	職業	自己選択のために本人の意識が問われる。障害の程度に関わらず、選択の課程が必要である。情報、体験、相談の3つで初めて選択したこととなる。複数の選択肢で、本人の意志が伴い、選択の意味がわかっていることが必要。人間の適応機構の特長それは「選択すること」。選択の中で生徒は考える。		高学部研究会

※網かけはパソコンの導入と使用について話題になった項目

「パソコンを使った製品作り」といったパソコンを扱う作業を求める助言が出てきていた。2002年2月には「パソコンによる生産管理は企業就労につながる新たな発想である」とその後のIT社会での就労を見据えた助言を受けており、その後パソコンメーカーの協力を得てパソコンの導入を実現させるに至った。しかし、作業学習に使えるパソコンは1台限りであり、各作業班に配付することはできなかった。2002年12月に企業の方からパソコンを全作業班共有して生産管理を行う具体的な方法について助言を受けた。

2003年1月には各作業班の生徒代表者（「生産管理部」と呼んだ）が共有パソコンを使っ

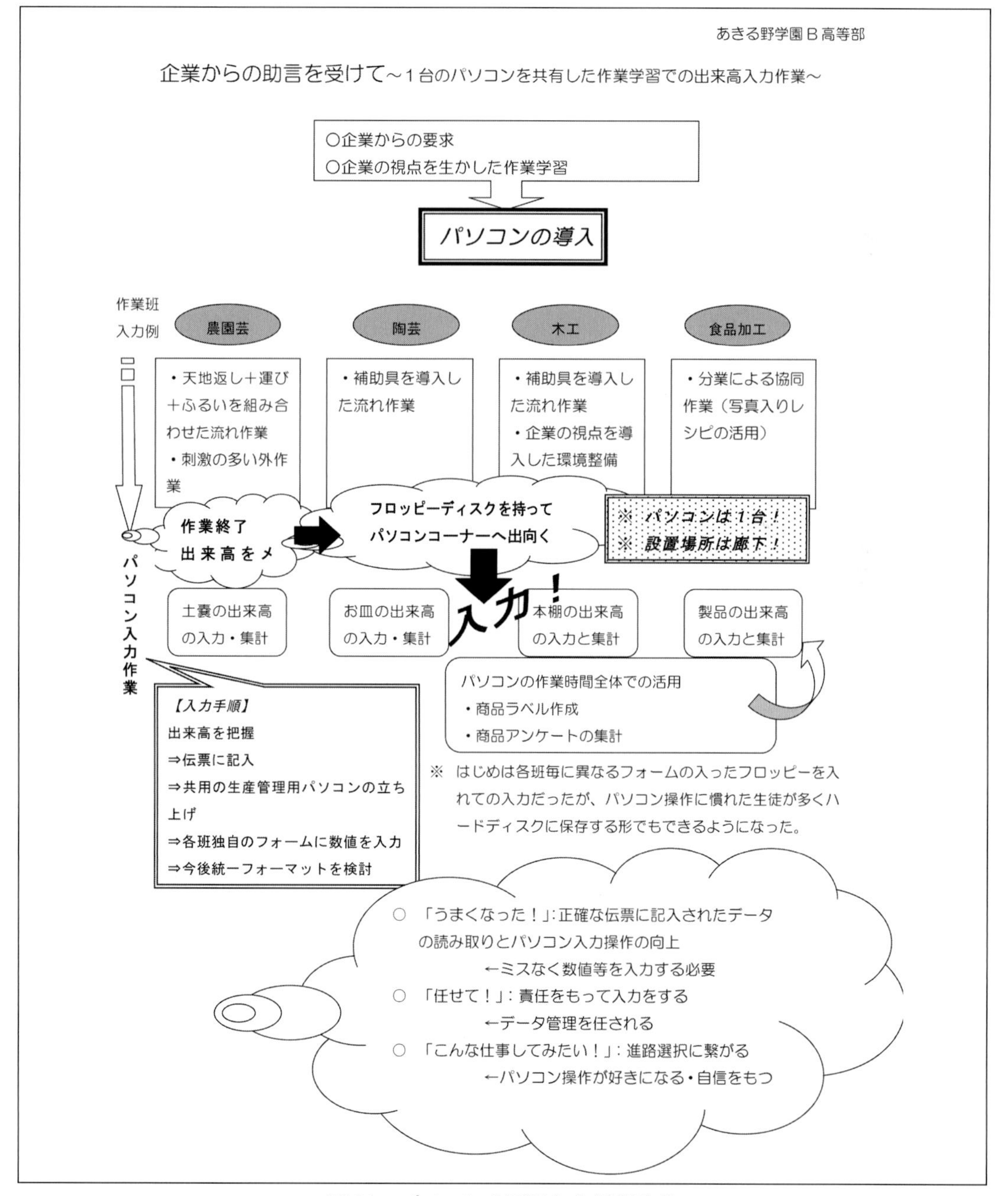

図21　パソコンを活用した授業改善

てデータを入力する学習を早速実践した。生産管理部の生徒たちは共有スペースでその日の出来高を記入した書類とフロッピーディスクを持ち寄り、パソコンを立ち上げて主に出来高を入力した。次第にパソコンの起動やソフトの扱いを教え合ったり、所属する班以外の出来高の話をしたりする等のコミュニケーションも見られるようになった。

2003年2月、この実践を公開研究会で発表したところ、助言した企業からは、「実践に反映されて嬉しかった」と評価をもらうとともに、パソコンを使っている実践をたくさんの方に見ていただいたことで、その後パソコン活用に関する助言が増加することとなった（図21）。

（永峯　秀人）

②　特別支援教育推進の事業化（2008年〜）

ア）教育庁特別支援教育推進室の誕生

就業促進としての活動が定着し、他障害の盲・ろう学校・肢体不自由特別支援学校との連携も充実してきて、多岐にわたる活動が行われてきたが、その位置づけは知的障害特別支援学校長会の外郭団体であった。

特殊教育から特別支援教育に転換し、2007年度、東京都の養護学校は特別支援学校に改称した。研究協議会も「東京都知的障害特別支援学校就業促進研究協議会」となった。

東京都教育委員会においては本会の活動を特別支援学校のみでなく、学校教育全体を見渡した就学指導から卒業までの進路指導・就労支援の推進へと拡大を図った。

以下は、特別支援教育推進室について2007年度東京都のホームページにある説明の抜粋である。

■都立特別支援学校における就労支援

都立特別支援学校では、小学部からのキャリア教育と連動した教育内容・方法の改善を図るとともに、生徒の居住する区市町村の福祉、労働等の関係機関との緊密な連携を図り、これまで以上に効果的な就労支援を行います。

ア　民間の活用による企業開拓等

民間の活力を導入し、産業現場等における実習先や雇用先の開拓及び確保を行う新たなシステムを構築します。

開拓した企業の情報は、高等部を設置する都立特別支援学校で活用できる体制を整備します。

イ　職業教育改善校の指定

ウ　企業向けセミナーの実施

エ　就労に関する理解啓発ビデオの作成・活用【新規】

（3）特別支援教育の支援機能の充実

ア「東京都広域特別支援連携協議会」の充実

イ「東京都特別支援教育推進室（仮称）」の設置【新規】

「東京都就学相談室」の機能を拡大し、全都的な視野に立って、特別支援教育を推進するセンターとして「東京都特別支援教育推進室（仮称）」を設置します。

また、その機能として以下が掲げられている。

> 「東京都特別支援教育推進室（仮称）」は、従来の「就学相談機能」に加えて「就労支援機能」、「情報提供機能」、「理解啓発機能」、「関係機関の連携調整機能」を備え、都における特別支援教育を推進する中核的な役割を担います。また、特別支援教育の推進・充実・発展にかかわる課題を整理し、「東京都広域特別支援連携協議会」へ情報提供する機能も果たします。

イ）進路指導拡充のための特別支援教育推進室の活用

2008年4月、教育庁特別支援教育推進室が開設し、初年度の活動は企業開拓に重点が置かれていた。

さらに2009年度「就労支援アドバイザー制度」を開始し、6ブロックに20数名の企業等からのアドバイザーと推進室専属の就労支援員を配置し、支援員には各ブロックの特性を生かしつつ、ブロックの共同体制を整理する役割を担わせた（図22）。

それにより、ブロックごとに推進室との情報交換をスムーズにするための代表者・委員を置き、年数回の代表者会議と知的障害特別支援学校職業学科の情報交換会も開催されるようになっている。

その後、特別支援学校高等部の進路指導だけでなく、特別支援教育の一環として小学校以降の教育全般において社会自立を図るアドバイスをする機関へと発展してきているのである。

企業開拓においては、就労支援員は委託企業が紹介してくる企業から適切な職場を学校に紹介するようになり就業率の上昇に寄与している。

就労支援アドバイザーは、企業開拓に際しての同行支援、学校の作業学習等の分析・学習方法の支援等専門性を発揮した支援が行われており、職業教育の改善に向けて進路指導の教員にとどまらない教員育成につながっている。

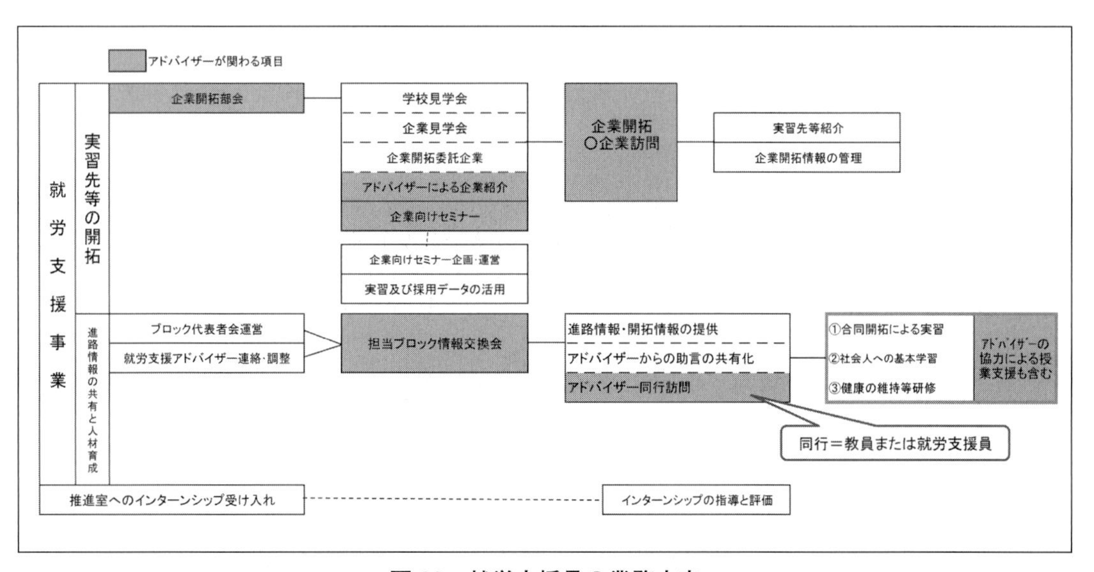

図22　就労支援員の業務内容

ウ）今後の就業促進研究協議会の活動

公的機関の充実とともに、就業促進の役割がなくなったのではない。

様々な機関連携によって生徒の活動の場が広がり、教員の授業改善が進んできてはいるが、進路指導担当教諭が生徒の特性に見合った職場を紹介し、授業で取り組むべき展開内容を仲間と共有する環境づくり等は主体的に学んでいればこそである。

今後も自ら研鑽する研究組織としての役割を継承していく必要がある。

（小笠原 まち子）

（5）最近の進路指導の動向 ～採用選考から定着支援～

① インターンシップと公正採用選考

2015年度当初、採用選考の仕組みとインターンシップ･現場実習との関係性の整理を行った。きっかけは、特定求職者雇用開発助成金の活用について、会計当局からチェックが入ったことで、採用選考の在り方について見直すことをせまられたことだった。

そして、特別支援学校からの新規学卒者についても、公正に採用選考を進められるように、

① インターンシップ（現場実習）と採用選考を明確に区別することで、早期選考、形式紹介、雇用予約を防ぐ。
② インターンシップは授業として取り組み、その評価は授業評価として学校で生徒の育成のために活用する。
③ 採用選考は、事業所が設定する機会として、高校生の選考スケジュールに則って実施する。学校は、職業安定法に基づき、職業紹介を行う。
④ 選考は、「紹介日→選考日→内定日（選考結果）」の流れで進め、この間は実習を設定しない。（この間が選考期間になる。実習で選考はしない。）

職業紹介状況報告書

学校名			
生徒名		生年月日	年　月　日
事業所名			
求人番号		求人受理日	年　月　日
職業紹介日	年　月　日		
面接（選考）日	年　月　日		
内定通知日	年　月　日		
採用（予定）日	年　月　日		

年　月　日現在　　報告者

図23 「職業紹介状況報告書」

東京労働局と都内ハローワークの全面バックアップをいただきながら、以下の点をポイントにしながら、図23～27）のようにまとめていった。同時に、各校が最寄りのハローワークに、「職業紹介状況報告書」に1件ずつ情報をまとめて報告する仕組みもできていった。

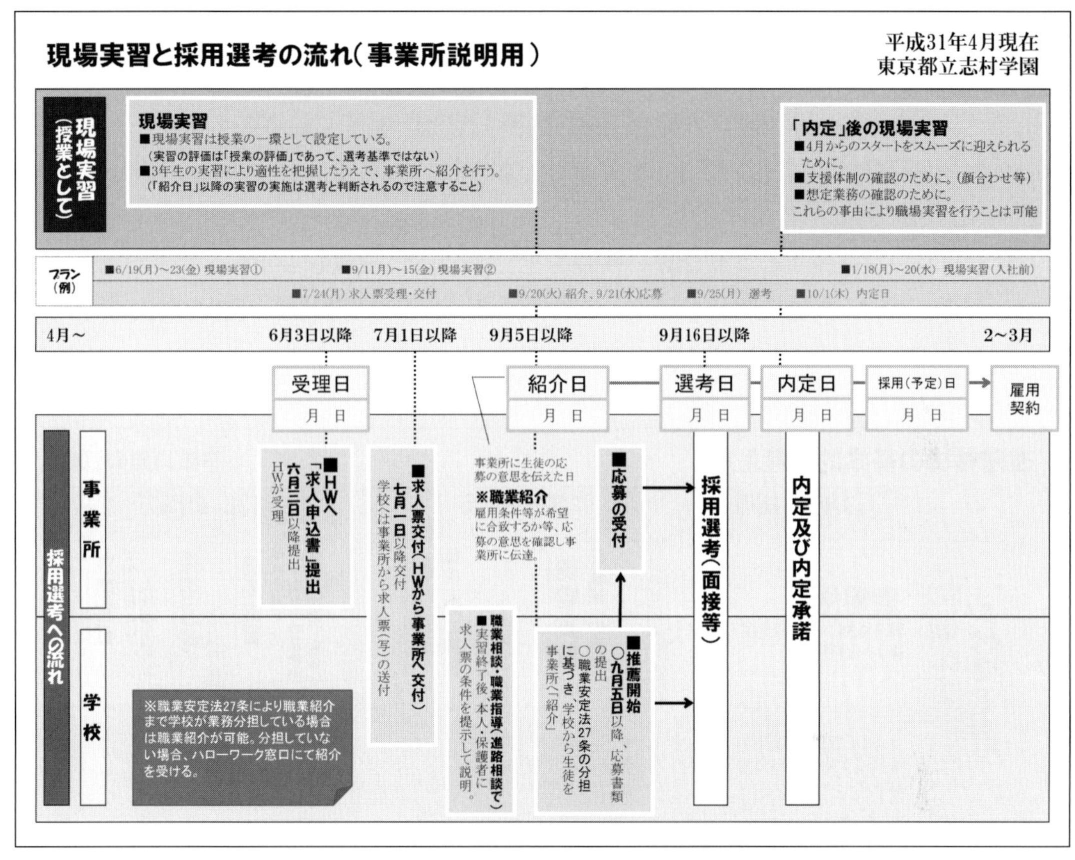

図24　現場実習と採用選考の流れ（事業所説明用）

現場実習と採用選考の関係を明確にしながら、この図を都内各校で共有して、どの学校も事業所、生徒、保護者などに説明できるようになっていった。そのためのツールができたことで、進路指導にも以下のような変化が見られるようになった。

① 事業所等からの高卒求人票の申込が早くなり、学校・生徒も早い時期に見ることができるようになった。

② そのため、雇用条件もしっかりわかった上で、応募や現場実習に臨めるようになり、進路選択の視点が幅広く多様になった。

③ また、インターンシップと採用選考を区別することで、インターンシップで適性・能力を確かめ、求人票も含めて「この会社に入りたい」を強め、選考に応募して「勝ち取る」という意識を持ちやすくなった。

④ さらに、高校生として選考に臨むことで自覚が生まれ、内定を勝ち取った際には、自己肯定感が高まる等の効果が見られるようになった。

⑤　定着支援を考えたときにも、１社ずつ絞って応募していく過程で、自分でその１社を決めていけることで、入社後も大事に思えるようになっている。

公正採用選考の根っこは人権課題にある。そうであれば、学校は頑固にその趣旨と仕組みを守り、生徒が安心してチャレンジできるようにしていきたい。

② 採用選考に向けて

「働くのはあなたたちです。保護者でも先生たちでもありません。そして、実習は複数の会社でできますが､応募は（東京の場合 10 月まで）『１社ずつ』です。どの１社に入りたいか、あなたたちが自分で決めてください。でも、その１社に入れるかどうか決めるのは……会社です」

志村学園では、高校生の就職活動の構造を上記のように表現しながら、授業でも保護者会でも、同じフレーズで説明していく。この中には、自分で応募したい会社を決めていく、自己選択のプロセスも含まれている。

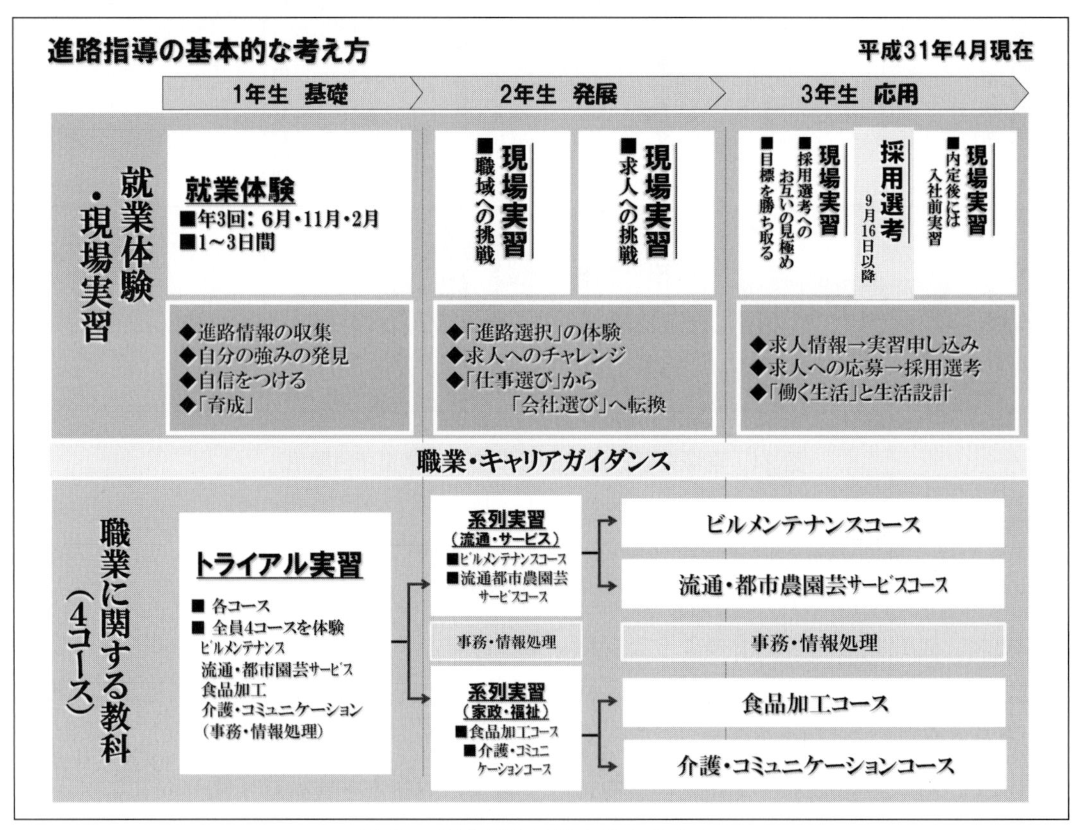

図 25　進路指導の基本的な考え方

「２年生後半からは『就職活動』の現場実習になります。もしかしたら就職先になるかもしれない会社で実習をしていきます。３年生前半までに、必ず複数の会社で実習します。その中から、応募したい１社を自分で決めてください。どのタイミングでどんな会社で実習ができるか、先生たちも楽しみです。進路の先生から『どう？』と話があったら、積極的に実習にチャレンジしてください。……さて、どんな会社で実習をしていきましょうか？」

２年生７月の授業や９月の面談は、こんな話から始まる。そして、３年生の春までにほぼ全員、複数の会社で実習を重ねていく。

３年生の春の面談になると、大きく次のような展開に分かれていく。

①**「A社がいい。入りたいです。」**

⇒　このような生徒の場合は、２年生の実習での評価を考え合わせながら、「では、もう一度実習をやってみて、確かめてみましょう」となる。

②**「B社とC社でまだ迷っています。」**

⇒　この場合は、「では３年生前半でもう一度両方の会社で実習しましょう」となる。

③**「別の会社でも実習できますか。」**

⇒　この場合は、２年生の実習で手応えが得られなかった時や、まだ不安があってもう１社で実習をやってみたい時など、２年生の時の評価を再度検討した上で、新しい会社での実習に向かうことになる。

また、「去年の実習ではうまくいきませんでした」など、複数の実習をしてみたがうまくいかなかった場合も、３年生から新しい会社に出会うことになる。

「９月５日から希望の会社に応募することができます。９月16日から会社は選考することができ、全国の就職をめざす高校生は、選考を受けることができます。」

採用選考への応募を軸に授業やインターンシップを組むことで、時間軸と目標設定が明確になり、生徒にはわかりやすいステップになる。

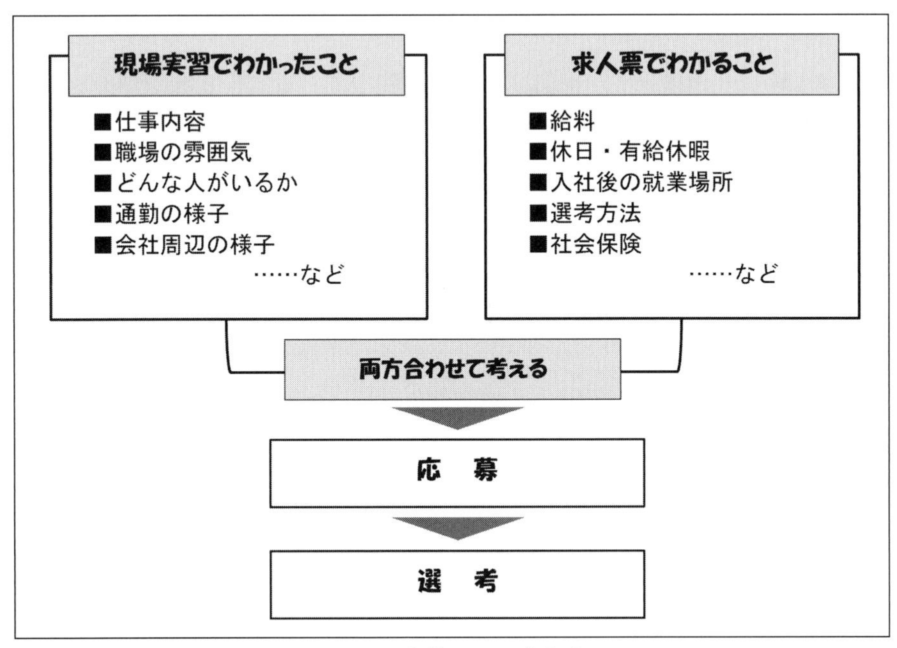

図26　応募までの考え方

夏休み前、３年生の７月の面談あたりから、インターンシップでわかることと求人票でわかることを整理して、応募への意思確認が始まる。

「実習でどんなことがわかりました？挙げてみてください。」

生徒は、仕事内容や人・場所などの職場環境や雰囲気、通勤の様子、時間の流れなどを挙げていく。

「じゃあ、実習ではわからないことは？」

まず挙がるのが給料、そして休日、実際の就業場所、雇用形態や雇用期間が挙がっていく。

「以上かな？」

もちろん生徒から出ることもあるが、多くは保護者から、

「社会保険！」

と出てくる。

「そうだよね。これらは何を見ればわかるかな？」

実習と高卒求人票、両方を見て応募の意思を固めていくプロセスになる。

この頃までには、授業で履歴書について扱いはじめているので、応募書類や公正な採用選考についても整理して学んでいく。また、夏休み中に行う、学校管轄のハローワークへの「求職登録」についても、準備を進める。

そんな動きと並行して、各社から学校指定の高卒求人票が学校に届き始める。いよいよ秋の選考へと動きが加速していくことになる。

東京都立志村学園 就業技術科

求人票受理、選考、内定の月別件数（過去3年間）

求人票受理月	年度 29	28	27
6	5	0	1
7	8	6	7
8	19	22	11
9	23	13	16
10	7	13	9
11	7	15	21
12	6	4	3
1	0	1	1
2	0	3	5
3	0	0	1
計	75	77	75

選考月	年度 29	28	27
6	0	0	0
7	0	0	0
8	0	0	0
9	13	11	13
10	23	26	18
11	25	18	18
12	10	12	18
1	3	2	1
2	1	8	4
3	0	0	3
計	75	77	75

内定月	年度 29	28	27
6	0	0	0
7	0	0	0
8	0	0	0
9	7	3	4
10	23	26	19
11	28	18	19
12	13	18	24
1	3	3	2
2	1	8	4
3	0	1	3
計	75	77	75

図 27　求人票受理、選考、内定の月別件数

こうした動きを会社とも打ち合わせながら組むことで、内定通知が早まり、卒業までに定着のための学習、生活設計の学習に取り組む時間が生まれる。入社前の実習を組んで、4月からのシミュレーションを行う、本人・保護者、支援機関とともに会社の担当者とミーティングを行う、授業で個別移行支援計画を扱う等々、「働く生活」をイメージして卒業を迎えることができるようになった。

本校の過去3年間の「求人票受理」の月、選考が設定された月、内定が出た月をまとめてみると、その傾向が強まっていることがわかる（図31）。

上記は、「生徒全員の就職をめざす」という職業学科の取組としてまとめている。進路選択の観点で、選考への応募を軸にインターンシップも考えることで、「自己選択」の意味やインターンシップの計画の「型」として、生徒と一緒につくることができてきた。

とは言え、生徒も会社の状況もみんな違っているので、基本は個別になる。例外も生まれる。私たちが軸をもちながら、どれだけ柔軟に発想して対応できるか、運用のときのポイントかもしれない。

さらに、高校生の就職活動のルールのベースは「人権」である。であれば、学校こそこのルールに頑固にこだわり、生徒が安心して選考へチャレンジしていける状況を作り続けたい。

（小澤　信幸）

教育課程の変容①

教科間の関わり

東京都立青峰学園教諭　辻村　洋平

文部科学省は「高等学校学習指導要領の改訂のポイント」（2017年4月）において、「教科等の目標や内容を見渡し、特に学習の基盤となる資質・能力（言語能力、情報活用能力、問題発見・解決能力等）や現代的な諸課題に対応して求められる資質・能力の育成のためには、教科等横断的な学習を充実する必要があり、『主体的・対話的で深い学び』の充実には単元など数コマ程度の授業のまとまりの中で、習得・活用・探究のバランスを工夫することが重要である」と明示した。『主体的・対話的で深い学び』とその教育課程編成を担う「カリキュラム・マネジメント」は、授業改善や組織運営など学校全体の改善に迫ることのできる手立てであり、その改善を求める学校組織文化の形成を図ることが各学校において求められている。

都立青峰学園は、2009年に東京都青梅市に開校した肢体不自由教育部門と知的障害教育部門（職業学科「就業技術科」）を併置する特別支援学校である。

開校して10年が経過し、この4年間における進路状況は表のとおりである。本校の進路状況の特徴は、事務分野の職域への就職が多いことである。また、事務以外の職域においてもパソコンを用いた作業をしている卒業生が多く、社会や情報技術の発展・進歩とともに、就職先での仕事内容、作業内容と在学時の各教科における学習内容の系統性・関連性を学校として組織的に検討することが必要であると考える。

本校は2013年度の内部研究において、各教科におけるシラバスと年間指導計画から、研究部と教務部を中心として各教科におけるシラバスと年間指導計画を見直し、学習内容の検討をした。重複する学習内容や単元、発展させられる内容について協議し、実施時期と合わせた指導を含めて、実施教科と単元の内容の分担をした。また、実践した結果を見直すPDCAサイクルを確立し、現在も継続している。

図は数学、家庭、情報、キャリアガイダンス（学校設定教科：道徳と自立活動を合わせた指導）、教

表　2017年度　東京都立青峰学園就業技術科進路状況

	2017	2016	2015	2014
事務	21	21	18	22
製造	2	3	3	4
物流	1	4	4	1
小売販売	2	3	2	3
飲食厨房、調理・食品	4	3	4	3
衛生・福祉サービス	2	2	2	1
清掃	8	4	7	5
その他	0	0	0	0

	2017	2016	2015	2014
卒業生	40	40	40	39
就業者	40	40	40	39
就業率	100%	100%	100%	100%

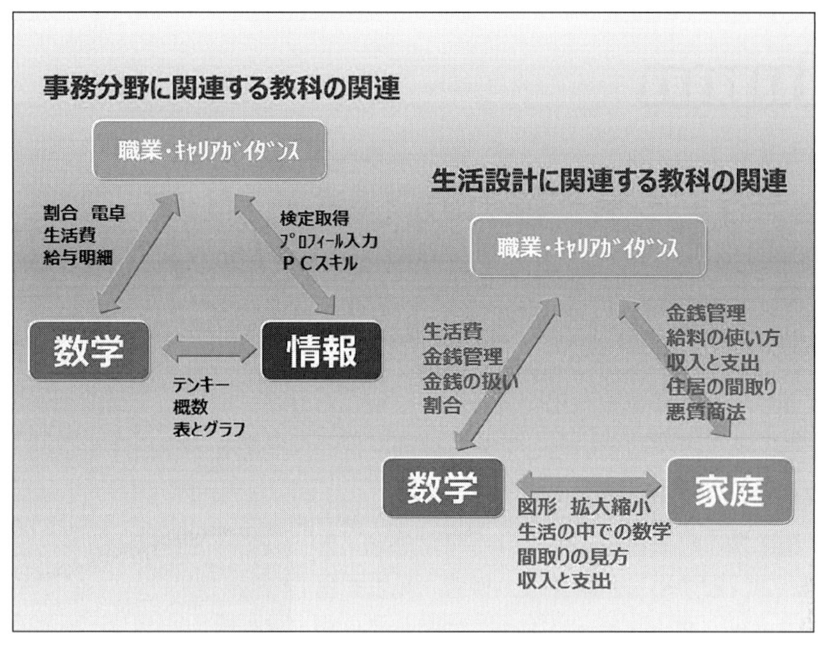

図　教科間の関わりの例

科「職業」の教科間の関わりの例を示したものである。

数学では、毎時間「電卓計算演習」を短時間行っている。電卓を用いることで、検定資格の取得だけではなく、進路先の作業内容に必要な計算も可能になるため、特技・資格として、「職業」の授業の際に「履歴書」や「実習生資料」に記載している。また、金銭管理や雇用条件の計算などの学習にも関連して指導をしている。学習内容の検討においては「家庭科」の「消費者被害」「金銭管理」「給料の使い方」「住居の間取り」などの学習内容が「数学」「職業」の教科と関連があることが明らかになった。

「情報」では、主に Microsoft Office 全般の操作内容を中心に学習している。事務分野の作業内容として、データ入力や文書作成などの業務が増えているため、パソコンの資格取得は生徒の進路先の広がりに良い影響を与えている。「職業」「キャリアガイダンス」では、インターンシップ・現場実習に関する内容、将来設計・生活設計に関する内容、労働の意義等の内容が中心であったが、検討の結果、教科間で重複していた携帯電話の使い方、インターネットのルールとマナー等の学習内容を「職業」「キャリアガイダンス」で扱うこととした。

「関わり」は、教科間の学習内容が関連しあうことで、生徒に深い理解やつながりを意識できる理解の広がりを促し、「重なり」は、教科間の学習内容の重複内容を統一して扱うことと捉えている。「関わり」を深くて広い学びに、「重なり」をなくして効率的な学びにすることが「カリキュラム・マネジメント」のひとつのあり方と考える。今後、この関連性と系統性を学校全体で明らかにし、企業就職を希望する生徒の学びとして、いつ、どの教科で、何を学ぶのか、生徒・保護者・教員で共有でき、どの学校でも実施できるパッケージとなるよう作成・活用を考えたい。

教育課程の変容②

コミュニケーション能力の向上をめざして

前 東京都立青峰学園主幹教諭　**永峯　秀人**

特別支援学校知的障害教育部門高等部の生徒たちが主体的にコミュニケーション能力の向上を図ることをねらいとして外部講師を招いた授業を２つ紹介する。

◆漫才ワークショップ

芸人３組を迎え、生徒参加型のワークショップを実施した。コンビ決め、台本作成、練習、発表を生徒全員が行った。漫才はまず２人の会話がわかりやすく伝わることが前提である。観客の反応は評価そのものであり、漫才の台本を考えて発表することは、コミュニケーション力を身に付けるのに有効である。当日は、普段見ることができない生徒たちの才能を芸人の皆さんが引き出してくれた。教員は「この生徒はこんな面があるのか」「この生徒も大きな声で表現できるのだな」と新発見の連続であった。円滑なコミュニケーションには、皆が楽しく笑っている場の空気も大切であることを全員が学んだワークショップであった。

◆ペップトーク講座

日本ペップトーク普及協会より講師を招き、１時間の講演会を実施した。ペップトークとは「短くて」「わかりやすく」「肯定的な」「魂を揺さぶる」言葉かけであり、応援するときの「前向きな背中の一押し」「声かけ」である。

講演会では、第一に自身を励ますことが大切であること、相手が頑張れる言葉かけの方法、心・身体・言葉はつながっていること等、言葉の力の大きさを、実演や動画を用いてわかりやすく学んだ。「一言一言がすごく心にささりました。また話を聞きたいです」「言葉は力を与えてくれることを教わりました。私も言葉でたくさんの人に力を与えられるように頑張ります」など、生徒の素晴らしい感想を聞くことができた。高等部３年生の生徒は「バスケットボール部の声かけを変える」と早速ペップトークを実践していた。生徒たちの魂を揺さぶる講演会となった。

地域の実情に応じた各特別支援学校の授業の工夫

第1節 特別支援学校における企業連携の授業 ～作業学習の改善～

知的障害特別支援学校における作業学習は、各教科等を合わせた指導の一つとして、児童生徒の働く意欲を培い、将来の職業生活や社会自立をめざして総合的に学習することを目的に実践されている。

作業学習で取り扱われる作業種は、従来製造系作業種が中心であった。しかし、近年の知的障害者の就労環境の変化（製造職種から事務系職種やサービス系職種へ）に伴い、事務作業補助、喫茶サービス、流通サービスなどが新たな作業領域として組み込まれるようになってきている。

東京都立知的特別支援学校の作業学習の変容の一端として、学校内の学習だけに留まることなく展開されている例を次頁以降で紹介する。

特別支援学校の企業連携の取組①

中野特別支援学校における作業学習の考え方

（1）はじめに

東京都立中野特別支援学校は、小学部から高等部まである知的障害のある児童生徒を対象とした普通科の学校である。高等部では２年生から類型化した教育課程で授業を行っている。作業学習に関しては学年単位で取り組んでいるが、Ⅲ類型（一斉指示や友達の行動を見て、自分から行動できる生徒たち）は週に１回、類型だけの作業学習を実施している。

本校の作業学習のねらいは、以下のとおりである。

①働くことに意欲をもち、主体的に活動する力を育てる。
②社会参加をする上で必要な態度やコミュニケーション能力を養う。
③作業の目的に応じた身体・手指や道具・機械の使い方、工程や安全に対する理解などの基本的な技能や知識を高める。

学年の作業学習は、木工、紙工、リサイクル、手工芸、クリーニング、食品といった旧来からの作業種が中心である。Ⅲ類型では事務、清掃、サービス（地域業務）という、卒業後の進路先に近い作業種を設定している。

（2）本校の企業連携の取組

①　就労支援アドバイザーによる授業改善

ア）概要

東京都教育委員会では、先駆的な障害者雇用をされている企業担当者や学識経験者等に「就労支援アドバイザー」を委嘱し、授業改善や企業開拓、保護者や教員向けの研修等の助言を依頼している。本校ではこの制度を活用し、授業改善の面では作業学習の指導内容の改善、Ⅲ類型生徒への指導助言をお願いしている。

イ）アドバイザーからの助言

作業学習は同時間帯に数種類の作業班が活動しているため、アドバイザーには最初の数回は各作業班の様子をご覧いただき、ハード面で改善が必要なものについて助言を得た。主な助言は、作業室の安全管理について、作業工程の順番に沿った配置や採光への配慮などである。

次に数名の生徒に視点をおき、教師の指示の出し方、視覚支援、評価方法等について、企業の視点から指導方法について助言を得た。

②　サービス班の地域業務

Ⅲ類型のサービス班では学校近隣の企業や商店にご協力いただき、週１回１店舗で２名

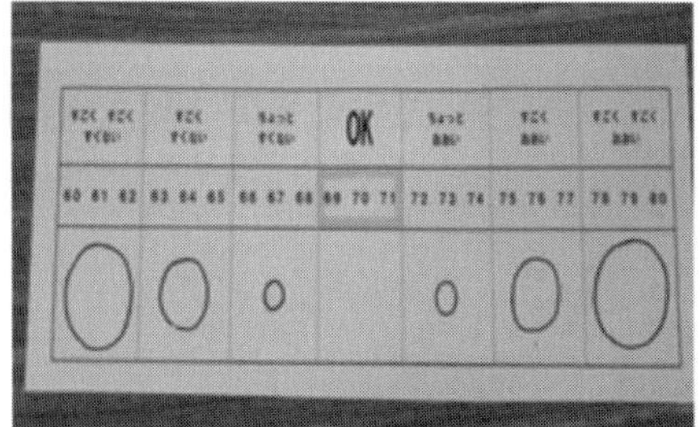

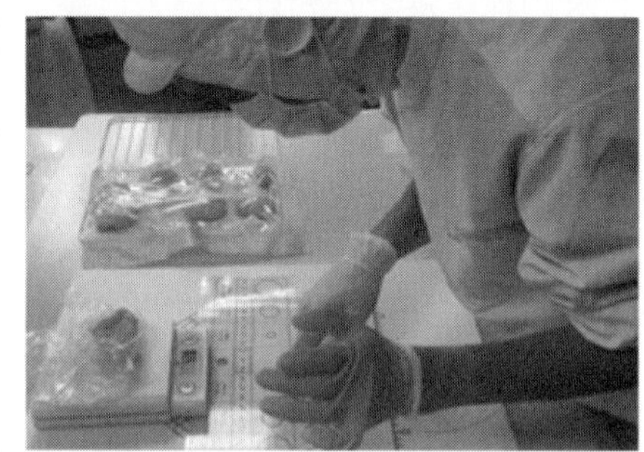

生徒のケースに基づいた食品班の指導助言例

Aさんは、パン生地の整形作業で、生地を適量にするために、どの程度生地を増やしたり取ったりしたらよいかがわからず、適量になるまで時間を要していた。

そこでアドバイザーの助言の基、デジタル秤の数値に応じた「言葉」と具体的な生地の大きさがわかる表を作成した。Aさんは、①計量した数値をみて　②表と照らし合わせ　③「ちょっと多い」と声に出し　④少量取る　という工程を、表を見ながら一人でできるようになった。

程度の生徒が２時間ほど地域業務を行っている。協力いただいているのは、コンビニエンスストア２件、青果店、ホームセンター、運送会社で、清掃や商品袋詰め、商品補充、ユニホームの洗濯など業務体験を行っている。３年生の先輩が２年生の後輩に仕事のやり方を教えることができるため、教員は３名体制で店舗巡回しながら指導に当たっている。

このような地域業務は、本物の商品を扱う緊張感、お客様や店舗従業員から感謝の言葉をかけられる喜びなど、学校の中ではなかなか経験できないことが多く、生徒たちの責任感や就労意欲の醸成には大変効果的だと考える。

（小野寺　肇）

特別支援学校の企業連携の取組②

白鷺特別支援学校におけるサンドブラストの作業学習

（1）作業学習の考え方

東京都立白鷺特別支援学校の作業学習は18の作業班で行われている（表1）。本校においても、近年の急激な生徒数の増加、それに伴う実態の幅の広がり、卒業生の進路先や就労環境の変化などに対応し、作業学習の改善や新たな作業種の開発が行われてきた。現在では、地域の力を活用した作業種が導入され、それが本校の特色の一つとなっている。

表1　2017年度白鷺特別支援学校作業班一覧

1年生	2・3年生		
	ⅡA（職業）類型	ⅡB（移行）類型	Ⅰ（生活）類型
ケーブルリサイクル班 事務・営業班 ハンドワークⅡ班 食品加工Ⅱ班 清掃Ⅱ班 外部クリーン班	営業・事務班 サンドブラスト班 コピー機・電話機再生班	清掃Ⅰ班 食品加工Ⅰ班 陶工班 革工班 ハンドワークⅠ班 農園芸班	生活ワークⅠ班 （校内の環境整備） 生活ワークⅡ班 （紙やペットボトルのリサイクル） 生活ワークⅢ班 （紙すき）

（2）企業連携の取組

①　サンドブラスト導入の理由と現在に至るまで

本校の地域の特色として、中小企業が多く、本校は町工場一帯の中にある。つまり、「ものづくり」に息づいている地域である。その町工場の一つに、エアーブラスト（サンドブラスト）装置の専業メーカーがあった。サンドブラストとは、ガラスの表面に砂を吹き付けて彫刻するガラス工芸の技法の一つである（図1）。製品ができるまでには、①（絵や文字の）デザインシートをガラスに貼り付ける、②デザイン以外のガラス面をビニルテープで隠す、③サンドブラスト機にて砂を吹き付ける、④ビニルテープ及び残ったデザインシートをはがす、⑤アルコールにて消毒する、といった5つの主な作業工程がある。作業工程によっては技術を要するものもあるが、基礎を身に付けることで、誰でも簡単に製品を作ることができる。こうした製品づくりの手軽さと、地域とのつながりに着目し、本校の特色としてサンドブラストを作業種の中に組み入れることとなった。

②　就業支援アドバイザーの助言による授業改善

作業班発足当初は、地域のメーカーよりサンドブラスト装置を購入し、装置の使い方を教わりながら製品づくりが行われた。ブラスト加工技術の向上が第一の目標として掲げられ、当時の進路担当が、「就職できないか」とメーカーに売り込むこともあった。その後年、東京都の「職業教育における企業等アドバイザー事業」を活用し、実際の職人を講師とし

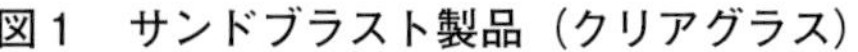

図1　サンドブラスト製品（クリアグラス）

図2　作業の様子

て招き入れ、ブラスト加工技術の向上のほか、作業工程の見直しが行われた。生徒への直接指導のみならず、生徒を指導する側の教員が替わっても続けられるように、教員が装置の使い方講習を受講する機会を設けた。現在でも、東京都の「都立特別支援学校外部専門家事業」を活用し、2017年4月より外部専門員による技術指導や作業工程の見直しが行われている。

（3）作業学習の改善例

①　外部受注がもたらした生徒の意識の変容

授業で生徒が作った作業製品は、地域や保護者に販売される。サンドブラスト班についても同様で、既成のガラス製品に生徒がデザインした絵や文字等をブラスト加工したものを販売している。こうした製品とは別に、数年前より、地域の事業所や学校から、ブラスト加工の依頼を請け負っている。事業所設立○周年の記念品や特別な会員へのプレゼントとしてなど、その依頼内容は様々ではあるが、学校見学に来た事業所や地域企業の働きかけもあり、発注個数は年々増加している。そして、外部からの加工依頼を請け負うことで、生徒の製品の扱い方や時間（納期）の考え方など、作業に対する意識の変容が見られるようになった。

加工依頼の場合、加工を施すガラス製品（例えば、ワイングラスや花瓶など）は依頼主が準備したものを使用している。加工に失敗しガラス製品を破損させてしまうと、依頼主の信用が失墜するだけでなく、依頼主に損害を与える事態になる。こうした緊張感が生徒の意識を変え、製品を丁寧に扱うことにつながっている。

また、加工依頼を請け負う際には、製品の引き渡し日（納期）を決めて契約している。製品の納入が遅れると、やはり依頼主の信用失墜につながる。納期から生産計画をたて、日々の生産計画を設定する。こうした日々の目標が生徒の意識を変え、作業スピードを意識して取り組むことにつながっている。

生徒が加工を施した製品は、時には直接依頼主に届けることがある。依頼主からの直接的なお礼の言葉や次の加工依頼が、生徒たちの自信となっている。

（4）まとめ

最近では、作業学習の見学をした企業担当者から、授業と実際の就業現場のギャップを指摘されることがある。実際の現場は、学校の授業よりも場所が狭く、指導員の数が少なく、仕事の納期が明確であり、１つの失敗が企業の損益につながる。作業学習は、就業現場の現実味に欠けるという。

「地域の力を活用した作業種の導入」という考え方からスタートしたサンドブラスト班は、外部講師を活用した技術指導や授業改善の結果、本校の特色ある作業班の一つとなった。更に、外部注文を請け負うことにより、結果として「依頼主（お客様）ありき」といった実際の就業現場の現実感が加わった。このことが､生徒たちの働く上での意識の変容を生み、ひいては作業学習を単なる学校の一授業から、将来の職業生活や社会自立をめざした学習へと変えることとなっている。

（田邉　大樹）

特別支援学校の外部連携の取組①

清瀬特別支援学校における「外部講師」の助言を参考にした授業改善

（１）はじめに

東京都の多摩地域北部に位置する東京都立清瀬特別支援学校は、小・中・高等部の３学部を有する学校である。本校でも前出の都立中野特別支援学校のように外部講師を招いて授業改善を行っている。ここでは、東京学芸大学教授菅野敦先生による中学部・高等部における作業学習への指導・助言を紹介する。

（２）本校の取組

◆外部講師による授業改善

○各教科等を合わせた指導の作業学習においては、自立と社会参加を目指した「態度」に着目した授業づくりが必要である。
○授業にあたっては、小・中・高等部において、一貫した、系統的な「指標（規準）」が必要である。

〈菅野先生の助言による改善点〉

①　なぜ「態度」なのか ～学習指導要領を根拠として～

特別支援学校高等部学習指導要領にある知的障害特別支援学校の各教科の目標をみると、国語科、社会科、数学科、理科の４教科すべてで「態度を育てる」ことで締めくくられている等、「態度」という語彙が多く出ている。また、教育基本法や学校教育法においても「態度を養う」といったように「態度」という語彙が多く出ている。そこで、本校では、作業学習の指導目標を「態度」の育成に着目して、授業づくりを行うことにした。

②　「態度」を６領域に分け、階層化する（図１）

本校では、「態度」の定義を「生徒がある事象に対して、積極的な行動をとること」とし、作業学習における「態度」を６領域としておさえた。さらに、これら６領域の態度を難易度より、基礎・基本の初期段階で形成をめざす水準から、将来の職業生活・社会生活を見据えた水準にまで分け、階層構造としてとらえた。

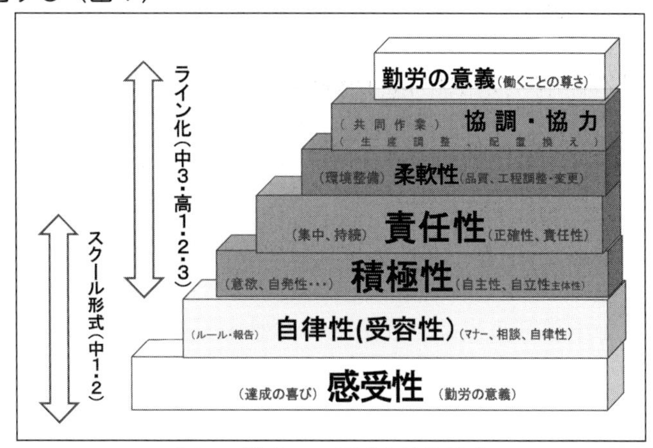

図１　態度の６領域と授業形式

態度のチェックリスト（都立清瀬特別支援学校版）				
大項目	小項目	内容	評価 ◎:いつでもしている ○:ときどきしている △:していない	備考（どのような支援があればよいのか）
勤労の意義	勤労の尊さ	勤労の尊さを知り、達成感を味わう。		
	勤労の目的	働く意味や目的を感じる。		
	勤労の喜び	自分の役割を理解し役に立つ喜びを味わう。		
協調・協力	話し合い等による配置換え・生産調整	状況に応じて人と話し合い、手順や分担、役割を変えて取り組んでいる。		
	協調性	活動全体の進捗状況を把握し、必要に応じて人と協力している。		
	共同作業	人と共同して活動をしている。		
	計画の立案	全体の目標の達成に向けた計画を立てている。		
	周囲への支援	人に対して活動に関する支援を行っている。		
柔軟性	作業速度	必要とされる速度で活動を行っている。		
	自主的な効率性	活動の効率性を考えている。		
	工夫・改善	活動の工夫・改善を行っている。		

図２　態度のチェックリスト（都立清瀬特別支援学校版）（抜粋）

③　６領域の「態度」のチェックリスト（都立清瀬特別支援学校版）の作成（図２）

階層化した６領域の態度をもとに、各生徒の実態把握や目標設定において、教員間の共有のものさしとなる「態度」のチェックリスト（都立清瀬特別支援学校版）を作成した。

◇チェックリスト作成の目的

・全教員が共通した方針と理解で指導にあたる「規準」とする。（個別指導計画や学習指導案等の作成において、チェックリストを参考に「態度」の観点を入れる）
・生徒の実態把握や目標設定において、共有のものさしとする。
・目標となる「態度」の指導内容を具体的なものにする。
・正しい評価を行い、授業改善に活かす。（実態把握・目標設定・評価）

④　チェックリストを活用した授業実践

本校では、具体的な授業実践として、チェックリストを活用して、以下のように授業を行っている。

ア）中学部における作業学習

中学部１・２年生は、６領域の「態度」のうち、感受性、自律性（受容性）を目標とし、作業学習に必要な知識・技能・態度の習得を目指す。授業形式は、スクール形式（一斉指導）の形をとる。

中学部３年生は、６領域の「態度」のうち、積極性を目標とし、高等部の作業学習に向けて必要な事柄の準備を図る。授業形式は、ライン形式の形を取り、その基礎を学ぶ。

イ）高等部における作業学習

高等部では、６領域の「態度」のうち、責任性、柔軟性、協調・協力、勤労の意義を目標とし、中学部で学んだことを発展させる。授業形式は、中学部３年生で始めたライン形式を継続し、より一層の分担・役割を意識できるようにして、卒業後の就労に活かせるようにする。

（３）今後に向けて

本実践のチェックリストは、教員側からの視点で評価するチェックリストであり、生徒の視点からすると他者評価となるものである。今後に向けては、生徒自身で自己評価できる生徒向けのチェックリストが必要になることが予想される。そのために、生徒向けのチェックリストについても今後作成していきたい。

生徒の自立と社会参加に向けては、生徒自身が自分の人生や生活の在り方を自己選択・自己決定し、生活の主体者として卒業後の生活を送ることができるようになる必要がある。そのためには、自ら意識し、主体的に人生を送っていこうとする「態度」を育むことが大切である。

本実践報告では、教科等を合わせた作業学習の指導において、外部講師の助言をもとに、着目すべき点は「態度の育成」であるという一つの観点を示した。

（石川　智史）

特別支援学校の外部連携の取組②

青峰学園における学校に地域の人々を招くカフェの取組

東京都立青峰学園は、2008年度に開校した就業技術科と肢体不自由教育部門の小・中・高等部が併置された学校である。

就業技術科は都内に5校あるが、いずれも職業教育の一環として職業に関する教科「専門コース」という授業が行われている。

就業技術科だけでなく全校の学びの場となるとともに、地域の人々を特別支援学校に招き入れる場として、「のんびりカフェ」という喫茶店を営業している。この場所を活用した児童生徒の学びを紹介する。

（1）カフェの設置と運営

2012年の夏から、カフェの設置に向けたプロジェクトを開始し、ウッドデッキがあって外から入りやすい、肢体不自由教育部門の1階普通教室を転用することとなった。そして、「利用者のニーズに合わせた支援」の観点から各種の用具を木工で自作してきた福祉コースの生徒たちと教員が、手作りでカウンターを制作し、営業許可が受けられるように改装して、2013年2月に開店した。

営業は、開店以来、月・水・木曜日の午前10時から午後2時40分までとしており、福祉コースと食品コースの生徒と教員が12時40分を境に、午前・午後のシフトを組んで運営している。価格で戸惑うことがないように、どの商品も100円としているが、普通教室の転用であるための限られた資材と、習熟度に差がある生徒スタッフであっても、いつも美味しく提供できるように、量や時間を明確にしたマニュアルを、福祉コースの生徒たちの手によって改善してきたし、新商品の開発も進めてきた。そうすることで、「私の」商品、お店、仕事という感覚が育ちつつある。

接客も定型化して習熟しやすいようにし、難しい場面ではマスター（教員）に引き継げるようにして、お客様の立場に立って対応する余裕を持てるようにした。また、就業技術科の生徒が接客に習熟することで、肢体不自由教育部門の児童生徒の体験学習や実習も安心して行える場になっていった。

（2）職業コースの営業拠点

カフェの飲み物やお菓子が安価でおいしくても、カフェ営業だけでは、地域の人々に学校へ来ていただくには、まだインセンティブが足りない。そこで、午前10時半からのエコ

ロジーサービスコースの花販売や、午後1時半からの食品コースのパン販売の場もカフェ周辺で行うようにし、その前後の時間にはカフェで寛いでいただけるようにしてきた。これらの販売は、地域の皆さんに期待されていて、順番待ちになることが多いが、2017年度からは、ロジスティクスコースの業務受付もカフェの隣室に新設され、すべてのコースでカフェを営業拠点として活用することができるようになった。

また、学校だよりの裏面にカフェの営業カレンダーを掲載し、そこに花販売やパン販売の日程も併記している。このカフェ営業カレンダーの学校ホームページへの掲載は当然としても、市役所の地域センターでの配布や、町内会の回覧板にも入れていただいており、学校近隣エリアの全戸ポスティングは、声をかけられたりして、地域の人々と関わるリアルな経験になっている。

(3) まとめ

企業就労をめざす就業技術科の生徒にとって、接客経験を多くもつことには、大きな意義がある。しかし、学校という場では意図的に設定しなければ、その機会を多くはもてない。そのためにはカフェをコアにして、各職業コースの商品の販売や営業を進めて、保護者も含めた地域の人々を学校に招き入れることは、効果的であった。本校の事例は、専用のカフェ室がなくても、普通教室の転用でカフェが作れるし、生徒にとっても教員にとっても負担感がある週3日の営業も、なるべくマニュアル化して、シフトを組むことで、運営できることを示している。さらに、こうしたカフェ営業を軸にして、学校を地域に開き、地域の人を学校に招き入れることにより、接客経験ばかりでなく、業務へのプライドをもつという、仕事への根底的な感情を育てていく場をつくれるのである。

作業学習の見学をした企業担当者から、授業と実際の就業現場のギャップを指摘されることがある。実際の企業の現場は、学校の授業よりも場所が狭く、指導員の数が少なく、仕事の納期が明確であり、1つの失敗が企業の損益につながる。作業学習は、就業現場の現実味に欠けるという。

「地域の力を活用した作業種の導入」という考え方からスタートした作業種も、外部講師を活用した技術指導や授業改善の結果、学校ごとの特色ある作業班の一つとなった。さらに、外部注文や学校に地域の方々を招き入れることにより、結果として「依頼主（お客様）ありき」といった実際の就業現場の現実感が加わった。このことが、生徒たちも教員にも働く上での意識の変容を生み、将来の職業生活や社会自立をめざした学習へと変えることとなっている。

（荻原　稔）

Column

特別支援学校の企業連携の取組

学校づくりで取り組む企業と連携したデュアルシステム

千葉県立印旛特別支援学校長　**平賀　博巳**

千葉県立特別支援学校市川大野高等学園は、県立特別支援学校整備計画（2011 年３月）に基づき、知的障害のある高等部生徒への社会的・職業的自立を図ることを目的として 2012 年４月に開校した県内で２校目の職業に関する専門学科（４学科）を有する高等部単独の特別支援学校である。

教育課程の中心である職業を主とする専門教科に、地域の事業所と連携した「市川大野高等学園版デュアルシステム」を取り入れている。専門教科の授業（実習）を、地域の実際の事業所現場で展開し、教師が共に取り組みながら、ジョブコーチ的に指導･支援を行う。校内における授業と地域の事業所における授業、双方の取組をとおして、生徒自身による課題の認識や目標の設定、自己評価や振り返りを大切にした、生徒主体のキャリア教育を推進している。

1　はじめに ～地域とともに歩む学校づくり～

開校当初より、本校から徒歩圏にある地域の協力事業所とパートナーシップ関係を構築し、現在では 18 社の事業との連携した授業実践を行っている（図１）。「市川大野高等学園版デュアルシステム」を社会的・職業的自立に向けた、生徒個々のキャリア発達を促す教育システムとして位置づけ、出口指導として行われる就労支援や職場マッチングに重点を置いたワークキャリアとしての活動ではなく、入口から行う生徒のキャリア形成を育むライフキャリアとしての活動として、日常的に授業として積み重ねていくところが大きな特徴である。

入学したばかりの１年生段階では、所属するそれぞれの学科やコース（園芸技術科、工業技術科、生活デザイン科、流通・サービス科）に関連のある業務や業種の事業所で、年間をとおして継続的に取り組む。この取組をとおして、自己理解の深まり、活動への意欲や自信（自己有用感）の形成、人間関係形成、専門教科における専門性の向上などのキャリア形成を目的としている（図２）。

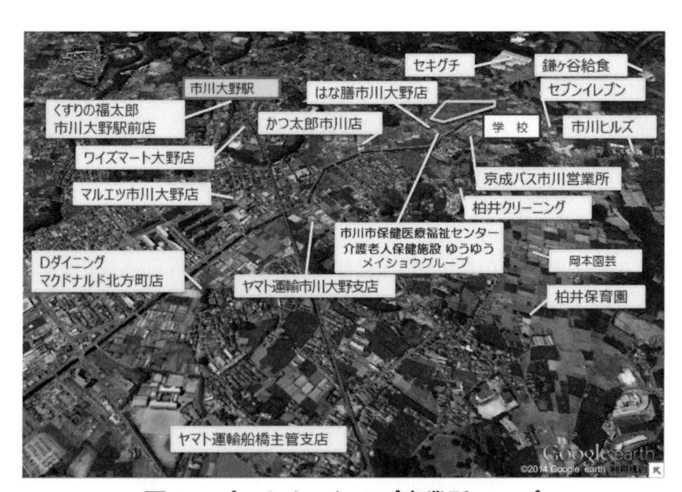

図１　パートナーシップ事業所マップ

２年生では、８カ所のパートナーシップ事業所から、選択によるデュアルシステムにおける授業（実習）（以後、デュアル実習と表記）に取り組む。「夢プラン（生徒版キャリアプラン）」を基に、担任及び進路指導部等とのキャリアカウンセリングをとおして、現在の自分の課題やニーズに合わせた、最適な事業所を自己選択する（図３）。生徒個々が目標やねがいを設定し、デュアル実習を積み重ねていく中で、課題解決を図っていく。自己選択的な取組をとおして、自己選択の意識化、職業観や勤労観の形成、活動に取り組む価値や意義づけ、主体的な課題解決力の形成などを願っている（図４）。

学科	コース	実習先企業
園芸技術科	農 業	（株）ワイズマート ディスカ大野店 市川市保健医療福祉センター （株）マルエツ 市川大野店
	園 芸	
工業技術科	木 工	京成バス（株）市川営業所 （有）柏井クリーニング
	窯 業	
生活デザイン科	ソーイングデザイン	（株）セキグチ 介護老人保健施設ゆうゆう
	染織デザイン	
流通サービス科	フードサービス	グリーンダイニング（株）はな膳 市川大野店
	メンテナンスサービス	（株）メイショウグループ
	流 通	ヤマト運輸（株）市川大野支店

図２　第１学年デュアルシステム事業所

学科	実習先企業	主な業務内容
園芸技術科 工業技術科 生活デザイン科 流通サービス科	ヤマト運輸(株)船橋主管支店	倉庫内作業
	(社福)柏井福祉会 柏井保育園	保育補助 給食製造補助・洗浄
	(社福)慶美会 特別養護老人ホーム 市川ヒルズ	施設内メンテナンス
	(株)ビー・エフ・ティ かつ太郎総本店市川店	店内外清掃・開店準備 調理補助・接客
	(株)Dダイニング 北方町店	店内外清掃・調理補助
	(株)セブン-イレブン・ジャパン 市川大野4丁目店	商品整理等
	鎌ヶ谷給食(株)	盛り付け・洗浄作業等
	(株)くすりの福太郎 市川大野駅前店	商品整理等

図３　第２学年デュアルシステム事業所

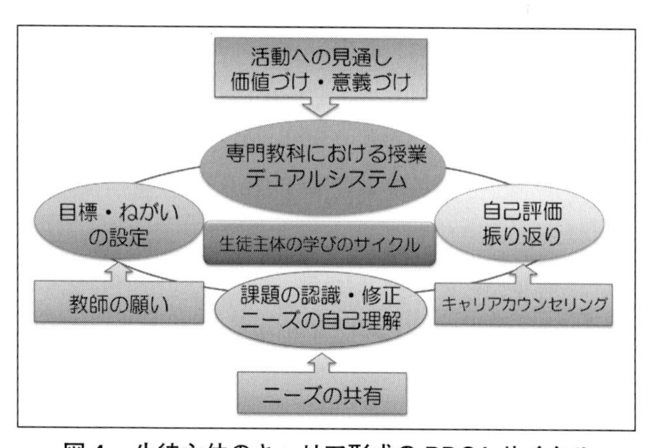

図４　生徒主体のキャリア形成のPDCAサイクル

２　流通コースの実践 〜ヤマト運輸（株）市川大野支店でのデュアル実習〜

学校より徒歩で15分程度の立地環境にヤマト運輸（株）市川大野支店の配送センターがある。ここでは、第１学年のデュアル実習として、メール便の配送業務を週に３日（月・火・金）取り組んでいる。年度当初は、昨年度まで取り組んでいた２年生がサポート役として共に活動に参加する。事業所との信頼関係の中、荒天の中でも実施するなど、実際に厳しい環境下での活動となる日もある。

メール便の具体的な活動は、次の①〜④である。

①　仕分け

配達物の宛名宛先を確認しながら、ラミネートしてある地図上に印をつける。雨天時には一つずつビニール袋に入れ、番地毎に作成してある袋に入れて効率よくわかりやすく郵便物を取り出す準備をする。

② ルート決め

地図上の印を見て、効率よく回るための道順を考え、回る順番やルートを定め、案内役（地図を見ながら案内をする係）を決める。通常２人ペアで行い、赤と青で地図に印をつけることで「青、○○さんです」というように、次に行くところの郵便物をだれが持っているのかわかるようにしている。

メール便の配達作業

③ 端末操作

メール便のポスティングの際には、端末でバーコードを読み取ってから投函する。最後にこの端末で配達の冊数と持ち戻りの冊数の数がわかるので、重要な作業となる。この端末操作は生徒に人気の作業である。充電等も出発前に確認する。

④ 終了業務

配達を終えて事務所に戻ってきたら、端末の終了業務を行う。伝票に配達数や持ち戻り数を記載し、自分のサインをして提出して終了となる。

メール便の作業は、投函後にやり直しができない。端末操作からメール便投函までの手順確認を徹底すること、丁寧な商品の取り扱いなど、本物の仕事･サービスとして、生徒個々がしっかりと取り組むことを大切にして活動している。

専門教科とデュアル実習のつながりを考え、振り返りシートの工夫にも取り組んだ。専門教科の日誌（１週間で１枚）の裏側にデュアル日誌を設けて記入するようにし、デュアル実習での反省や課題を、次の専門教科の授業でどのように取り組むかを生徒と教師が一緒に考える時間を設けた。そうすることによって、専門教科とデュアル実習が別のものではなく、双方が連動しており、いずれの活動においても自分の課題を意識し、目標の達成に向けた取組の重要性を、生徒が徐々に理解できるようになってきた。現在の自分の状況を自己理解し、次への課題を認識し、新たな目標設定やどうすべきなのかが明確にわかるようになってきた。

また、「顔の見えないお客様」相手ということが、この活動の一番大きな特徴である。生徒が記入した振り返りシートを教員と一緒に確認しながら対話を進める中で、次回の目標やその日の反省を、専門教科の授業でどのように生かしていくかを具体的に考えられるようにした。その取組を続けることで以前に比べ、顔の見えるお客様にも顔の見えないお客様に対しても「お客様」という､相手を意識したサービスを実践することができ始めてきた。

３　まとめ ～卒業生たちの声から～

2016 年度の市川大野高等学園公開研究会で卒業生によるシンポジウムが開催された。その際の卒業生たちの声から、本実践を振り返りたいと思う。

初めてデュアル実習に出る際には､「一人で仕事をすると聞いたときはとても不安でした」「初めは仕事を覚えるのに必死でした」「仕事の指示をされた時に、どう反応していいかわからなかった。声を出して返事もできずに、ただうなずいている感じでした」「とても緊張しました。上手に指示どおり動けるか不安でした」と感じていたとのことで、入学して１

か月後から始まる企業での就業体験に対する緊張と不安の様子がよく伝わってくる。

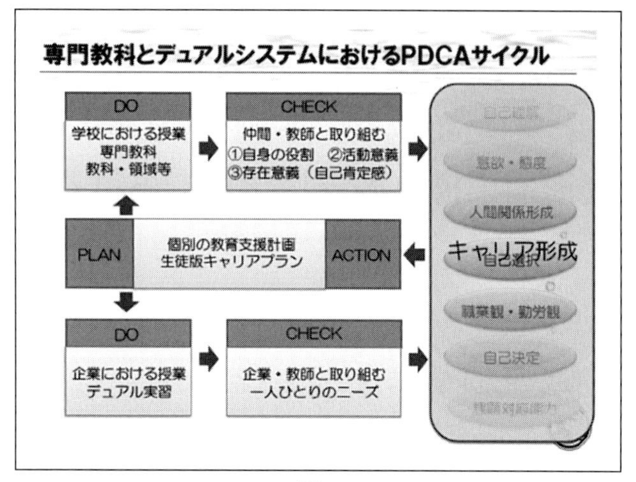

図５
専門教科とデュアルシステムにおける PDCA サイクル

デュアル実習を通じて学んだことについては、「どんなに時間のない時でも丁寧に仕事をすることを学びました」「時間を意識することです」「返事や報告を意識して取り組んでいたので、今は職場でもできるようになりました」「挨拶をするようになりました」「実際にやってみて、自分は動いている仕事でないと、やっぱりだめなんだと気づきました」「一人でも意外と大丈夫だなという自信がつきました。昔ならとても不安でしたが、自分から発信する力がついてきたんだなと実感しできるようになりました」との話があった。デュアル実習を通じて、職業準備性や職業選択について、自ら考え学んできた様子がうかがえる。

また、インターンシップを終えての感想に、「作業への耐性がつきました」「苦手なことがはっきりしました」「体力勝負の力仕事の実習をやりたいと思いました」「自分でやってみて、正直合っていないと感じました」「食品に関わる仕事を体験したいと思いました」などの声も聞かれた。生徒のキャリア発達が促され、自己理解や自己選択の力が個々の生徒の中で育まれてきたことがわかる。

今の働く生活の中から感じることについては、「利用者さんに感謝されることがとても励みになります」「専門教科やデュアル実習でメモを取ったり、見返したりしたことを、今も意識しています」「自分に仕事を任せられているという実感ややりがいを感じます」「報連相の大切さやわからないことを質問することが、今の仕事に生きています」「とても充実しています。自分に仕事を任せてもらっていることが嬉しい」「○○君のあいさつは、工場で一番と言われると嬉しい」など、全員が「やりがい」をもち、しっかりと働いていることが伝わってくる。

教師が一緒に働くことによって、生徒が困り悩むその現場でより具体的に指導支援することができ、その適切な支援の積み重ねが生徒の「足を一歩前に踏み出す気持ち」を支えていた。デュアルメモや振り返りシートを活用した綿密なキャリアカウンセリングによる自己理解及び自己選択への適切な働きかけとともに、生徒一人あたり５～７社となる計画的な就業体験を経てから自己決定する卒業後の進路先で、労働を通じて自信をもって社会とつながっている姿がそこにあった。

Column

地域・海外との連携

北海道小樽高等支援学校におけるユネスコスクールの取組

北海道南幌養護学校教頭　徳永　光
（前 北海道小樽高等支援学校教頭）

北海道小樽高等支援学校は、近年の社会動向や高等部職業学科の卒業生の進路先等を踏まえ、北海道で初めて「環境･流通サポート科」「福祉サービス科」「生活技術科（現生産技術科）」の３学科と従前から設置されていた「木工科」「生活家庭科（現家庭総合科）」の計５学科を設置し、2009 年度に開校、2018 年度に開校 10 周年を迎えた。

開校以来、教育活動の一つの柱として取り組んできた「地域の教育力」を活用した活動が「ユネスコスクール」の理念に合致するという北海道ユネスコ協会の方の薦めもあり、2016 年度に申請し、2018 年度７月に登録された。ユネスコスクールとは、2030 年を豊かに迎えるための「持続可能な開発のための教育（ESD)」を推進する役割があり、その理念達成に向けての目標として「持続可能な開発のための 17 の目標（SDGs)」（図）が提唱されている。まさに「共生社会に向けた教育」と言い換えることができるであろう。

ここで SDGs に関連する本校の活動の一部を紹介してみたい。

◆環境

学校の近隣地域での清掃、除草、除雪等の環境整備、海水浴場の清掃活動

◆防災

被災地についての理解、実施可能な支援活動の模索と支援（被災地物産品の販売と募金）

◆生物多様性・健康・福祉

高齢者・障害者理解と支援（独居老人宅の環境整備、介護職員初任者研修)、異年齢者（幼少児及び高齢者）との活動、LGBT 対応

◆人権・福祉

いじめ撲滅に向けての図書局の読み聞かせと生徒会による啓発、LGBT 対応

SDGs

独居老人宅の除雪

◆持続可能な生産と消費

再生可能な材料（紙パック、集成材、寄木）を活用したものづくり（後述の木工科製作のふれあい囲碁セットも集成材や寄木による廃材の活用を図っている）、リングプル、エコキャップ等の収集と活用

囲碁に興じるミャンマーの小学生

◆グローバル・シチズンシップ教育、異文化理解

・地域理解と貢献活動（シチズンシップ教育）～小樽市銭函地区の歴史や文化についての学習と環境整備

・国際理解と貢献活動（グローバル教育）～ NPO や NGO と連携したミャンマーの小学校へのふれあい囲碁セット、シュシュの寄贈活動への参画（製作・納品）

このような活動を行っているが、全国の学校でも実施している活動が多いのではないか。「ESD に向けた行動変革のきっかけ」にある項目「振り返れば ESD」という考え方が当てはまる。SDGs との関連を丁寧に整理し、意味付けすることで国際連合が提唱する活動に参画することができる。

2018 年度、本校は、重点教育目標として「学び」「地域」「対話」を掲げた。上記の活動は、日ごろから「学び」のための「対話」、その「学び」を「地域」で実践、「地域」との「対話」をもって「学び」を深めるように意図して取り組んでいる。この活動の積み重ねにより、本校は地域の方々から「地域づくりの資源」の一つと考えてもらえるようになることができた。

これらの教育活動を「持続可能」なものとするため、同じ活動を継続していても持続は難しい。予測困難な時代を生きるために、その時々に即した変化をする必要がある。現在の子供たちが 2030 年に「持続可能な社会の創り手」となるため、3 年間の学習が卒業後にも活用できる生涯学習となっていることが求められる。

数年前、環境・流通サポート科の卒業生と会った際、道端に捨てられているごみを「やれやれ」と言いながら拾い、駅のごみ箱に捨てていた。当たり前のことのようにも思えるが、これぞ ESD や生涯学習を体現している姿であると感じた。このような生徒を育成する教育が「持続可能な開発のための教育」なのかもしれない。

企業からの助言を受けて

生徒の自己肯定感を高める教科「情報」の取組

東京都立青峰学園主幹教諭　細川　信之

1　３年間の学習内容

東京都立青峰学園高等部就業技術科の教科「情報」は、１週間１コマ、40 分である。入学当初は、指の位置を正確に覚えるタイピング練習から入り、慣れるとキーボードを見ずに打てる生徒が出てくる。その後、速度の向上をめざした文字の入力練習を繰り返して行う。これらの基礎練習が済むと、実際の検定試験の問題を教材とした各アプリケーションの操作や技能向上の学習に入る。１年時はワープロソフトを使用し、社内文書の学習を行う。２年時に表計算ソフトを使用して学習する。３年生の前期は、ワープロか表計算を選択し、各自が目標に向かって課題に取り組む。後期にはプレゼンテーションソフトを使用し、社会に出てから役に立つ内容を学習する。

2　学習方法・教材

限られた時間で効果を上げるために、教科「情報」の学習内容を精選して年間指導計画を立てる必要があった。生徒たちが意欲をもって取り組める方法はどのようなものか。試行錯誤の上、日本情報処理検定協会の問題を用いた学習が適していると考え、2009 年度の開校以来、検定試験問題を用いた授業を続けてきた。また、検定実施日の２週間前から、始業前 30 分の朝練習を実施している。朝練習では、生徒が一斉に集中して取り組み、緊迫した空気が漂う。それを毎日続け、加えて自宅でも練習することで成果は確実に上がっていく。「検定試験合格」という目標を達成することで、チャレンジすることの喜びやパソコンの楽しさを知り、上の級、あるいは文書デザイン検定やデータベース検定等他部門の検定に挑戦する。さらに、そのような意欲ある生徒

表１　検定合格者数　　各種検定試験合格者（のべ人数）

	日本語ワープロ検定					情報処理技能検定（表計算）				
	初段	１級	２級	３級	４級	初段	１級	２級	３級	４級
2016 年度	1	6	4	17	15	1	7	13	14	14
2017 年度	2	6	17	23	28	0	7	8	16	11
2018 年度	1	2	10	15	18	1	9	10	13	18

※ 2018 年度は年４回中３回実施のデータである。

表２　検定合格率の全国平均と本校の比較（2017 年度データ）

（%）

	日本語ワープロ検定					情報処理技能検定（表計算）				
	初段	１級	２級	３級	４級	初段	１級	２級	３級	４級
本　校	25.0	22.2	58.6	62.2	71.8	0.0	38.9	72.7	94.1	100.0
全国平均	40.6	45.1	59.7	73.2	72.9	43.8	51.4	78.9	77.2	89.7

たちの熱い要望から長期休業中の補習を行っている。朝練習、長期休業日の補習でつまずいたところは自宅で復習し、毎日練習するなど生徒たちは努力している。

文字数や制限時間内での作業配分、自分の目標の目安や、努力、結果が数値で示されるのは軽度の知的障害のある本校の生徒たちには大変有効である。

３　青峰独自の取組「青峰杯」

卒業生が就労している企業の担当者から「１級をもっているが仕事では活用できていない」という意見が聞かれた。検定試験の性格上、より多くの文字数を打てば誤字・脱字を減点されても合格する。しかし、実際の就労現場では、より正確に打つことを意識して文書を作成することが求められる。そこで、2014 年度に「青峰杯」を実施することにした。青峰杯は年に２回、何文字打ったかではなく、何文字連続で正解したかを評価し、点数をつける。打った文字がすべて正解だった生徒には「完璧賞」を授与する。優勝者には優勝カップを用意し、上位 10 名を表彰する。

表３　「青峰杯」の「完璧賞」の推移

	12 月１週	12 月２週	12 月３週	1 月２週	1 月３週	1 月４週	2 月１週
参加のべ人数	101	110	102	68	60	112	86
完璧賞の人数	13	23	26	16	16	33	26
完璧賞の割合	13%	21%	26%	24%	27%	30%	30%

表３は、2014 年度「完璧賞」の推移である。当時の在籍 119 名のうち、50％以上の生徒が参加した週のみ集計した。初回の 13％から 30％に完璧賞の割合が増加したことから、その当時の生徒の意識改革はできた。青峰杯では、これまで表彰されていた生徒とは違うメンバーが賞状を授与され、得意な力を活かせることに自信に満ちた顔を見せてくれた。

これらの実践をとおして、生徒たちの自己肯定感を高めることができた。学んだことを礎に生徒たちが様々なことにチャレンジし、社会の一員として活躍し、社会に貢献する人材に育つことを願っている。今後も生徒たちの成長を喜びとして、授業と採点に励みたい。

企業見学

元 東京都立青鳥特別支援学校進路指導主任　小笠原　まち子

障害のある児童生徒たちが、将来、「社会的自立」「職業的自立」を図るために、特別支援学校・特別支援学級では様々な取組がされるようになっているが、最近の動向として企業見学を実施する学校が増えている。

東京都内への修学旅行中に学習の一環として、特別支援学校卒業生が勤務する企業への見学を希望する場合や都内の特別支援学校・特別支援学級から総合的な学習の時間内で見学をする例や、保護者がわが子の将来像の参考として訪れる場合もある。

企画するのは進路指導担当が多いのだが、同じ特別支援学校高等部を卒業した先輩がいる企業には依頼しやすいし、先輩たちも後輩が訪れることが励みにもなっているとのことである。

単に仕事内容を見るだけではなく、先輩たちに助けられながら短時間でも体験することで「見本どおりに」「丁寧に」「決められた時間内に仕上げる」緊張感と「会社の中で仕事をした」という満足感は、引率した教員たちにも響き、生徒への信頼に基づいた授業展開の工夫につながっているという報告がある。

成人期の社会参加
～高等部卒業後の就労・生活支援～

第1章

新たな雇用管理

1 障害（＝才能）を認める、「共生職場」形成による業務効率のアップ
～パソナハートフルの取組～

株式会社パソナハートフル副社長執行役員　白岩　忠道

（1）はじめに

「障害者の雇用の促進等に関する法律」において、「障害者である労働者は経済社会を構成する労働者の一員として、職業生活においてその能力を発揮する機会を与えられるものとする。」（第３条）、「障害者である労働者は、職業に従事するものとしての自覚を持ち、自ら進んで、その能力の開発及び向上を図り、有為な職業人として自立するように努めなければならない。」（第４条）と定められ、一方、雇用する事業主に対しては、「全て事業主は障害者の雇用に関し、社会連帯の理念に基き、障害者である労働者が有為な職業人として自立しようとする努力に対して協力する責務を有するものであって、その有する能力を正当に評価し、適当な雇用の場を与えるとともに適正な雇用管理を行うことによりその雇用の安定を図るように努めなければならない。」（第５条）と定められている。

この法律を遵守するために、パソナハートフルは障害者という概念をもたず「障害＝個性」と捉え、「才能に障害はない」を企業理念に、働く意欲がありながら就業が困難な障害者の新たな職域開拓に取り組み、働く場においても、障害を一つの「個性」として受け入れ、あらゆる角度から、その一人ひとりのいまだ見出されていない能力や個性を引き出し、その可能性を見出し戦力となるプロフェッショナル人材を育成し、将来の社会的自立を支援し、障害者と健常者が共に社会参加できる**「共生」**の場を作り出す社会をめざしてきた。（ホームページ参照：URL：www.pasona-heartful.co.jp）

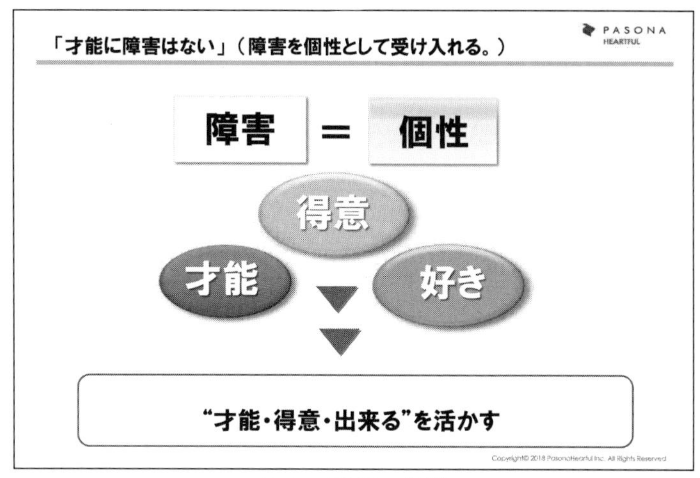

図1　障害 = 個性

(2)「障害」（=才能）があるからこその強み

◆むかし天才

私が、小・中学生の頃、テレビやマスコミで「国旗を見れば全ての世界の国名を当てられる」「東海道線の駅名（駅間距離）を東京から大阪まで全てわかる」という少年が「天才少年」として紹介されていた。その天才少年たちは、今は紹介されていない。どこに行ったのでしょうか？　特別支援学校の先生であればおわかりになると思う。そう、私の会社はその天才達の集まりなのである。その天才たちの卓越した能力を業務に活かすことが、私たちの役割なのである。

例として、当社にはいつも時刻表を肌身離さず持ち歩き、休みの日には一日中電車に乗っている社員がいた。ある日、彼が「僕の電車好きは会社の仕事に役立っていますでしょうか？」と聞かれ、「そうだね、仕事には役立っていないかもね？」と答えた。しかし数日後、名古屋・大阪と出張に行く予定が入り、彼に訪問予定を渡し、「効率の良い路線を調べておいて」とお願いしたところ、即座にどの電車で、どの時刻に乗ればよいかの出張スケジュール予定を組み込んでくれた。

一般的に、障害者教育は、「ろう学校」「盲学校」「特別支援学校」と同じ障害者同士が個別の学校で教育を受けているため、健常者にとっては交わる機会がほとんどないのが実情である。だから相互の理解は進まず、「障害者は配慮しなければならない人たち」という理解がされている。一方、受け入れる企業側も、「どう配慮したらよいのかがわからない」というのが現状である。このような状況において働く現場においては、障害者は弱者であり「～ができない」人たちと受け止められがちであり、一緒に働くイメージは湧きにくく、それが「どんな業務ならできるのだろう」という無理解につながっている。そこを解決するためには、一緒に働く（仕事の中での「共生」）場面をつくることで、一般の社員に、「天才の能力」（障害ゆえの強み）を理解させることが一番の方法であると考え、「障害者ができる仕事をつくり出す」のではなく、現在自分たちが日常当たり前のように行っている業務の中に、**「障害（＝才能）があるからこそ、適性のある業務」**がたくさんあることを理解させるために、「見方を変え、障害者の配慮点ではなく、弱みを強み（障害者の特性）に変える」ことで業務拡大（雇用拡大）を実践してきた。

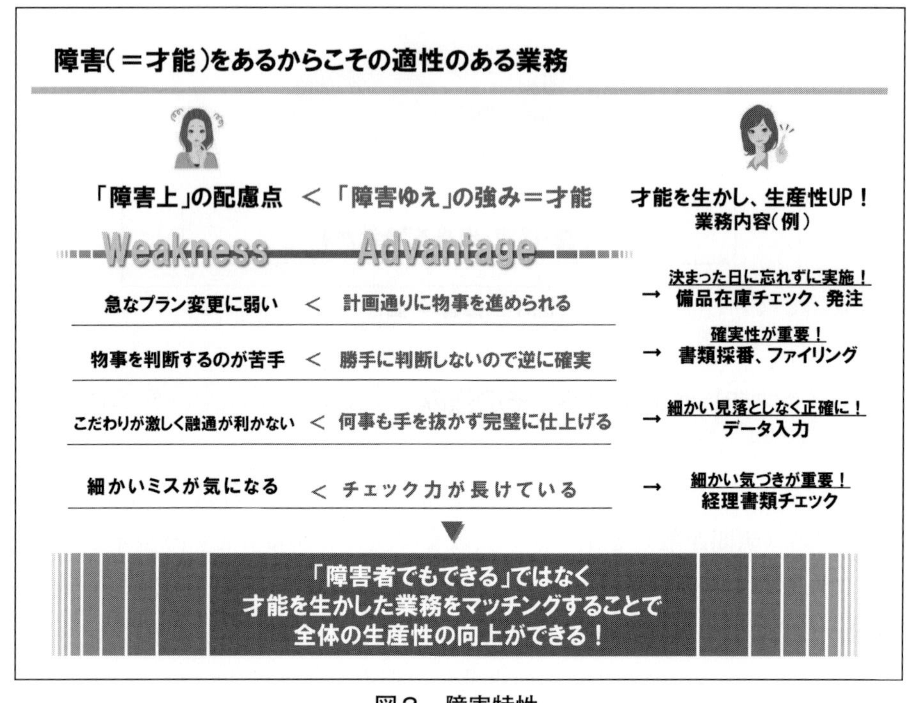

図２　障害特性

（3）特別支援学校からの障害者の受け入れ～配属・キャリアアップ～

◆入社から配属

各特別支援学校１・２年と在学時に、職場実習やインターンシップを経験し、３年時の実習終了後、採用面接により晴れて入社した社員は、入社後３日間の座学による新入社員研修（マナー、社会人心得、パソナハートフル会社の歴史等）を受ける。その後、本来業務にて、個々人の「障害特性」「業務適性」「パーソナリティ」「コミュニケーション（対人）」「やる気」等をできる限り客観的に把握し、適性を判断するために５つの部署にて、①PC操作（エクセル・ワード）、②印刷物の封入封緘、③館内メール収集・集配、④派遣スタッフ契約書チェック・発送、⑤商品販売（ショップ、パン・野菜の館内ワゴン販売）を経験する。そして、本人の希望、部署ごとの受け入れ研修担当者の意見を踏まえて、配属決定を行う。

５つの部署を経験させる意味は、今までの学校・家庭生活（障害者だから、配慮され、守られる環境）から、収入を得て働く（金銭を得るに見合った仕事をする）という、自立する社会人（人に認められ社会に役立つ）になることを目標とする大きな環境変化に対応していくことを、社会人としての入り口で理解させるために行っている。その目的は

①「会社はいろいろな業務が関連性をもって運営されており、どれも重要な仕事であり、

無駄な不必要な業務はないこと。どこに配属になっても与えられた場所で、まずは一生懸命働くこと」の意義を伝える。

②特別支援学校在校時における職場実習においては、担当の先生と企業障害者受け入れ担当が概ね指導・評価を行うが、「入社後は、いろいろな個性（障害含む）を持ち合わせた人たちがいる環境の中で、互いに協力し合い、相手も理解し、自分も認めてもらうための社会性を身に付ける覚悟」をさせる。

この短期間で、在校時の実習中の対応者以外の多くの社員（同僚・上司・役員）と接し、場合によってはメール業務や商品販売等にて、親会社の社員とも接することで、実習中には、見せなかった（？）、見られなかった個性（もともと潜在的には有していた能力＝才能）を見せられることが多々ある。

毎年、卒業して２カ月あまりのこの実務研修期間で、「短期間でも人は必ず成長し、環境に順応する」ことを肌で、実感させられる。

一方、受け入れ企業側の私たちが、この研修中や日々の業務において見極めなければならないこととして意識していることがある。

我々自身が、その社員がそれぞれの障害の特性も異なることを理解したうえで、いろいろな業務を行うなかで、「どうしてもできない業務がある」「説明しても理解されない」「わかりましたと言いながら何度も失敗する」等に面したときに、その理由が、本人の障害によるものなのかを見極める力をつけ、障害によりできないことであると判断をした場合には、その訓練や指導を行っても、できるようにはならず、本人・指導者双方のストレスが積み上がるだけなので、その業務はさせない判断をすることが重要であると考えている。

（4）常に新たな職域拡大による相互理解の「共生」

少しでも時間があるとパソナ各部署のオフィスを巡回し、現場ではどのような業務が、どのように処理されているのかを精査している。障害者への理解がないために、『障害者にお願いできる業務がない』という部署の方に対して、業務によっては、自分で行うよりも、障害者に適している業務（障害特性を活かす）は、実は職場にたくさんあるということを、各職場を回って社員に啓発する活動に努めている。

例えば、ファイリングのルールは、書類ごとに、職場で定められていることが多い（日付順、ナンバー順、あいうえお順等）。にもかかわらず、面倒だから、忙しいからという理由で、ルールどおりにファイリングがなされていないことが珍しくない。結果、必要なときにピンポイントの書類を探すことができず、無駄な作業時間を費やすことで、業務効率が落ちてしまっていることにも気づかず、そのまま放置されていることがほとんどだ。

逆に、ファイリングはきちんとルールどおりにできているものの、忙しい最中にファイリングに多くの時間を取られることで、そのために本来行わなければならない作業ができず、作業効率が悪くなってしまったり、残業時間の増加につながっているケースもある。オフィスを巡回しているとこのような光景を目にしたり、声を耳にしたりすることがある。

こうしたときに、ファイリングのお手伝いとして、それを適性のある障害者（日付順、ナンバー順はお手のもの）に業務を依頼することで、担当者は本来の業務に集中することができると同時に、自分よりも早く・正確にファイリングができる障害者の能力に気づくことになる。

「障害がある方の中には、障害をもったがゆえの特異な才能の持ち主が少なくない。その才能（能力）を生かすことができる業務であれば、健常者よりも早く、より正確に処理できるものがあり、現場の生産性向上にもつながる」ということを一人でも多くの社員に理解させることで、信頼関係が築かれ、共に業務効率を上げることで、健常者と「共生」して働く職場が形成されていくことになる。

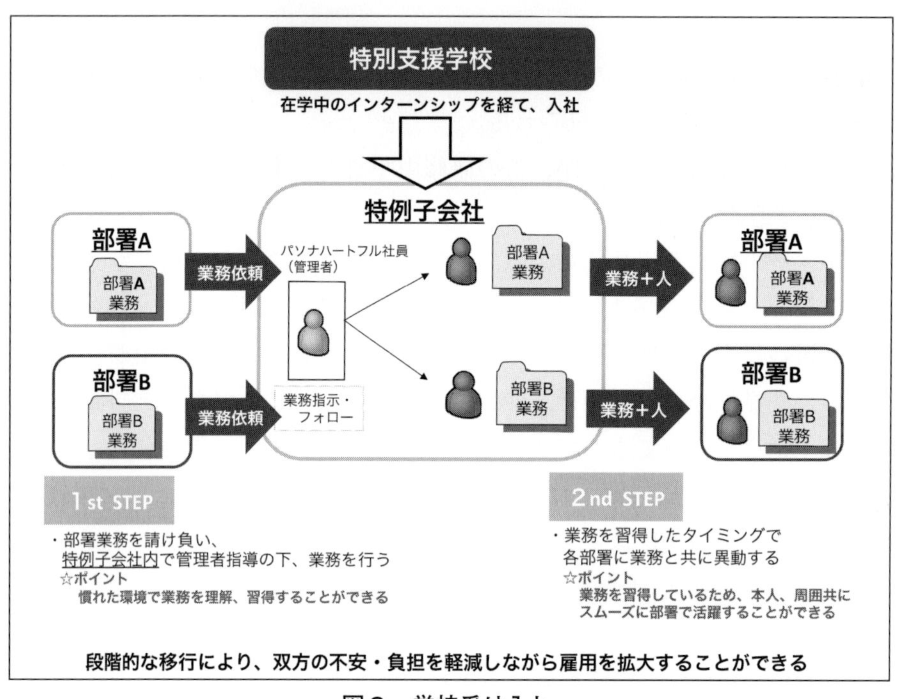

図３　学校受け入れ

また、雇用が進まないある部署から、新たにファイリングの業務依頼があったとする。通常であれば依頼されたファイリング業務をパソナハートフルの社員が指示どおりに処理し、その成果物を依頼元部署に納入することになる。しかし、当社はこの業務を完璧にこなせるように徹底的にハートフル内で教育し、完璧に業務を習得させた上で、依頼部署に送り込むことで、依頼元のオフィスで担当者がファイリングの作業を行うようにするという試みも行っている。障害者を特例子会社に囲い込んで働かせるのではなく、親会社の各職場に送り込み、健常者と共に働く機会を設け、障害者と健常者との「共生」を図ることで、相互理解を深めている。

◆相互理解と共生

障害者と一般社員がお互いの能力（才能・個性）を認め合い、協力しながら一緒に働き、生産性を上げることが、企業における障害者雇用の理想的な最終形だと思っている。職場で「共生」することで、一般社員は障害者の仕事ぶりを間近に見ることで、何ができて何ができないのか、どのような指示の仕方をすればよいのかといったことを学ぶことができる。結果として障害者の理解が進み、新たな業務が増え職域拡大にもつながる。障害者も、一般社員と共に働くことで自分の役割が明確になり、現場で認められ、期待され適正な評価を受けることで、モチベーションが上がり、業務能力、社会性がついていく。

（5）まとめ

①「障害者ができる仕事」ではなく、「障害（＝才能）があるからできる仕事を行っている」。
②「障害者だから配慮され、守られる」のではなく、「障害（＝才能）をもっているからこそ人を支え、人を守る人材」になりうる。
③「障害の有無にかかわらず、人は必ず成長する」。
・支援の目で見て、必要以上の助け舟は、成長の可能性を狭める。
・伸びるはずの能力を見出し伸ばし、達成感を味わう。＝自信につながる

昨今、障害者の定着支援が最大の課題として、様々な取組が始まっているが、私は「障害が理解される環境で、障害特性にあった仕事ができ、人の役に立つ業務を行っているという自覚をすることができる達成感」がもてれば、毎日会社に来るのが楽しいはずで、自ずと定着していくと信じている。

業務が終了し、帰社するときに社員が私の席に来て、「本日はありがとうございました。また明日もよろしくお願いします」との言葉を聞くたびに、私たちは逆に元気をもらう。自分も明日も頑張ろうと奮い立たされながら「共生社会で働ける」時間を感じて互いに頑張っている。

②「働き続けられる社会人」をめざして
～ソーシャルスキルトレーニングの活用～

サノフィ株式会社人事本部ラ・メゾンビジネスサポートセンター長　杉本　文江

(1) サノフィ株式会社 ラ・メゾンビジネスサポートセンターの概要

サノフィ株式会社（グローバル本社：フランス、パリ）は、ワクチン、医療用医薬品、一般用医薬品の開発、製造、販売を通じて人々の健康に貢献する製薬企業である。多様性の推進を企業戦略の一つと位置付け、障がい者雇用に関しても、i）障がい者を採用する、ii）採用した障がい者は適切に育成し、退職のリスクを減らす、iii）障がい者あるいは障がい者と共に働くということに関する認知啓発を行う、iv）施設で働く障がい者の業務創出をする、とコミットしている。

2009年4月、前述のコミットメントを実現し、かつ、障がい者雇用に対する社会全体の期待に応えるために6名の知的障がい者を特別支援学校より採用し、人事・総務本部内に「ラ・メゾンサービスセンター（2013年ラ・メゾンビジネスサポートセンターに改称。以下、LMBC）」を設立した。

その後、特別支援学校より新卒の採用を重ね、2019年4月現在、LMBCには16名の知的障がい者が在籍する。知的障害といっても広汎性発達障害や学習障害、注意欠陥多動性障害などの要素を複合的にもっており、16名中7名が東京障害者職業センターより重度判定を受けている。

管理者はセンター長を含め3名。設立11年を迎えるが、まだ退職者は出ていない。

業務は名刺作成、ダイレクトメール、印刷、データ入力、PDF化、シュレッダー、ファイリングなど多岐にわたる。一般の社員一人ひとりの日々の仕事の中に存在するあまり生産的ではない業務を切り出してLMBCに集中させることにより社員の生産性の向上に貢献し、また、外部に委託している業務を外部業者に代わって請け負うことにより、会社の経費削減に大きく貢献している。それらの成果が1年間に生み出す想定利益は、2018年に約1億5,000万円に達した。過去を振り返ると、2012年2,200万円、2013年5,400万円、2014年7,800万円、2015年9,900万円、2016年1億1,000万円、2017年1億3,100万円と着実に伸ばしてきている。

これは継続的な職域開発とそれに応えられるようメンバーの育成を行ってきた成果であり、こうした取組が評価されて、2017年東京都障害者雇用エクセレントカンパニー賞を受賞した。

(2)「働きやすい環境作り」と「教育/育成」

LMBCは設立4年目にしてコストセンターからプロフィットセンターに変わった。雇用

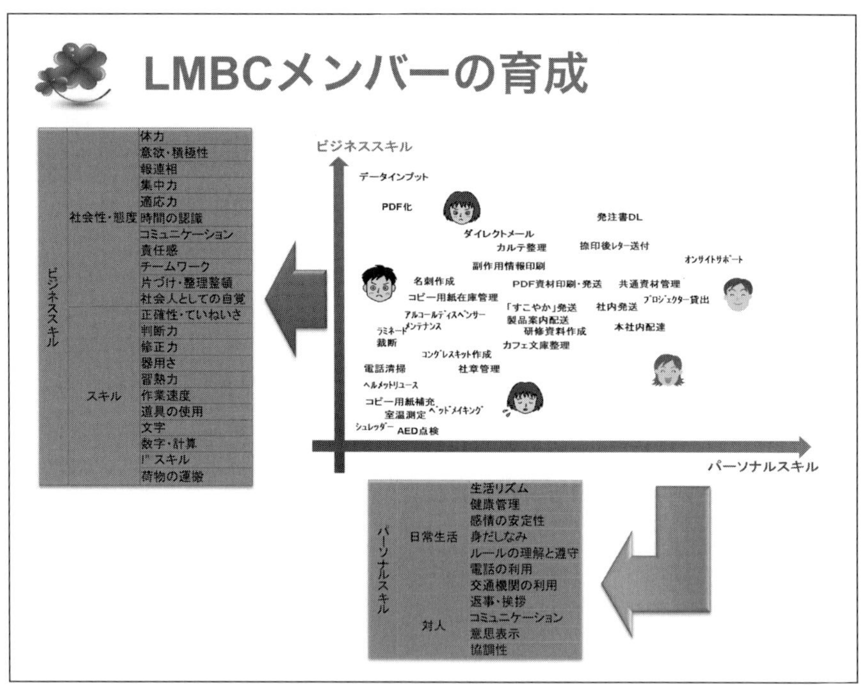

図１　LMBC メンバーの育成

義務があるから多少コストがかかっても障がい者を雇用し、形ばかりの仕事につかせるというのではなく、組織としてプロフィットの出せるサービスを会社に提供できる部署になったのである。その背景は、LMBC が設立以来**「働きやすい環境作り」**と**「教育／育成」**の２つの軸に重きをおいて組織運営してきたことにある（図１）。

①　**「働きやすい環境作り」**

新たな業務の創出と適材適所、本人のやる気を活かしたジョブローテーションを中心とした「働きやすい環境作り」はメンバーの有用感や成長感、そしてやりがいの醸成につながるとともに、知的障がい者の主な離職原因の一つである「就労意欲の低下」を防ぐものとなっている。また、適材適所を実現するために、LMBC では業務をビジネススキルとパーソナルスキルの観点で捉え、メンバーの一人ひとりの特性と合わせて担当業務を決めているが、その観点はメンバーの評価や育成ポイント抽出の際にも使用されている（図２）。

②　**「教育／育成」**

LMBC では、「働き続けられる社会人を目指す」こと、そして、そのために「パーソナルスキルの育成を優先する」ことを育成の大きな柱としている。パーソナルスキルには、コミュニケーションに加えて、健康生活の実践や社会人としてのルールやマナー、体調不良や緊急時の対応をするためのライフスキルなどが含まれ、それらを育成することで、離職の大きな要因となっている「人間関係のトラブル」や「病気・けが」のリスクを減らすことができると考えている。そのため、LMBC には多種多様な教育プログラム（図３）があるが、そのほとんどがパーソナルスキルを育成するためのものとなっている。一方、これらの教育／育成を管理者だけで行うことには限界がある。社内の産業医や HSE 担当者、また、

LMBCは、新たな業務の創出と適材適所を中心とした働きやすい環境作りと働き続きられる社会人になることを目指した人財育成の両輪を回すことにより、障がい者雇用と会社のWin-Winを実現している。

働きやすい環境作り

認知啓発
- ✓ 業務での社内巡回
- ✓ 社内プロジェクトへの参画
- ✓ 社内報での活動報告

職域開発
- ✓ 会社の経費削減・生産性向上につながる業務開拓
- ✓ 購買担当部署との連携
- ✓ 社内説明会
- ✓ イベントやイントラを通じた業務紹介

適材適所
- ✓ 業務に求められるスキルをビジネススキルとパーソナルスキルに分け、個々人の特性に併せて担当させる

ジョブローテーション
- ✓ やりたい気持ちを活かしながら、より難易度の高い業務にチャレンジさせる
- ✓ 難しい業務を魅力的に見せる工夫
- ✓ リーダ制

教育 / 育成

ソーシャルスキルトレーニング
- ✓ コミュニケーションスキルを含む社会人力の育成

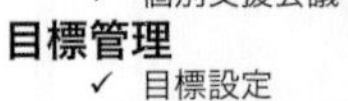

個別支援
- ✓ 週報/朝・夕礼
- ✓ 個別面談
- ✓ 個別支援会議

目標管理
- ✓ 目標設定
- ✓ 振り返り面談

安全衛生教育
- ✓ 健康教育/指導
- ✓ 安全教育（作業方法、作業環境）
- ✓ 防災教育

サポーターズミーティング
- ✓ 保護者を含む支援者が課題/育成に関して共有/検討するミーティング

業務&PCスキルトレーニング
- ✓ 管理者によるOJT
- ✓ 外部支援者（ジョブコーチ、東京しごと財団）による指導

図２　「働きやすい環境作り」

育成ツール

ツール	関係者	頻度	内容
日報(週報)	管理者、保護者	毎日	日々課題の確認および家庭との情報共有。 また、家庭での様子や保護者のｻﾎﾟｰﾄの確認
朝礼・終礼	管理者	毎日	日々の注意点/課題の確認と振り返り。健康・安全指導と多岐に渡る。
社員の見守り	社員	随時	社員によるﾌｨｰﾄﾞﾊﾞｯｸや直接的指導
目標設定と振り返り	管理者、臨床心理士	毎月	業務目標とマナー目標。マナー目標には生活上の課題が含まれる。
安全衛生教育	総務HSE部・管理者	年1回・随時	安全衛生教育(集合)と個別指導
健康教育	ﾒﾃﾞｨｶﾙﾙｰﾑ・管理者	年1回・随時	健康管理教育(集合)と個別および日常的指導
産業医面談	ﾒﾃﾞｨｶﾙﾙｰﾑ	随時	服薬管理を含め、個別状況に対応
ｿｼｱﾙｽｷﾙﾄﾚｰﾆﾝｸﾞ(SST)	臨床心理士	月2回	ｺﾐｭﾆｹｰｼｮﾝｽｷﾙにとどまらず、社会行動をも含むﾄﾚｰﾆﾝｸﾞ。
(SST後)個別面談	臨床心理士	月2回	臨床心理士による個別聞き取りと指導
個人面談	管理者、臨床心理士	年1回	前年の振返りと当年の目標確認
個別支援ﾐｰﾃｨﾝｸﾞ	管理者、保護者、学校、就労支援	対象者のみ	重点指導が必要な社員対象に行う個別支援
ﾗ・ﾒｿﾞﾝｻﾎﾟｰﾀｰｽﾞﾐｰﾃｨﾝｸﾞ	関係者全員	年1回	会社からのｲﾝﾌﾟｯﾄとその年のﾎｯﾄな課題の共有および個々人の育成をそれぞれの関係者が確認
訪問支援	学校・就労支援・ﾊﾛｰﾜｰｸ	随時	こちらから要望する場合と先方からの依頼による場合とがある
OJT 1	管理者	随時	業務・作業支援
OJT 2	業務依頼部署担当者	随時	実際の作業手順の落とし込み
ジョブコーチ	東京ジョブコーチ支援室	20回	個々人別の課題に対応する支援
PCトレーニング	東京しごと財団	必要により	基本的なPC操作のﾄﾚｰﾆﾝｸﾞ

図３　教育プログラム

就労支援機関をはじめ社外のリソースを有効活用することで実現できるものである（図４）。

日報から始まり、数多くあるパーソナルスキルの育成につながるプログラムのなかで、最も有効であると考えるのがソーシャルスキルトレーニング（SST）である。SSTは「社会生活技能訓練」とも呼ばれ、コミュニケーションをはじめとする対人関係向上や社会適

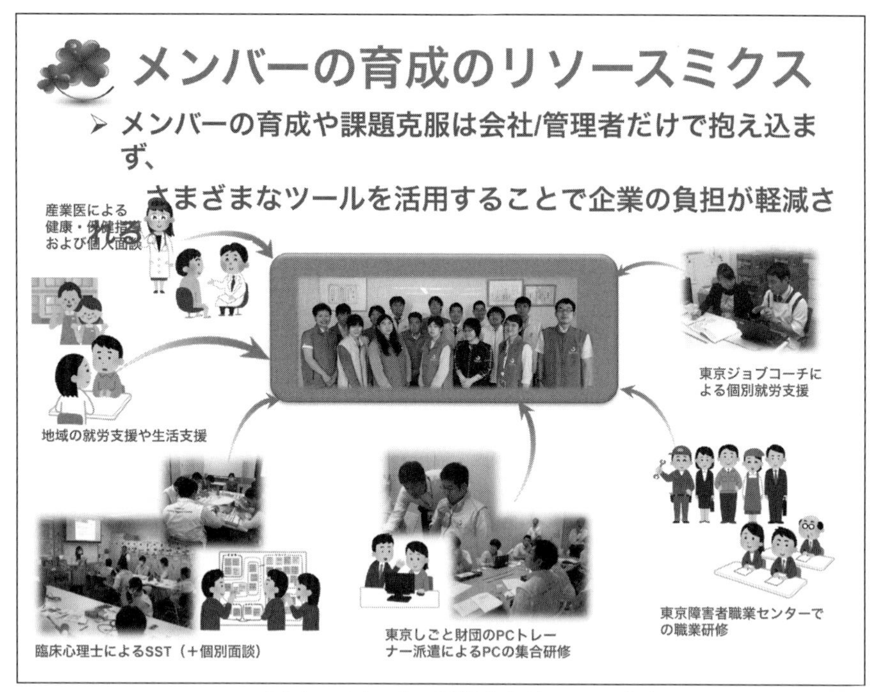

図4　メンバーの育成のリソースミクス

応に必要なスキルをトレーニングするものである。LMBCでは設立当初より契約臨床心理士が講師となって、月２回SSTを実施している。

◆ソーシャルスキルトレーニング（図５・６）

そもそも導入のきっかけは、入社したばかりのメンバーが悩みを抱えたまま口にすることができず、メンタル不調に陥るリスクがありそうだと、ハローワークのフォローアップで指摘されたことにある。それをきっかけに外部専門家によるサポートの必要性を感じ、コミュニケーションのトレーニングを当初の目的としてSSTの導入を決定した。実施プログラムはすでに180を超え、その対象はコミュニケーションだけでなく、ビジネスマナーはもちろんのこと健康維持のためのヘルススキルや余暇活動を含めたライフスキルにも及ぶ。その時その時メンバーが直面する課題を一メンバーの課題とせず、SSTで取り上げ全員で考え、学ぶのがLMBCのSSTである。一例を挙げれば、外部社員からメンバーのエレベーターの乗り方に問題があると指摘を受けたことがある。そうした際にはSSTの場で、どんなエレベーターの乗り方が迷惑になるのかをメンバー全員で考えるといった具合である。直近ではメンバーからのリクエストもあり、自立に向けた内容を取り上げることが多い。実際のトレーニングは、各メンバーが当月の目標や余暇活動について発表することから始まり、アイスブレイク、SSTと続く。今ではKJ法を使ったグループワークなどお手のもので、他のメンバーの意見を引き出し、まとめることができるメンバーも出てきている。

トレーニング終了後は、一人ひとりが臨床心理士と面談を行う。このとき、管理者には言えない悩みを臨床心理士に相談することもあるようで、臨床心理士との間にはしっかりとした信頼関係が構築されている。

こうした全人的な支援トレーニングを経て、我々は知的障がい者のブレイクスルーの瞬間を数多く見てきた。

ソーシャルスキルトレーニング

- 原則月２回
- トレーニングの他、ホームワークや月間目標のフォローをメールで行う
- トレーニングのタイムテーブル

時間	スケジュール	内容
13:30～14:15	目標・近況チャレンジ報告	毎月の月間目標と進捗状況、余暇活動を含む近況報告等を発表
14:15～14:30	ウォーミングアップ・ワーク	SSTにスムーズに入れるためにアイスブレイク的なワークを実施
14:30～14:45	休憩	
14:45～15:45	ソーシャルスキルトレーニング	その時々で課題になっているテーマを臨機応変に設定
15:45～16:00	まとめとホームワーク	その日のテーマで気づいたこと、学んだこと等を、パワーポイントにまとめる
16:00～17:30	個別面談	各個別の課題等の達成状況の確認や相談対応
17:30～18:00	事後カンファレンス	管理監督者との情報共有と個別課題の解決に向けた検討

SANOFI

図５　ソーシャルスキルトレーニング①

ソーシャルスキルトレーニング

- トレーニングの題材は多岐に渡り、個人的な課題を全員の課題として取り上げたり、メンバーからの要望によるものもある
- これまでの主なテーマ

コミュニケーションスキル			ヘルスケアスキル	ライフスキル
職場でのあいさつ	注意された時の対応練習	アサーショントレーニング	睡眠と生活リズム	身だしなみ講座
職場のマナー	話し中の上司に話しかける練習	相手の長所を見つけ、伝える	リラクセーション	金銭管理
指示の受け方とメモの取り方	上手なお願いの仕方	インタビュートレーニング	健康的な食生活	余暇活動を考える
質問の仕方	上手な断り方・話の切り上げ方	電話対応練習	医療機関の上手なかかり方	防災への備え
困った時の相談の仕方	上手な注意の仕方	雑談のスキルアップトレーニング	夏場の過ごし方	レクリエーションワーク（グループ外出計画）
職場でミスした時の対応と謝り方	自分から手伝いを申し出る	ビジネスメールの送り方	風邪の予防活動	イベントワーク（共同制作）
丁寧で正しい言葉の使い方講座	チームワークスキル向上レッスン	グループでの問題解決トレーニング	アンガーコントロール	LEGOによる創作ワーク
聞き上手になるためのレッスン	マナーマニュアル作成プロジェクト	接客対応練習（川越サマーフェスティバル）	ストレス対処講座	今後の生活ビジョンについて考える

SANOFI

図６　ソーシャルスキルトレーニング②

「アンガーコントロール」や「アサーション」といった比較的難しい内容ですら、パニックになりそうな場面で大きく深呼吸している姿を見たり、同僚に対して「○○していただけると助かります」と依頼している姿を目にするとトレーニングが実践されていると実感する。また、余暇活動や生活スキルに課題がある社員がそれらの課題を克服したことが自信となり、業務に大きくプラスの影響を与えるケースも見てきた。

今では、本来変化を苦手とするはずのメンバーが「自ら」業務プロセスをより効率的なやり方に変える提案をしてきたり、より高品質な仕上がりとなるやり方を工夫したり、弱点を道具でカバーするやり方を見つけたり、より使い勝手の良い書式を作ったりと、ポジティブな変化が数多く見られるようになってきている。また、一人がそうすることで、他のメンバーが触発されて新たな取組にチャレンジする連鎖がそこにある。

SST を通じて、対人トラブルを回避する術を身につけ、チームワークを活かすコツを学んだ。社会人として求められるルールやマナーを身につけ、自立に向けて歩んでいる。SST を通じて、一人ひとりの力が組織の成果につながり、そして、一人ひとりが働き続けられる社会人になるベースが築かれつつあることを感じる。

③ 特例でない、多様な業務への取組

リゾートトラスト株式会社東京事務支援センター長　北沢　健

（1）リゾートトラストグループの会社概要

リゾートトラストグループは、会員権事業を核に、幅広い領域で事業を展開する“総合リゾート企業グループ”であり、「リゾートトラスト株式会社」を柱にハイセンス・ハイクオリティを追求し、充実したホスピタリティを提供してきた当グループは、ホテルレストラン事業、ゴルフ事業、メディカル事業、シニアライフ事業、ビューティ事業など多岐にわたり、現在計31社、従業員数は約8千人、会員数は約17万人を超える。

（2）障がい者雇用のスタートから体制作り

2006年東京本社内に事務支援センターを設置し、障がい者に配慮された環境を設置する。2018年4月現在、85名の障がい者スタッフ（うち重度障がい34名）に対して16名のサポートスタッフを配置し、精神保健福祉士等も採用、配属社員には、企業配置型JC資格取得（4名）、障害者職業生活相談員（全員）など積極的に取得させる。障がい者スタッフの業務指導や面談、体調管理、行政支援機関との連携など、個々の特性に配慮された環境を作っている。全社として東京・名古屋・大阪・横浜の4拠点で事務支援センターを運営している。

東京人事総務部の一セクションとして実施しているので障がい者スタッフと健常者が同じフロアで働くことにより、一般社員にも障がい認知が浸透しており、多様性を認め合い互いに協力し感謝し合う関係が構築できている。このことが当社において特例子会社とせず、本社内で事務支援センターを設置した大きな理由である。

会社としても障がい者雇用の促進として、社内システムにおける広報の回覧や働き方改

東京人事総務部から事務支援

軽作業側

革における周知と会社パンフレット掲載、エコブック掲載（ホテル全室に設置）を行っている。また、会社ホームページにてCSR活動の一環として「障がい者雇用について」と「障がい者スタッフのインタビュー」を掲載している。

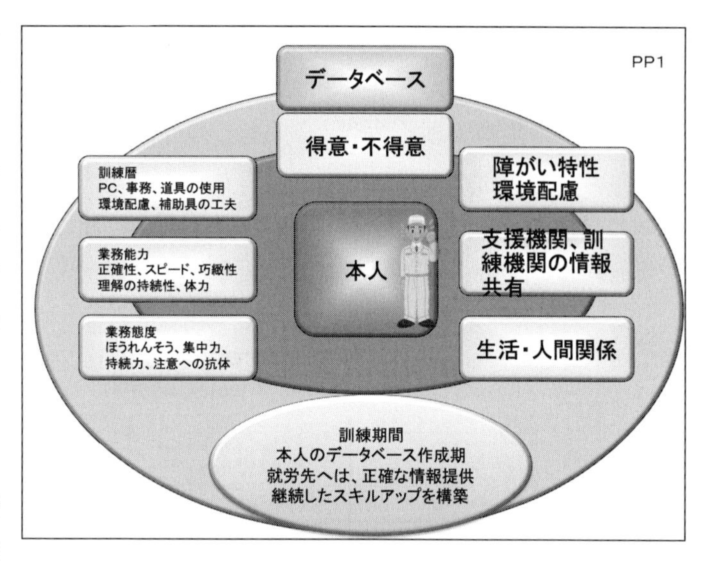

（３）採用から定着に向けて

採用は、ハローワーク渋谷、東京しごと財団の協力により委託訓練を実施し、東京障害者職業センター、区市町村就労支援センターとの連携を行う。特別支援学校も加え、年間で約100名の実習受け入れを行い、マッチングを強化して採用を実施し、体験的な実習、見学や研修の場としても提供している。支援機関や特別支援学校と連携を行うことで本人の障がい特性や訓練暦などを知り、能力が発揮しやすい環境設定、職場内配慮につなげることができている。学校や支援機関で培ったデータベースを会社でも活用できることで、実習生も安心して業務に臨むことができている。

年齢も10代から60代まで幅広い層に及び、取組み開始年度に採用したスタッフ10名のうち７名が現在も活躍している（平均就労年数5.52年）。

年に１回保護者会を開催、学校卒業の障がい者スタッフに対して支援機関との結びつきを強化するため、本人、保護者、支援機関、学校、会社が一同に集まり顔の見える関係づくりを行っている。家と会社の行き来だけでなく、余暇や生活の充実を図れるように支援機関を活用している。また、担当役員より５年ごとに永年勤続表彰を行い、モチベーションにつなげている。

障がい者雇用を開始した当初は、ダイレクトメールの発送を中心として行う、「DMルーム」を東京本社内に設立し、知的障がい者を中心に採用を続けていた。2008年に「DMルーム」から、「東京事務支援センター」に名称が変更され、名刺作成やＰＣデータ入力などの取扱い業務が増えたことにより、その後は、能力や適性などを重視した障がい種別を問わない採用を行っている。

（４）企業の生産性向上の一翼を担う

社内報を活用し、東京事務支援センターの役割や機能の周知などを積極的に行った結果、社内での認識が高まったことに加え、受託した業務に対する、丁寧で正確な仕事ぶりが評価され、次々に仕事が集まるようになった。外部委託していた業務を内製化することにより、経費削減や個人情報保護の強化につなげていった。

一方で、会社からは、『働き方改革による生産性の向上』という方針が打ち出されたこともあり、東京事務支援センターを一層活用し、社内全体の生産性をいかに向上させるかということを真剣に考える土壌が醸成されてきている。典型例としては、新規開拓する際に既存顧客との重複チェックや、事業所の地図案内、企業情報などを集約した社内システムチェック業務が新たに切り出されたことにより、営業マンは、本来の業務や質の高いサービスの提供に力を投入できるようになり、労働時間の削減にもつながった。また、受託した業務についても、定型で反復性のある作業を得意とする障がい特性を踏まえ、工程ごと

リゾートトラスト東京事務支援センター業務一覧

（2018年4月現在）

PP2

NO	業務名	NO	業務名	NO	業務名	NO	業務名
1	DM作成	31	節電、室温、湿度チェック入力	61	サンメンバストイレ清掃	91	契約書セット
2	宛名シール貼り	32	宅配便伝票入力	62	サンメンホテルベッドメイク	92	製本（社内参考書）
3	チラシ、資料　三つ折り	33	テプラ作成	63	サンメンホテル客室掃除	93	TBCCスパタオルたたみ
4	在庫管理（DM資材）	34	シュレッダー	64	掃除機コンベンションホール、IFサロン	94	TBCC経理伝票仕分け
5	宛名書き	35	シュレッダー用紙分け	65	サンメン廊下掃除機	95	TBCCレストランナフキンたたみ
6	宛名シール作成	36	シュレッダー用宛名シール貼り	66	サンメン階段清掃	96	TBCCゲートカート磨き
7	パンフレット訂正シール	37	シュレッダー回収	67	サンメン部屋チェック	97	TBCC駐車場清掃
8	戻りDM封緘・仕分け	38	TBCC　領収書　発送	68	サンメンタオルたたみ	98	TBCCブラシ洗浄
9	印刷　人事会社案内資料	39	郵便物配送・回収・投函	69	サンメンモップがけ	99	おりがみ折り
10	印刷　営業チラシ	40	ハスラー	70	サンメンポリッシャー	100	ウェルカムカード(折り紙)
11	印刷　研修用資料作成	41	報奨金　袋の押印	71	ボトルカード作成		
12	印刷　支社ツール	42	報奨金　並び替え	72	紙エプロン折り		
13	ポスター印刷	43	給与明細書並べ替え	73	床、椅子、カウンター清掃		
14	契約書製本作成	44	健康診断書類並べ替え	74	綿棒はがし		
15	PDF　スキャニング	45	ドアノブ、エレベーター消毒	75	ビニール袋折り		
16	PDF　書類チェック	46	アルコール消毒液の補充	76	駐車券仕分け・検品		
17	名刺作成	47	社内便の封筒作成	77	ボディーソープ入れ替え		
18	名刺梱包配送準備	48	加湿器クリーニング	78	AMC　化粧品サンプル　貼り		
19	名刺注文書NOリング・ファイリング	49	加湿器水補充	79	AMC　化粧品梱包		
20	名刺備品作成(梱包用)	50	紙コップ補充	80	化粧品プレゼント梱包		
21	受け取り名刺データベース	51	コピー紙の補充	81	AMC　チラシ切り		
22	TSRチェック	52	レイアウト変更	82	サプリメント　梱包		
23	SSナビ　PC入力	53	ペットボトルキャップ回収	83	お土産袋作成		
24	アンケート入力	54	休暇届書類作成	84	制服ボタン付け・刺繍取り		
25	会員制　成功事例入力	55	勤怠管理ボード作成	85	メモ帳作成		
26	VOID入力	56	名義変更申込書　押印	86	電話メモ作成		
27	訪問者記録入力	57	入会お礼状作成	87	リサイクル封筒作成		
28	申込書管理No入力	58	ポットお水入れ・お湯捨て	88	トイレットペーパー巻き		
29	切手の数え&データ入力	59	スリッパ修理	89	レストランお品書き		
30	TBCC請求書管理台帳入力	60	ぞうきん作成（ミシン）	90	サンキューカード入力		

常時200種類以上の業務を
分担して実行
本人の特性や能力に
合わせた業務
業務分析、細分化で
障害者の業務増大

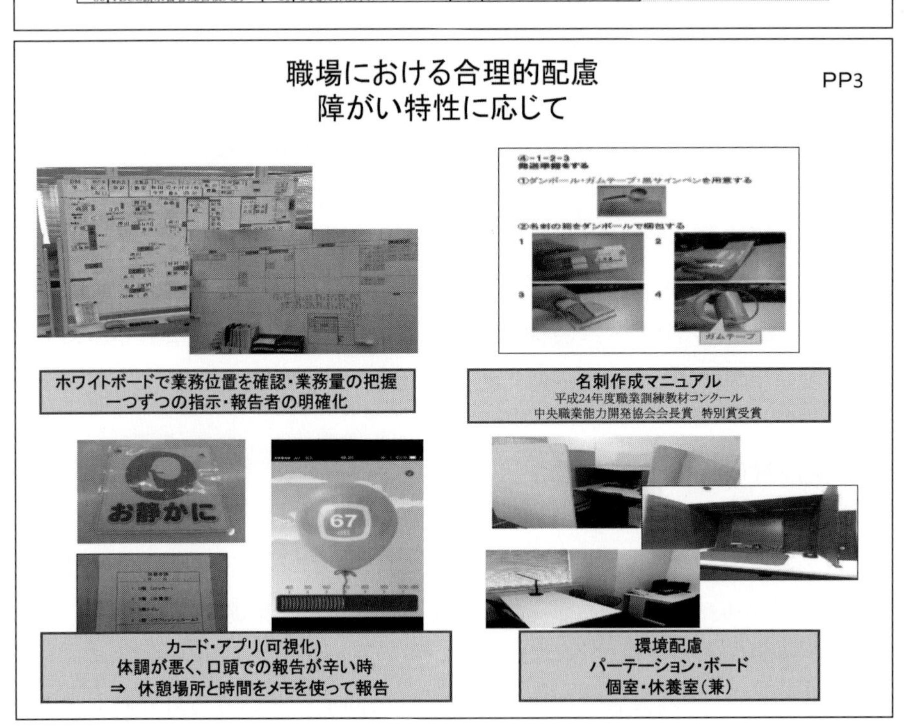

職場における合理的配慮
障がい特性に応じて
PP3
④-1-2-3
発送準備をする
①ダンボール・ガムテープ・黒サインペンを用意する
②名刺の箱をダンボールで梱包する
ガムテープ
お静かに
67
ホワイトボードで業務位置を確認・業務量の把握
一つずつの指示・報告者の明確化
名刺作成マニュアル
平成24年度職業訓練教材コンクール
中央職業能力開発協会会長賞　特別賞受賞
カード・アプリ(可視化)
体調が悪く、口頭での報告が辛い時
⇒　休憩場所と時間をメモを使って報告
環境配慮
パーテーション・ボード
個室・休養室(兼)

PP4

定期通院休暇制度の導入　医療機関との連携

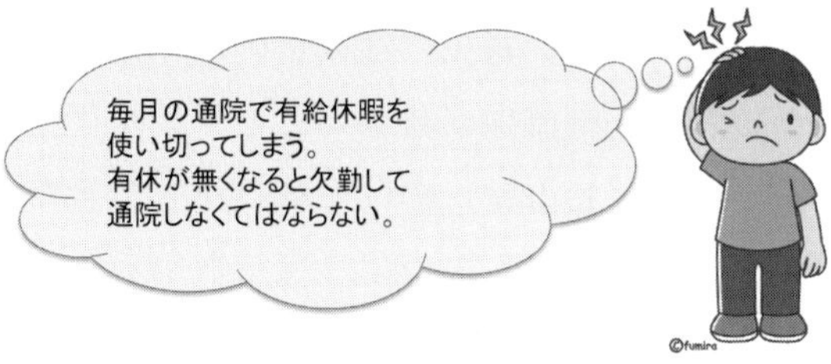

毎月の通院で有給休暇を
使い切ってしまう。
有休が無くなると欠勤して
通院しなくてはならない。

©fumiro

- 障がい者手帳を所持する社員を対象に、有給休暇とは別に通院休暇（特別休暇、有休）を付与する
- 利用は月に2日まで、年間最大12日
- 利用登録として手帳と医療機関の届出が必要
- 事前に利用申請をした上で、通院後領収書を提出
- 利用日数は年度ごとに更新される

に複数人で業務を切り分けるなどして、作業の正確性と効率化を図っている。特例子会社でなく、本社内の業務部門の一セクションとして事務支援センターを設置することで、全社の業務効率化、労務改善対策、環境対策と障がい者雇用を結びつけ、働き方改革を進めている。

（5）長く働ける職場環境作り

職場定着の取組としては、常時200種類以上の業務から、個々の能力や特性などを踏まえて作業チームを編成し、全体の工程管理をサポートスタッフが行うような体制を整えている。例えば、判断業務や非定型業務への対応を苦手とする場合は、無理させることなく障がい者スタッフの不安を取り除いている。また、多様な業務を経験させることで飽きずにやりがいをもって仕事ができるようにしている。

合理的配慮として各業務には、マニュアルがあり、各スタッフがオリジナルでリメイクできる環境も作っている。スタッフの相性や集中できる環境、チャレンジできる仕事を用意し、スキルアップとモチベーションのアップにつなげている。カードやアプリの利用、パーテーション、耳栓、ホワイトボードでの位置確認、複数指示が重ならない指示出し、報告者を明確にする配慮、業務量の見える化を行い、障がい者の個々の特性に応じて、業務をわかりやすく設定している。また、身体を動かしたほうが効果的なスタッフは、事務からホテル清掃へ、加齢に伴い体力が衰えたスタッフは、ホテル清掃から事務へ配置転換を行うことで就労の継続につなげている。

雇用形態も6.5時間のパート社員で採用し、その後、仕事のレベルに併せて７時間の準社員へ、さらには、８時間勤務の正社員へ登用するキャリアアップ制度もあり、モチベーションの維持・向上につながっている。また、加齢化や精神状態の悪化などの場合も、フレキシブルに勤務時間の変更をして４時間から6.5時間に戻すことも可能としている。

通院休暇制度は有給となっており、就職してすぐの障がい者スタッフの安心感や休暇の有効活用など定着に寄与している。

（6）今後の課題

ホテル事業の拡大に伴い、近い将来、従業員の増加が見込まれる。積極的な雇用を続ける一方、働ける障がい者の人材確保が難しいことや、全従業員数が増加した場合に、現在の拠点（東京・横浜・大阪・名古屋）だけではカバーできなくなるため、働く場所を新たに確保していく必要がある。現在、都市型リゾートホテルを中心として障がい者雇用を進めており、本社だけでなくホテル現場での雇用をスタートしている。当社が特例子会社でなく業務部門のセクションの一部として障がい者雇用を進めているのは、健常者、障がい者関係なく同じ社員として働くことを目指している。ホテルの現場で働くことによりお互いに感謝しあう環境が整う、障がい者スタッフがいることが当たり前の環境を作ることができる。ダイバーシティの視点からも学校、支援機関との連携を深め、障がい者雇用を広げていきたい。

4 サイゼリヤのチャレンジド定着支援
〜店長・パートリーダー研修〜

株式会社サイゼリヤ総務部チャレンジド雇用管理本部代表　山岸　健央

（1）会社概要と障害者雇用

株式会社サイゼリヤは、1973 年設立の埼玉県吉川市に本社を置くイタリア料理チェーン店である。店舗数は国内 1,085 店、海外 384 店で、従業員は準社員も含めて 11,650 名（2018 年８月）となっている。

店舗、CP 協議会

障害者雇用については、最初は肢体不自由の方を数名雇用していたが、店舗数増加とともに障害者の法定雇用数確保が難しくなり、不足分を納付金で対応していた。2000 年の東証一部上場を機に、障害者雇用の社会的責任（CSR の一環）として、雇用率確保を目的に店舗雇用の検討に入った。

知的障害者雇用を目的に、特別支援学校の実習を受け入れ、2002 年から第１期生が入社。

2004 年から名称を「チャレンジド雇用＝挑戦する人」に統一。毎年 10 〜 20 名程度の採用を行っている。

（2）研修会開催の背景

弊社の障害者（以下、チャレンジド）雇用は店舗雇用を前提としているため、①飲食業＝サービス業という難易度の高い作業体系、②１店舗に１名ずつの雇用形態、③特別支援学校卒の知的障害者を対象にしている、という特徴が挙げられる。現在、店舗雇用開始から 15 年が経過し、2017 年６月時点で事業所（店舗）数は 216 店舗、雇用数も本社・工場を含め 236 名に至る規模になっている。

現状の問題として、①雇用店舗の店長が分散しているため、知識習得や情報共有ができない、②店長が定期的に異動するため、チャレンジドとの信頼関係の構築が難しい、といった状況だった。そのため、2011 年に本社に「チャレンジド雇用管理本部」を設置し、情報の一元化を図るとともに、翌 2012 年から地域ごとに研修会を開催し、知識習得や情報共有の機会をつくり、チャレンジドへの負担軽減や店舗従業員の負荷やストレス軽減につながるように、企画・設計し運営している。

参加対象者は、雇用店舗の店長とパートリーダー（以下、チャレンジドパートナー＝CP）で参加規模（人数）は 20 名前後としている。

まず、設計時にチャレンジドを取り巻く環境と支援体制を考えた。チャレンジドの職場定着は企業のみでは成り立たず、出身学校や地域の支援センターのサポートが前提となっている。そのため、研修時も地域の特別支援学校の進路指導教諭や、地域支援センター担当支援員の方を来賓として招き、講義・講演や包括的なアドバイス等をしていただくかたちにした。

東京都では、西東京と東東京の各ブロックで年間２回の開催、西東京ブロックでは都立あきる野学園や都立南大沢学園、八王子就労・生活支援センター「ふらん」、西東京市障害者就労支援センター「一歩」、あきる野市障がい者就労・生活支援センター「あすく」等、多数の支援者の方々に参加していただいている。

（3）店長・CP 研修会の内容

＜第1部　講義・講演＞

第１部は知識習得を目的として、講義・講演を行っている。講演の内容は、特別支援学校教諭から「知的障害者・発達障害者の特徴と対応方法」、支援センター支援員から「地域支援センターの役割と対応事例」をテーマに、30 分ずつの講演をしていただいている。

第1部・・・講義・講演
1）　知的障害者・発達障害者の特徴と指導方法
　～特別支援学校の取り組みと企業側へのお願い～
2）　地域支援センターの役割と対応事例

第2部・・・グループディスカッション
1）合理的配慮について考える
　～法改正情報と店舗での合理的配慮とは～
2）　グループディスカッション
　～4～5名のグループに分かれてディスカッション～
　①　店舗のチャレンジド紹介
　②　強みと弱み（配慮事項）
　③　成功事例の共有
　④　学校や支援センターへの質疑・応答
3）発表
　～グループごとにリーダーがまとめ、発表～

雇用現場の店長や CP たちに専門的な知識を求めているわけではなく、チャレンジドと接するにあたり、「最低限必要な知識」を習得していただくことを目的に、講演内容を学校や支援センターとすり合わせしている。弊社の国内店舗 1000 店舗のうち、チャレンジド雇用店舗はそのうちの 20%であるため、店長として着任時、チャレンジド雇用が初めてという店長も存在する。そのため研修参加の優先順位は、「新任店長＞チャレンジド雇用初の店長＞ CP」という順で、雇用店舗から招集する。また毎年同様の内容で講義・講演を行っているため、店舗事情により、参加対象者を選べるようにもなっている。

＜第2部　グループディスカッション＞

第２部は、第１部の講義・講演での知識習得を経て、「より詳しくチャレンジドを知る」「より具体的にチャレンジドへの対応方法を考える」という目的で、４～５名のグループでディスカッションを行いながら進めている。弊社のチャレンジドは、入社年数や障害特性・程度により、４つの支援グループに分かれている（図１）。

採用前	定着期	成長期	成熟・加齢期
	18歳　19歳　20歳	21歳	30歳　40歳　50歳　60歳
実習～入社	入社～3年	3年～10年	10年～
特別支援学校卒業	労働時間確保（準社員→定時社員へ）	能力評価（目標管理）によるやりがい	健康管理 → 福祉への橋渡し
職場実習 支援センター登録	学校との連携（巡回訪問） 障害年金給付 社会保険加入	就労支援センター（巡回訪問） ジョブコーチ制度活用	生活支援センター 市区町村福祉課
実習支援 ・実習受け入れ ・保護者との面談 （サポート体制の確認） ・支援学校との関係作り	継続支援 ・今日を明日に繋げる・・・ ・個別の成長戦略策定 定着支援 ・まかせられる仕事の質量確保 ・チームの一員としての自覚	自立支援 ・能力給適用 ・社会適応力 ・経済観念 ・自己責任の認識 →支援センターとの関係作り	生活支援 ・就労支援から生活支援へ ・行政との連携、関係作り →居住地役所支援課、福祉課 →指定相談支援事業所
実習管理 ・実習評価表による申し送り ・就労移行支援計画 →学校から職場へ	勤怠管理 ・社会人としてのマナーを覚える ・連絡帳での報連相 ・社会保険加入時に保護者面談	目標管理 ・チャレンジド面談 →能力評価基準 （評価、昇格・昇給）	健康管理 ・健康診断受診 ・チャレンジド・保護者との面談 →労働時間数、職種、職場変更検討
	入社→職場定着へ	社会保険加入 能力評価開始 ――――→	

図１　チャレンジドのライフサイクルプラン

グループディスカッションでは、来賓の特別支援学校教諭や地域支援センター担当支援員をアドバイザーとして配置し、進行していく。支援グループごとに分かれているため、事例や対応方法がより具体的で、すぐに店舗で実施できるようになっている。

当初チャレンジド雇用は個別対応が多く、成功事例の共有は難しいと判断していた。しかし、チャレンジド個々の性格や特徴を知ることにより、それに類似する事例や対応などはヒントになることがわかった。また、店長やCPからも「いろいろな対応の引き出しをもつことで安心感を得られた」との意見もいただいている。

（4）店長・CP研修会を通じて ～雇用店舗と管理本部の関係を考える～

雇用店舗向けの研修会（店長・CP研修会）の開催を始めてから５年目に入る。雇用現場（店舗）と本部（チャレンジド雇用管理本部）の関係性がどのように変化したのか、振り返っ

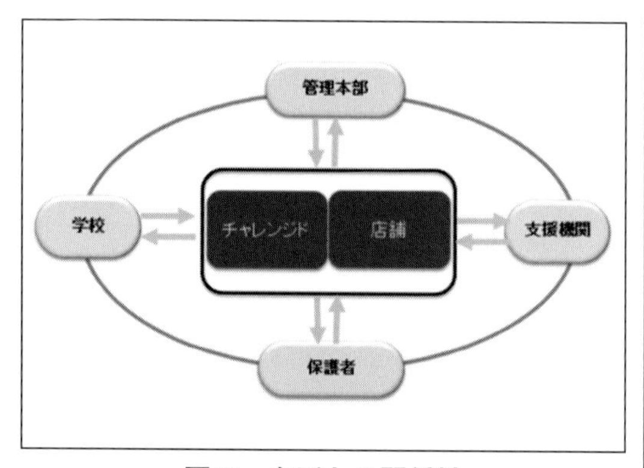

図２　各所との関係性

支援のあり方（基本）

職位別内訳		支援方法と管理		
正社員	2	生活支援	60	健康管理
定時社員	176	自立支援	71	目標管理
		定着支援	65	時間管理
準社員	38	継続支援	20	勤怠管理

継続支援・・・今日を明日に繋げる、個別の成長戦略策定
定着支援・・・任せられる仕事の「質」「量」確保
　　　　　　チームの一員としての自覚
自立支援・・・能力評価適用（能力給）
　　　　　　社会適応力・経済観念・自己責任の認識
生活支援・・・健康・生活面のサポート、行政・福祉との連携

図３　店舗雇用チャレンジドの内訳

てみたい。

図２のように、雇用店舗もチャレンジドと同様に「支援を受ける側」という認識ができた。雇用店舗で相談したいこと、問題や課題などは、まずチャレンジド雇用管理本部へ相談し、チャレンジド雇用管理本部が案件により、誰と連携していくか、対応方法を決める。またその都度、内容を学校や支援センター・保護者と共有することで、より強固な支援体制を構築していく。

弊社の業態である飲食サービス業は日々お客様と接し、商品やサービスに満足していただき、再来店に繋げることを目的としている。チャレンジド雇用を通じて接客の基本＝「相手の立場に立ったものの見方、考え方」を学ぶことができ、結果として店舗への貢献、ひいては会社全体の貢献に繋がっていると感じている。

最後に、私たちチャレンジド雇用管理本部と雇用店舗が事例から学ぶ教訓（反省）として掲げている10か条を以下に記し結びとしたい。

＜事例から学ぶ教訓＞

対応の基本は寛容と忍耐

1　指導者を特定する
2　失敗をなじらない
3　小さな習得を見逃さない
4　好き嫌いに振り回されない
5　異常行為にジタバタしない
6　一人前扱いの落とし穴
7　母親になれない母性の限界
8　問われるのは、我々のコミュニケーション力
9　自分が変われば相手も変わる
10　接客の基本「相手の立場にたったものの見方、考え方」をチャレンジドに学ぶ

株式会社三越伊勢丹ソレイユにおける重度判定者の雇用と定着
～異能の才は企業の大戦力～

弘前大学大学院教授　菊地　一文

（1）はじめに

株式会社三越伊勢丹ソレイユは、社員の90％が就労継続支援Ｂ型事業所出身者であり、企業への就労移行が難しいとされてきた中・重度といわれる知的障害者の人材育成に努め、戦力としていることがその大きな特徴である。以下、前四王天正邦代表取締役社長に代わって、これまでの同社の取組を紹介するとともに、キャリア発達支援の在り方について考えてみたい。

ソレイユで働くスタッフ（左上端が四王天社長）

（2）株式会社三越伊勢丹ソレイユの取組の概要

①　業務の根本方針と内容

同社は2005年に特例子会社として設立され、現在に至っている。

同社の障害者雇用の目的は、「障害者の能力を活用し、三越伊勢丹（親会社）の業績向上を図ること」である。雇用は義務感からではなく、あくまでも経営力向上のためであり、三越伊勢丹の社員は障害の有無にかかわらず、会社の利益のために働いてもらう人材と捉えている。業務の根本方針を「本業に直結する業務を担うこと」とし、親会社の業務の切り出しにより双方の効率化を図るワークシェアリングを進めてきている。具体的には、障害者と健常者、それぞれが持つ優れた能力をそれぞれの得意な分野で発揮するよう、これまで親会社で誰かが必ず行っていた業務を分け、健常者は瞬発的な対応や創造が求められる企画や接客業務などに、障害者は正確性と持続性が求められるシンプルかつ反復的な作業に取り組めるようにしている。

また、社員の存在を親会社内で認識してもらうために、彼らの働きが百貨店業務に深く関連し、それがいかに売り上げ向上に貢献しているかを示すよう努めてきている。これらによって、企業としての全体の生産性の向上につなげている。

業務内容のポイントとしては、①人の手でしかできない、②単純反復的、③工程が少ない、④納期が長い、または無い、⑤失敗しても影響が少ないことが挙げられ、さまざまな作業要素を含む100種類以上の業務を社員全員が毎日ローテーションで作業するようにしている。すなわち、本人の強みを踏まえ、持つ力を発揮できるたくさんの仕事をとおして「役に立つ」「認められる」ことを感じられるようにし、責任感や達成感を高めるとともに、豊富な仕事のバリエーションにより、能力を引き出し、高めているのである。

② 体制と指導・支援

同社では、個々の実態に対応した業務マニュアルと誰が担当しても精度の高い仕上がりとなるジグ（補助具）によって個々の業務にかかる能力を育成している。具体的には、業務の習得の仕方や課題は、それぞれの実態によって異なるため、業務マニュアルを画一的なものとせず、個々に応じて作成している。また、マニュアルは本人が多様な業務のポイントを意識して覚えていくためのツールとして、本人が指導員のアドバイスを受けながら記述する形の「活用できる」ものとなっている。

特別支援学校の作業学習においては「本人が活用できる」マニュアルであるよう留意するとともに、ジグを含め、優れた製品づくりをするという目的のみに陥らないよう、生徒に対する「育てたい力」を意識した計画・実施が求められる。これらの体制や指導及び支援には、他にも参考となるノウハウがたくさんあるが、四王天氏は何よりも失敗をおそれずにチャレンジする姿勢や態度の育成が必要であると述べている。そのことは次に挙げる採用方針にも示されている。

③ ソレイユの採用方針

同社では、採用前の実習中にチェックするポイントとして次の３点を挙げている。

〇将来働いてお金を稼ぐ意欲

〇技術の巧拙より、仕事に真面目に取り組み、あきらめない姿勢

〇指導員から素直に業務を教わろうとする態度

これらを踏まえ、同社では、就労継続支援Ｂ型事業所（以下、Ｂ型事業所）を高い作業能力を有する人が埋もれている人材の宝庫と捉えており、いわゆる中・重度の障害者は、時間がかかるが、必ず成長する人材として、長期展望でじっくり育てている。四王天氏によると、現在は不十分でも、将来成長する可能性があれば採用するとのことであり、卒業時に不採用であった者に対しても、その後、Ｂ型事業所で働く姿を見て、成長が見込める者を採用している。

ともすれば、学校教育において私たちは児童生徒の能力を限定的に捉えてしまっていることはないだろうか。同社の採用姿勢からは、彼らの可能性を信じ、そして認めることの大切さや、学校教育段階において、採用におけるポイントとして挙げられたことの土台をどのように育成していくかが問われているように思われる。

（3）学校教育に求められること

同社では、学校教育に求められることとして次の８点を挙げている。

① 生徒と関わる頻度・時間の拡大

→ 導きの第一歩は信頼関係構築から。特別支援学校生の成長度は数値で表せない、だから日々のアセスメントが重要である。教師自身の時間とエネルギー配分を見直し、対生

徒に全神経を注ぐ。

② プロフィールの把握

→ 本人を取り巻く環境は、行動に大きな影響を与えている。立体的な評価が必要である。

③ 「失敗体験」こそ教育の宝庫

→ 失敗自体を咎めてはいけない。叱責すると本人は委縮・隠ぺいする悪循環を生む。「失敗しました」という報告行為は評価が高い。「どこが失敗なの？」「よく気づきました！　素晴らしい！」「どうしてこうなってしまったんだろうね？」「次はこうしてみようか」などの働きかけを。

ジグを活用して高いクオリティに仕上げる

④ 障害特性を活かす指導

→ 健常者が不得手の単純反復作業性で優位に立つ。スピードよりも正確性を。

⑤ 概念で上限を定めない

→ 障害者は自発的に学習し、向上しようとする意識が弱いかもしれないため、レベルを上げていくには他からの働きかけが必要である。指導する者が「これくらいでいいか」と思うと成長は止まる。

このことについては、例えば「書字」を例に挙げ、ひらがな、カタカナ、数字などを教え、その形がいびつだったり、大きさが不揃いだったりしても、覚えられたことで満足してしまうことを指摘している。また、「字を書ける」のと「綺麗に書ける」では意味が違うため、字を覚えられたら、次は綺麗に整った形にする。その次はさらに小さく書いてみる、と次のレベルを要求していくことが必要であるとしている。スモールステップの手法に通ずるものだが、「スキル」だけではなく、目標を具体化し、高めていくことにより、他者からの求めに応じた達成感を積み重ねていくことによる「意識」や「態度」の育成につながっていくことを示唆しているのである。

⑥ 「場・時間・相手」の認識に関する指導

→ 同じ行動でも、その場と時間、相手によって評価が異なる。例えば、家庭と職場（学校）、仕事と休憩、友人と上司（教師）

⑦ 「作業学習」の目的の再確認

→ 高いスキルを身に付けることだけが目的ではない。その作業を通して生徒に何を学ばせるか、何を身に付けてもらいたいかを見失わないように（スキルは就労してから企業が指導すべきこと）。育てたいことは、集中力、忍耐力、向上心、探究心、報告、反省、仲間との協力、聞く姿勢、物や道具を大切にすることなど、多様にある。良い製品を作ることが目的ではない。製作過程での困難さ、失敗、反復練習から学ぶことが大切（特別なジグは不要）。

⑧ 「指示」から「問いかけ」へ、Teach から Education へ

→ 知的障害者は指示待ち姿勢になりやすい。それは、教え手がすべて正解を示してしまうからである。思考や判断を大切にし、「次は何をやるんだっけ？」「そういうふうにやったらどうなると思う？」「この前の作業で失敗したのはどこだったかな？」「今日の作業学習に必要なものは何ですか？」「中途半端に終わったらどうしたらいい？」などの問いかけを。

最後に、四王天氏が挙げている人のモチベーションを上げるために留意すべき事項を紹介する。ここには障害の有無にかかわらず、人材育成において大切なことが示唆されている。

①相手に「興味」・「関心」を持つこと。
　その人がめざしていること、壁を乗り越えてきたこと、行動の背景にあるものに目を向ける。
②相手を「承認」すること。
　その人の到達点を認める。変化や成長、成果を伝える。
③相手に「期待」をこめて「リクエスト」すること。
　その人の成長のために、より高い次元を求める。

私たちは「障害があるからできない」と考えてしまってはいないだろうか。彼らには「教わっていないからできない」ことがあるのである。すなわち、私たち自身があらためて学習機会や教え方の問題などの「障壁」を意識し、解消していく必要があると考える。

（3）おわりに

可能性を信じ、「できる」状況と「やりがい」がもてる環境をつくることは、特別支援学校本来の姿であるはずである。しかしながら、できないと決めつけてしまい、学校教育において経験するべきことを限定的に捉えてしまっていることはないだろうか。あらためて一人一人の学びや経験の質を高め、幅を広げていくことが求められる。

四王天氏による「学校教育に求められること」は、まさに「十分な教育」をめざすうえで重要な視点であり、特に「指示」から「問いかけ」へ、Teach から Education への箇所については、「教え込み」ではない、「教え育てる」教育の必要性を示唆するものであり、「キャリア発達」を支援するうえで、不可欠なポイントである。

改めて彼らが思考・判断し、気づいたり対処したりするための「問い」を含む「対話」に努めるとともに、「適切な指導及び必要な支援」とは何かを再考する必要があると考える。

付記：本稿は下記の文献を加筆修正したものである。

【文献】

菊地一文（2017）雇用の現場やコラボレーションから学ぶキャリア発達支援：第 4 回　企業における人材育成の取組①　異能の才は企業の大戦力 . 実践障害児教育 Vol.525，学研プラス .

第2章 関係機関との連携による就労・生活支援の一体化

第1節 就労支援機関による定着支援

1 教育と就労支援機関との連携 ～過去・現在・これから～

大田区立障がい者就労支援センター支援調整担当（就労）　小林　善紀

（1）はじめに

大田区の就労支援センターが現在の障がい者総合サポートセンターに移転して３年が経つ。それまでとは運営の仕方も大きく変わった。区直営で区の職員が就労支援を行ってきたが、移転と同時に社会福祉法人へ就労促進（就労移行）、就労定着、職業相談、職業評価、たまりば事業の直接支援を委託している。そして、大田区の特徴でもあるネットワーク事業については引き続き区の職員が担当することになった。

大田区就労支援センターは、正式に運営を始めたのが平成20年。障害者基本法の施行後、障がい者を取り巻く環境が著しく変化する最中であった。後段で述べるが、大田区はその頃すでに、知的障がい中心の就労促進、就労定着に力を入れ実績を伸ばしていた。就労促進担当者会議を中心に「どこの施設からも希望する人を一般就労に」とのコンセプトのもと、各就労支援機関の取組を区が一緒に行う“連携システム”就労支援ネットワークが機能していたのである。

またこの頃は、支援対象の障がい者（児）が大きく変わり始めた時期でもあった。特別支援学校の多くの支援対象である軽度知的障がい児の増加、発達障がい児の増加は昨今の普通教育、特別支援教育に少なからず影響を与えている一因でもあるといえる。表１は、平成29年４月末の東京都療育手帳の取得状況である。

表１から読み取ることができることとして、明らかに軽度、特に４度の増加が目立つこ

とである。また、表２は全国の療育手帳の取得状況であるが、中軽度の伸びが大きいことがわかる。

表１　知的障害者「愛の手帳」の交付状況（月末）

（平成29年４月）

	障害程度別交付数					新規交付数	返還数
	総数	１度（最重度）	２度（重度）	３度（中度）	４度（軽度）		
総数	85,851	3,066	20,725	21,284	40,776	244	43
0〜6歳（就学前）	2,041	60	356	620	1,005	63	1
6 〜 17歳	13,536	211	1,822	3,466	8,037	121	5
18歳以上	70,274	2,795	18,547	17,198	31,734	60	37

資料：東京都心身障害者福祉センター

表２　療育手帳交付台帳登載数、障害の程度×年度別

各年度末現在

年次	総数		A（重度）		B（中軽度）	
	18歳未満	18歳以上	18歳未満	18歳以上	18歳未満	18歳以上
昭和60年度（FY1985）	122 300	183 867	59 814	93 192	62 486	90 675
平成２年度（FY1990）	115 602	273 075	55 892	131 930	59 710	141 145
7（FY1995）	113 700	363 576	53 604	175 068	60 096	188 508
12（FY2000）	131 327	438 291	61 173	209 436	70 154	228 855
17（FY2005）	173 438	525 323	73 761	248 047	99 677	277 276
22（FY2010）	215 458	617 515	73 455	282 879	142 003	334 636
23（FY2011）	226 384	652 118	74 453	294 827	151 931	357 291
24（FY2012）	232 094	676 894	73 416	302 243	158 678	374 651
25（FY2013）	238 987	702 339	72 530	309 157	166 457	393 182
26（FY2014）	246 336	728 562	71 637	316 467	174 699	412 095
27（FY2015）	254 929	754 303	71 455	322 791	183 474	431 512
28（FY2016）	262 702	781 871	71 444	329 447	191 258	452 424

資料：政策統括官（統計・情報政策担当）「福祉行政報告例」
注　：平成22年度末は、東日本大震災の影響により、福島県を除いて集計した数値である。

さらに次の表３・４は、平成29年１月総務省による発達障害者に関する行政評価・監視結果報告である。発達障がいのある児童生徒は、10年前に比べ大幅な伸び率となっている。

表３　文部科学省の「通級による指導実施状況調査」の結果による「通級による指導を受けている児童生徒数」のうち発達障害（自閉症、学習障害、注意欠陥多動性障害）のある児童生徒数

区分＼年度別	平成18年度	27年度	倍率
自閉症	3,912人	14,189人	3.6倍
学習障害（LD）	1,351人	13,188人	9.8倍
注意欠陥多動性障害（AD/HD）	1,631人	14,609人	9.0倍
計	6,894人	41,986人	6.1倍

出典：厚生労働省行政評価局（2017）「発達障害者支援に関する行政評価・監視　結果報告書」
注　：文部科学省の資料に基づき、当省が作成した。

表４　厚生労働省の「患者調査」及び「精神保健福祉資料調査」の結果による発達障害者の数

（単位：人）

区分＼調査別	患者調査（推計値）（平成 26 年 10 月）	精神保健福祉資料調査（平成 25 年 6 月）
総　　数	195,000	1,418
自閉症、アスペルガー症候群、学習障害（LD）等	144,000	1,259
注意欠陥多動性障害（AD/HD）等	51,000	159

出典：厚生労働省行政評価局（2017）「発達障害者支援に関する行政評価・監視　結果報告書」
注：1　厚生労働省の資料に基づき、当省が作成した。
2「患者調査」欄の数値は、医療機関に通院又は入院している自閉症、アスペルガー症候群、学習障害及び注意欠陥多動性障害の推計値である。
3「精神保健福祉資料調査」欄の数値は、平成 25 年 6 月の 1 か月間で精神障害者保健福祉手帳の交付を受けている発達障害者の数である。
4「自閉症、アスペルガー症候群、学習障害（LD）等」は、ICD-10（疾病及び関連保健問題の国際統計分類）における「心理的発達の障害（F80-F89)」に含まれる障害である。
5「注意欠陥多動性障害（AD/HD）等」は、ICD-10 における「小児<児童>期及び青年期における通常発症する行動及び情緒の障害（F90-98)」に含まれる障害である。

これらの表からも明らかであるように、支援対象児の変化は教育分野に少なからず影響を与えている一因でもあり、同時に学卒後の支援としての我々、就労支援機関にも大きな影響を与えているのである。

（2）就労支援ネットワークの経過

ここで少しネットワーク事業の説明をさせていただく。大田区の就労支援ネットワークは自立支援協議会就労支援部会、就労促進担当者会、就労移行支援事業所連絡会、職場体験実習実行委員会の４つになる。

その中でも就労促進担当者会議（以下、就担会）は歴史があり、そのはじまりは昭和 50 年代に「どの施設からも就労を望む人は一般就労できるように」と一つの作業所からの取組がきっかけであった。当初は区営施設中心で始まった就担会は民間施設の加入、養護学校（当時）、ハローワーク、福祉事務所や広域の都就労支援機関と構成員を拡大してきた。月１回の定例会では求人・雇用情報の共有、各施設の支援状況の報告・検討、様々な企画の運営を行ってきた。特別支援学校との具体的連携については、この就担会の参加、各企画への参加を通して、企業とのパイプの強化、雇用先拡大が一層進んだことも大きな成果の一つである。現在も月１回のペースで会議を行っているが、福祉、教育、労働、行政が参加する重要な就労支援ネットワークの一つとなっている。

その後、移行支援事業所連絡会、職場体験実習実行委員会が立ち上がっていくわけであるが、職場体験実習実行委員会は自立支援協議会就労支援部会（当時は精神障害者の就労支援部会）による地域課題の調査がきっかけでの発足という特徴がある。この就労ネットワークのそれぞれに特別支援学校の先生に構成員になっていただきご尽力いただいている。

（3）就労者を支える仕組み

就労支援ネットワーク会議での課題検討、事例の蓄積により、就労支援の仕組みがかたちとなり、学校との連携、就労定着の手法、事業を組織として行うなど、現在の取組が確立されていくことになる。ここで大田区の就労者を支えるシステムについて紹介する。

① 在学中からの特別支援学校との連携

ア）卒業後の支援＝個別移行支援計画に基づいて

・卒業後１年目は、学校側主導で同行訪問

・２年目以降は、徐々にセンター主導に切替え

・３年間で就労定着支援を引き継ぐ

イ）在学中からの連携

・職場実習の同行　　・求職登録の同席　・職場開拓の連携

・卒業後の就労定着支援登録に伴う説明会 → 登録

② 就労定着支援

ア）定着のための就労支援

・会社訪問 → 就職時　頻度多く
→ 安定期　３～６カ月ごと

・課題解決支援 → ジョブコーチ活用等

・リセット事業（在職のまま再訓練）

・離職時支援 → 退職の時機の判断／本人・企業の傷
→ 保険・年金の手続き支援

イ）定着のための生活支援

・家庭・生活支援機関・行政・企業と連携
例えば…勤怠・借金・悪徳商法・男女関係・犯罪・家庭問題・将来設計・年金申請等々

③ 就労者自助活動支援事業

・通称「たまりば」：毎週金曜日 17：30 ～就労支援センターを開放
仕事の後、仲間と出会い、ほっとする場、明日からの元気をもらえる場。仲間づくり、生活の広がりのきっかけにも。

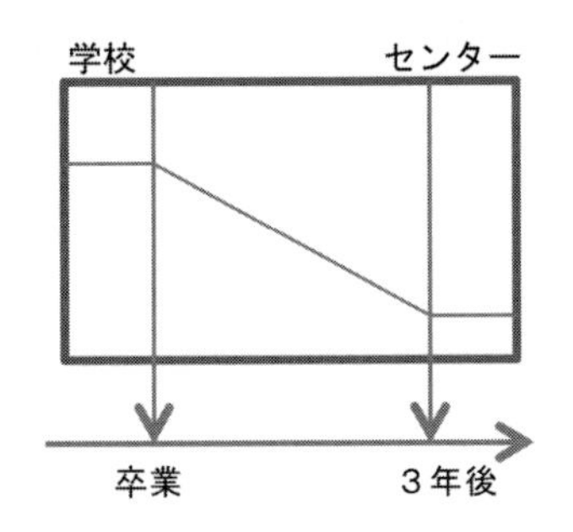

さて、就労定着支援システムについて紹介させていただいた。表５は、平成 22 年以降の高校卒業生の就労定着にかかわる状況である。年度によってばらつきはあるものの、３年後も 70％以上の定着率となっており、90％以上の定着率の年度もある。また、離職後に支援継続をすることで、再就職につながっているケースも見られ、就労支援がシステマティックに動いている効果の一つでもあるといえる。

表５　高卒者の就職定着状況

卒業年度（平成）	22	23	24	25	26	27	28
就職者数	14	21	25	33	21	31	30
３か月定着数	14	21	25	33	20	29	30
３か月定着率	100%	100%	100%	100%	95%	94%	100%
３年定着数	14	16	20	32	15	-	-
３年定着率	93%	71%	80%	97%	71%	-	-
現在定着数	13	17	21	30	17	30	30
再就職者数	0	4	1	1	2	1	0
現在定着率	93%	81%	84%	97%	80%	97%	100%

こういった、就労定着の取組を就担会等のネットワークで、報告し検討を重ねることで、区内事業所の支援力のレベルアップ、新たな雇用人材の発見等につながり、教育機関、企業、ハローワーク等との連携の強化を進めることになった。

（4）就担会の成果

次に、就担会で雇用情報の提供・共有、就労定着支援についての報告、課題検討を重ねた結果、参加機関に効果があったことをまとめる。

【組織】
- ・行政の継続的なかかわり
- ・事業所が活用できる横断的なつながり
- ・組織としての経験蓄積
- ・教育、労働機関とのつながりの強化

【就労希望者・就労者】
- ・どの事業所からも就労できる体制
- ・複層的支援（事業所とネットワーク）

【就労支援担当者・学校進路担当者】
- ・活用できる情報の収集
- ・就労支援スキルの向上
- ・関係機関間の連携・協働の促進
- ・就労支援の課題・工夫の共有
- ・相談できない「孤立感」、専任としての重責の軽減

【企業】
- ・ネットワーク支援での安心感・信頼感
- ・企業支援の強化

これまで説明してきた就担会であるが、就労者を組織的に支える定着支援の在り方、情報交換・共有や事例検討等により「支援力」の強化の一助となり、今日まで継続できていることが何よりの強みである。支援対象の障がい者（児）の変化により、就労支援も多様化、個別化しているが、今後も学校や支援機関の担当が、迷い過ぎず、孤立化せず支援を続けられるようサポートできる就担会であるよう努力を続けていきたい。

（5）就労支援と生活支援

就担会では毎回、それぞれの事業所が行った支援状況を報告してもらっている。その中には、就労部分のみではなく、生活面での報告も少なくない。昔からある整容の問題や人間関係トラブルの他に、最近はインターネットでのトラブルが増えている。出会い系サイトやオンラインゲーム、ネットショッピング等々。問題が大きくなってから発覚することもあり、本人も支援者も冷や汗ものである。

また、行動を怪しまれて職務質問を受けたり、スマホで撮った写真が思わぬトラブルになることもある。被害者側になるばかりではなく、加害者になることもある。過度な情報社会といわれ、本人が思いもよらないことに巻き込まれてしまうこともある。最初に本人たちの異変に気づくのは家族や生活支援者ばかりではなく、企業だったりする。何か問題が起こってからの対応から、何か問題が起こっていないか確認する支援へ変化が求められている。

就労と生活は車の両輪とよくいわれるが、就労継続にはまさにそのバランスが大切である。

(6) 就労支援ネットワークに求められるもの

就労者を支えるネットワークに今後、課題とされるものを整理したい。まず一つ目は、前半にも述べたように支援対象者の変化、拡大への対応である。軽度知的障がいや発達障がいが増える中、彼らが不得意とするコミュニケーションや不安や緊張への対応も支援の大切な部分になってきた。まさに多様化、個別化の支援になる。もう一つは、増え続ける就労定着への対応である。平成29年度末、大田区内で支援機関が支える就労者は700人を超えている。個々の対応が求められる一方で、今後も増え続ける就労者をどう長期間支えるかが大きな課題となっている。さらに、就労者を支える支援機関における福祉人材不足の問題がある。今や福祉といわれる機関、どれをとっても人材確保が喫緊の課題となっている。

(7) おわりに

2018年度以降、障害者総合支援法での就労定着支援事業が始まった。その対象者は、就労移行支援事業所や就労継続A型、B型などの施設から就労に結びついた人たちである。定着支援事業の指定を受けた事業所が3年間を上限に就労定着支援を行っていく。具体的には、月1回以上の対面面談、企業訪問（努力義務）が行われる。

一方で、特別支援学校や普通校等から直接、就労した人はこの事業の対象外になっている。そのため、今後も区市町村障害者就労支援事業でのサポートになる。似て非なりの就労支援事業が2つ存在することになるわけである。今まで同様に支援してきた対象者が、制度上は別の支援になる。現在の区市町村就労支援事業での就労定着、新たにできた総合支援法上の就労定着との棲み分けの課題や3年間の支援が終わったらどうするかなど、見えている課題だけでも山積している。

支援制度が変わる際にはいつも、就労者、支援機関とも混乱することから、支援機関と教育、労働とのより強固な連携が求められる。

しかしながら、我々の第一の目的は「就労者が安定した就労を続けること」にある。そのためにも「支援の質」を大切にしながら、今後も、就労者を支える就労支援ネットワークの強化・充実に努力していきたい。

２ 世田谷区における障害者就労支援事業

社会福祉法人東京都手をつなぐ育成会
世田谷区立障害者就労支援センターすきっぷ施設長　西村　周治

（１）世田谷区の障害者福祉の状況

世田谷区は東京23区の西南端に位置し、23区中２番目に広い面積の区である。また、23区で最も人口が多く、平成30年には90万人を超えた。

区内には日本で最も古い肢体不自由特別支援学校である都立光明学園、最も古い知的障害特別支援学校である都立青鳥特別支援学校、日本で２番目に古い精神科病院である都立松沢病院などがあり、学校からの卒業者や病院の入退院者の支援を担う機関として、古くから障害福祉関連施設が公私の別なく設置されてきた。区内の障害者手帳取得者は平成28年３月現在、身体20,173名、知的4,238名、精神4,911名となっており、難病7,397名も含め周辺他区市に比べ障害者人口が多くなっている。

それらを支える地域資源として、介護系サービス、就労系サービス、地域活動支援センター、相談支援事業所、グループホームなど多岐にわたる事業所が整備され、今後もニーズに応じて増えていくことが見込まれる。

（２）世田谷区立すきっぷの設立と世田谷における障害者就労支援事業の変遷

①　すきっぷ設立の背景

世田谷区立障害者就労支援センターすきっぷ（以下、すきっぷ）は、知的障害者福祉法に基づく知的障害者通所授産施設として平成10年４月に開設された。当時の通所授産施設には通所年限等は設けられていなかったが、すきっぷは開設当初より通所年限を２年間と設定し、通所期間中の訓練により一般就労をめざす事業形態をとり、現在の就労移行支援事業のモデルとなった事業所である。

平成10年という年は、改正障害者雇用促進法の施行により知的障害者が雇用義務の対象となり、雇用率が1.6%から1.8%に引き上げとなった年である。そのような大きな変化があった年に、知的障害者が一般就労をめざす施設としてすきっぷが開設されたことは、時代の趨勢に応じたものであったといえる。

平成11年には世田谷区が独自に設置した「世田谷区知的障害者就労支援事業」として、「すきっぷ就労相談室（以下、相談室）」が開設された。この事業は、世田谷区内在住の18歳以上の知的障害者で一般企業等への就職を希望する者、または就労中で定着支援を必要とする者を対象とし、職能評価、求職活動、定着支援等の就労支援を行うものである。

平成10年より知的障害者が雇用義務化されたが、まだまだ知的障害者の企業就労は一般的ではなく、特に大企業での採用は少なかった。平成11年より障害者トライアル雇用制度

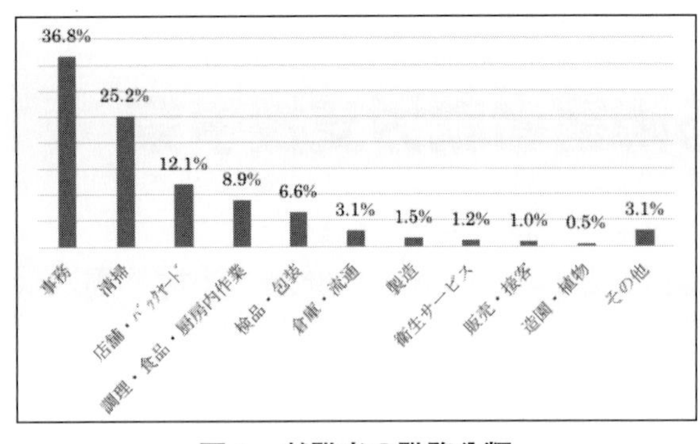

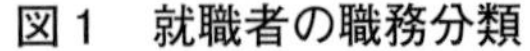
図１　就職者の職務分類

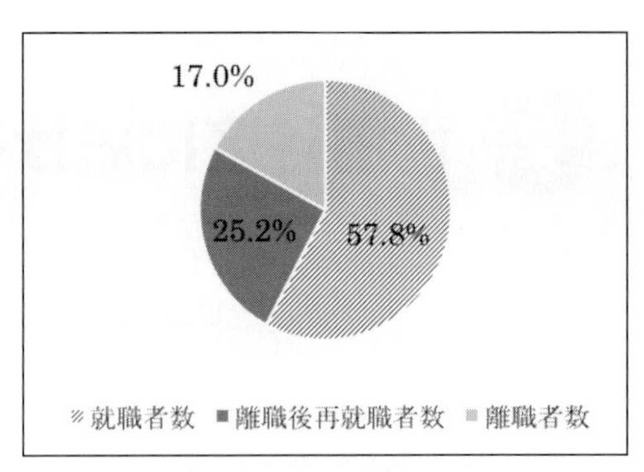

図２　就労継続率

が始まり、職場実習や試し雇用が可能となることで、職場とのマッチングを慎重に行うことが必要な知的障害者にとって、企業就労に踏み出しやすい制度的環境ができ始めた。しかし、その企業就労への挑戦を後押しする人的支援が不足していたため、相談室の開設は、これから企業就労に挑戦しようとする知的障害者を支援する人的環境の一つとなった。

②　すきっぷの就職者の状況

すきっぷからの就職者は平成11年に１人目の就職者が出て以来、平成30年３月末日現在で通所部門（就労移行支援）334名、相談部門（障害者就労支援センター）253名であり、通所部門からの就職率は92%となっている。

就職者の職務は事務的作業が36.8%と最も多く、次いで清掃25.2%、店舗・バックヤード12.1%となっている（図１）。

すきっぷから就職した者、就職した後に離職するも再就職した者を含めた就労継続率（現時点で就労を継続している者）は83%となっており、20年間の就労継続率という点では高い継続率となっている（図２）。

この高い継続率を支えるものは、すきっぷ職員が一貫して職場定着支援を行っていることが要因の一つとして挙げられる。就労する障害者は、グループホームや移動支援などのサービスを使っていない場合、福祉からのかかわりは皆無に等しい。すきっぷの定着支援により何らかの福祉サービスとのかかわりをもっておくことで、生活上の困難などに直面した際、すきっぷを中心に支援体制を構築することができ、就労継続が可能となる。２つ目にはすきっぷ就労相談室分室の存在である。分室は東急田園都市線三軒茶屋駅、小田急線祖師谷大蔵駅の至近に２カ所設けられ、就労生活支援コーディネーターが生活上の支援や相談、職場定着支援、居場所支援、余暇支援などにあたっている。平成30年４月現在640名が登録しており、それぞれのニーズに応じたサービスを提供している。

（３）世田谷区における障害者就労支援体制

①　障害者就労支援センター

平成15年より、東京都福祉保健局による独自の事業として「東京都区市町村障害者就労支援事業」がスタートした。これは東京都内各区市町村が障害者の就労支援や職場定着支援、生活支援を行う障害者就労支援センターを設置し、東京都がその経費の一部を助成するものである。世田谷区でもこの事業を開始し、既存のすきっぷ就労相談室に加え、主に精神障害者を対象とした「しごとねっと」を平成16年に、主に知的な遅れを伴わない発達障害者を対象とした「ゆに（UNI）」を平成27年に開設した（図3）。

世田谷区における障害者就労支援センターは現在では3センターが設置され、表1のような役割分担がなされている。

表1　世田谷区における障害者就労支援センター

名　称	主な対象障害	設置年
世田谷区障害者就労支援センターすきっぷ就労相談室	知的障害	平成11年
世田谷区障害者就労支援センターしごとねっと	精神障害	平成16年
発達障害者就労支援センターゆに（UNI）	発達障害	平成27年

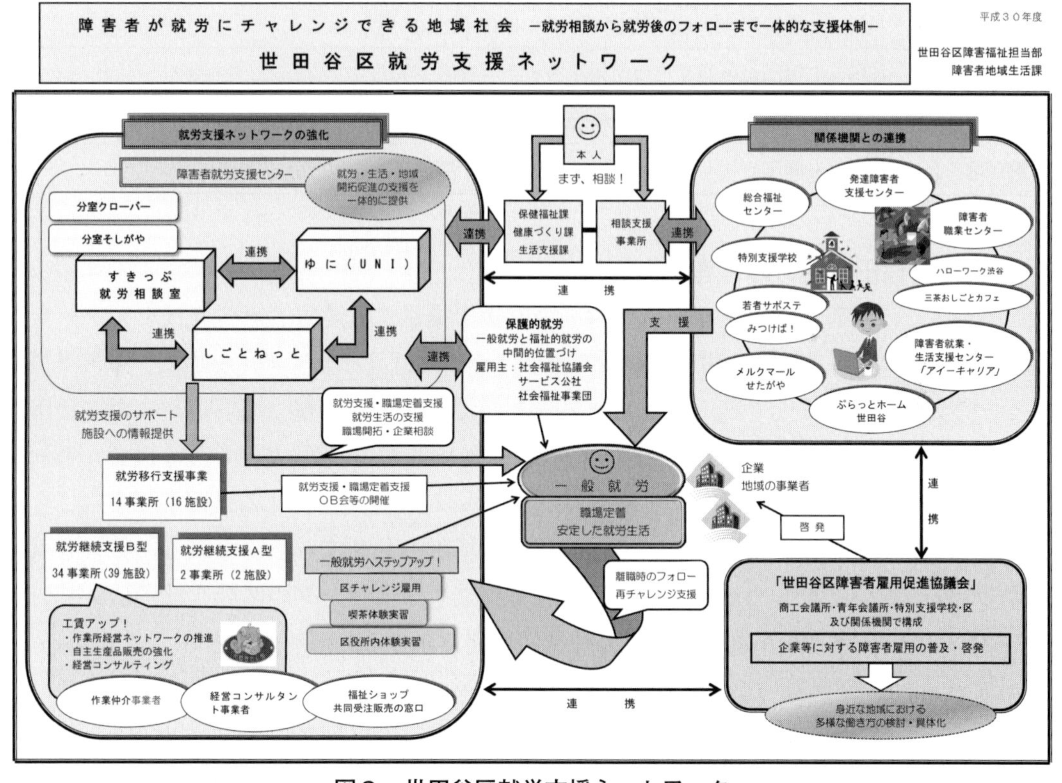

図3　世田谷区就労支援ネットワーク

②　世田谷区障害者雇用促進協議会

平成15年当時の実雇用率は全国で1.48%であり、知的障害者が雇用義務化された平成10年以来、さほどの進展は見られなかった。そのような中、更なる障害者雇用の促進のためには、企業への障害理解・啓発が必要という考えから、世田谷区、東京商工会議所世田谷支部、東京青年会議所世田谷区委員会、都立青鳥特別支援学校が連携し、関係機関への呼びかけを行い、平成15年に「世田谷区障害者雇用促進協議会」が設立された。協議会の主な取り組みとして、障害理解と雇用促進を目的とした企業への啓発活動、研修プログラムやフォーラムの開催、企業、行政、福祉等を含めた関係機関のネットワークづくり、工賃アップに向けた取組や支援が挙げられる。

協議会では年6回、障害者雇用に取り組む企業担当者を対象に「障害者雇用支援プログラム」として、障害者就労支援施設の見学会や特別支援学校見学会、障害者雇用に取り組む企業見学会、セミナーなどを開催している（表2）。参加企業は毎年のべ120社を超え、このプログラムへの参加をきっかけに、障害者雇用も実現している。

表2　平成28年度世田谷区障害者雇用支援プログラム

回　数	開催日	プログラム
第1回	6/6	都立青鳥特別支援学校見学会
第2回	7/7	雇用支援セミナー「はじめての障害者雇用から定着支援までを考える」
第3回	9/15	発達障害者就労支援センターゆに（UNI）見学会
第4回	10/14	世田谷区立すきっぷ見学会・交流会
第5回	11/4	障害者雇用促進フォーラム（感謝状贈呈式、記念講演）
第6回	1/30	雇用支援セミナー「90分でわかる！障害者の採用と職場定着」

（4）広がる世田谷区の障害者就労支援

世田谷区では障害種別ごとに専門性の高い支援を提供する障害者就労支援センターを3所設けており、障害者就業・生活支援センター1所（アイ-キャリア）を加え、障害当事者にとって支援を受けるセンターを選択することができる体制が整っている。また、世田谷区障害者雇用促進協議会の活発な企業への啓発活動により、“理解啓発を行う機会”と“実際の支援を行う社会資源”の両輪が整っている。人口90万人を抱える世田谷区では、今後も人口の増加が見込まれ、必然的に障害者人口の増加も見込まれる。今後も、障害者就労支援センターを中心とした世田谷区障害者就労支援ネットワークの活発な活動により、多くの障害のある人々が企業就労によって社会で活躍できることが期待できる。

第2節　相談支援事業所の機能と役割

相談支援事業所の機能と役割
～地域での一貫した支援をめざして～

特定非営利活動法人秋川流域生活支援ネットワーク理事長　藤間　英之

（１）はじめに

「相談支援」というと、今でこそ「利用計画」に関連付けられるようになってきているが、障害者の人生を豊かにするだけでなく、その目的を達成するための地域での社会資源の開拓も含まれている。この「地域での社会資源の開拓」という目的を忘れたところでは「相談支援」は自己満足に陥ってしまう。学校は非常に大きな社会資源である。「相談支援」が機能するためには学校を含めた資源の連携が必要である。

（２）相談支援を機能させる地域生活支援体制の模索と構築

平成15年、当法人は東京都の西の外れで一つの生活圏である秋川流域（あきる野市、日の出町、檜原村）の関係団体が国の「施設入所中心から地域生活中心へ」という政策転換を受けて、地域でのサービス提供をめざして結成された。

介護保険制度が、ほぼ10年以上の試行期間を経て地域資源の開拓を行ったうえで開始されたのに対して、障害福祉は「ノーマライゼーション７か年戦略」なる試行期間があったものの、入所施設建設を認めていたため、地域での生活支援の資源の必要性が自治体に理解されず資源の整備・開発には至らなかった。

ここ秋川流域は東京都とはいえ各自治体の財政基盤は弱く、平成15年当時は障害者向けの社会資源がほとんどないという状況であった。その理由として、①障害者施設は多いが連携はない、②親の会は複数あるが、全国的な組織に属している組織は１カ所のみ、③「貧乏人と障害者は来てほしくない」というよくある行政の姿勢、④「社会福祉の基礎構造改革」などの情報が届いていない、が挙げられる。

まずこのような状況を変えようと、あきる野市社会福祉協議会を中心として当事者、福祉従事者、親の会の有志で勉強会を開催した。その目的は、①全国レベルの情報を得ることによる「地域的思考」からの脱却、②利用者主体への流れを作る、③行政に対するカウンターパートナーとしての市民パワーの結集、であった。

勉強会の内容としては、平成13年３月「これからの障害福祉について」（厚生省障害福祉専門官　大塚晃氏）、６月「地域生活支援とは」（北信圏域生活支援センター　福岡寿氏）、

９月「自閉症の理解」（仲町台発達センター　藤村出氏）、平成14年２月「成年後見制度について」（旧「ステップ」弁護士　平田篤氏）の講演会を行うとともに、当事者－福祉関係者の共通「言語」の獲得と当事者－福祉関係者の問題意識の共有を目的に、「障害者ケアマネジャー養成研修テキスト」（東京都社会福祉協議会発行）を「わからなくても読み通そう」と、毎月障害者ケアマネジメント学習会を行った。講演会には毎回50名くらい、学習会には保護者・施設関係者・福祉従事者・教員など立場を超えて20～30名が参加した。

このような活動を積み重ねて、平成14年６月、情報交換のためのネットワークを結成した。地域生活支援を中心とした「秋川流域生活支援ネットワーク（任意団体）」、東京都日の出福祉園を中心とする障害者施設の施設長のネットワークとして「秋川流域障害福祉施設代表者連絡協議会」、施設職員を中心とした「日の出福祉ネットワーク」。それぞれのニーズを反映したかたちでできたが、事務局は同じメンバーが担うという統一性は確保した。このような体制が整ったところで、平成14年７～９月、地域生活支援のニーズ調査、社会資源調査を行った。その結果、この流域では自分たちでサービス提供をする事業体を立ち上げる必要があるとして、11月NPO設立総会、平成15年２月認証、４月支援費制度開始とともにサービス提供を開始した。法人の事業内容としては今までの勉強会などの活動を通じて、障害だけでなく介護保険にも対応するため、①生活支援サービスの情報提供、②居宅生活支援事業、③就労支援事業、④移動援助事業、⑤権利擁護に関する相談事業、⑥ホームヘルパー等人材養成事業、⑦地域生活移行支援事業、⑧居宅介護支援事業、⑨訪問介護事業とした。

障害のある子どもたちへのサービスを提供する契約のときに、保護者から「学校の先生と同じ対応をしてください」と言われることが多かった。そこで平成16年２月に子どもたちの多くが在籍する東京都立あきる野学園に個別の支援会議開催を打診し、開催することができた。以後、サービス提供側・学校・保護者から必要に応じて支援会議が開かれることになった。この支援会議は「教育が基礎・福祉は応用」として、子どもたちへの対応を統一する上で大きな意義をもっていた。この支援会議に主治医等医療関係者も参加することによって、医療・教育・福祉のネットワークが形成された。このネットワークで事例検討会を毎月３年間にわたって行い、共通の障害理解が形成された。

（３）地域課題への気づきと相談支援の意識化

都立あきる野学園との連携ができてくると、教員から「深夜、家族とけんかをして家を出たが、泊るところがない生徒がいるので、事務室の一角でいいから泊らせてくれないか」という依頼を受けるようになった。その後、何人か同じような依頼を受けることがあった。短期入所というサービスはあったが、突発的な事態に対しては制度外での柔軟な対応が必要であることを認識した。

平成21年度から障害者就労・生活支援センターの運営委託を受け、事業を開始した。その中で「就職はするが、２、３週間ですぐに仕事をやめてしまう」「夫からは躾ができていないからだと怒られる」という母親からの相談が相次いだ。「本人と面談したい」と言っても、センターに「障害者」という名前がついているので、「自分は障害者ではない」と言って連れて来られないという。「私の育て方が間違っていたのですか」と問いかけられ、「発達障害という脳機能に起因する障害ではないかと思います」と返すと安心してか静かに涙をこぼすという母親たちに対して無力感を感じることが増えていった。

また、同じく就労相談の場面で、軽度の知的障害がある女性が父親をはじめ男性への依存が激しく、妊娠を繰り返して職業訓練校を中退することがあった。家族関係を含めて課題があり「愛着障害」の存在に気づかされた。

以上のような経験から、成人してからの支援では時機を逸していること、幼少期からの家族を含めた支援が必要であること、ライフステージの各段階での調整・見守りが必要であることから「ペアレントトレーニング」「児童発達支援」「放課後等デイサービス」の事業を開始するとともに、相談支援の体制を準備することにした。

（４）相談支援の展開と課題

平成26年頃から秋川流域でもようやく行政が相談支援に対応をし始めた。

相談支援は、サービス等利用計画を作成する特定相談支援、施設や病院から地域へ移行し暮らしを定着する支援計画を作成する一般相談支援、児童の通所計画を作成する児童通所相談支援に分かれている。共通する趣旨としては、どのように生きたいかという意思を確認・形成（意思決定支援）しながら障害福祉を含むサービスを選択して組み立て、計画を作成し、利用しているあるいは利用しようとしているサービス提供事業所と連携して適切なサービスを提供していくことにある。その計画が予定通りに進行しているかどうかを最大で６カ月に一度モニタリングをして、必要に応じて計画を変更する。各サービス提供事業所は利用計画をもとに個別支援計画を作ることが義務づけられている。必要に応じてサービス担当者会議を開催し、調整を図ることが可能となっている。

ここで問題となるのが、「卒業してから自分がどう生きたいか」と聞かれてもほとんど答えが返ってこないことである。今までそのようなことを学ぶ機会がなかったこともあるだろうが、より根本的には自分で自分の人生を生きている実感がないのではないかと思われる。

これは児童だけではなく感じているところであるが、ある情緒的に不安定になりやすい知的障害のある40歳近い女性がグループホームを出て一人暮らしを始めた。周囲に心配されながらも徐々に支援を受け、情緒的にも安定し生き生きとしてきている。わからないことは相談支援専門員に聞き、一つ一つ自分で考え解決している。

このような姿を見ると、サービス利用に結び付けることがかえってサービスに縛り付けてしまい、自分で生きていく実感を奪ってしまっているのではないかと反省している。学校や家庭でもこの点に十分配慮する必要がある。

（５）おわりに

平成15年３月の話であるが、来月から支援費制度が始まりサービス提供の準備も終えたとき、ある保護者から「ほんとに地域で暮らせるようになるの？」と真顔で聞かれた。考えてみれば、障害者が施設でなく地域で暮らすことなど20年前までは考えられなかったことを振り返ると当然の不安に思えた。

しかし、この不安は現在払しょくされているのだろうか。制度が整い20年前とは比べようもないほどサービスも充実してきたが、今あるサービスの中でしか動かないあるいは動こうとしないことになるとそれは束縛でしかなくなる。

地域では様々なことが突発的に起こってくる。それに対処するためには相談支援を中心にして動き、ときには制度外で対応したり、必要ならば事業形態の変更をすることもありうる。

それが相談支援の役割であり、一事業所だけで対応できるものではなく、法人全体あるいは地域全体で対応していくように問題を提起することでもある。

第３節　生活機関の役割　～一人暮らしの生活支援～

1　働くということ　～彼らから学び、この先へ～

社会福祉法人 AnnBee　木下るみ子

（１）はじめに

「普通に生きること」とはどんなことだろうか。「当たり前に生きる」ためには何が必要なのだろうか。生きること、人の役に立つこと、働くことの意義や必要性を教えてくれたのは、出会い、共に活動をしてきた彼らです。「働く」をしっかり提供できる場の環境を整えたいと考えている中で、様々な出会いがありました。

（２）支援内容

①　就労継続支援Ｂ型として

日々強くなるこだわりの中でもがき苦しんでいた、一人の利用者Ａさんがいました。いくつも対処法を試みましたが、さほど代わり映えのするものではないものでした。平成20年自立支援法の多機能型の認可をうけ、就労継続支援Ｂ型としてお菓子作りに挑戦しました。日を追って仕事が忙しくなるにつけ、取り組む姿勢が変わり、こだわりが減っていきました。ご家庭からも、何十もあったこだわりが少し減っているという報告をもらいました。忙しくなればなるほど真剣に向き合い、それとともに喜びが増えていきました。自分がやらなければならない仕事であること。最後まで責任をもって行うこと。それが自信となり、顔つきが変わりました。２年ほどで仕事中のこだわりは減って、それ以上に喜びを見出しました。人として生きる中で、これほどに役割が大切で、社会に役立つこと、働くことを欲していることを、私たちはその過程で教えられました。多くのことを学び、一人ひとりの役割と環境をしっかりサポートすることが、私たちの役割だとも教えてもらいました。

②　再就職

一般就労で特別支援学校を卒業したＢさんは、ファミリーレストランで８年近く働いてきましたが、社員一人ひとりの力量に任せられている職場環境のなか、許容量を超えて頑張りすぎて、周りのサポートもない日々の中で言葉に出すこともできないまま働いたことにより、ついに仕事に行くことができなくなりました。そのとき幸運にも、幼い頃から知っている私たちに自らSOSを訴えに来たのです。そこから私たちとの社会復帰までの戦いが始まりました。家から出ることも難しくなりました。アンビーに来てもらうため、私たちは車でグループホームまで迎えに行き、あきらめず向き合って、ようやくアンビーに通うことができるようになりました。最初は２時間からフレックスタイムの出勤です。時間よりも毎日通えるようになることを大事にしました。特に就労継続支援Ｂ型でも就労移行支援でもない立場ですから、お祭りの手伝いから始まり、いろいろなことにトライしてもらいました。ハローワークにも一緒に通いました。気持ちが働くことに結びついていくのか一緒に悩みました。なかなか自信をもつことができないなか、パソコンを勧めました。事務所で統計をすることを始めたところ、力があると思いました。ハローワークのパソコン教室の面接を受けて、講習会に参加することが決まりました。そこから休むことなく２カ月ものプログラムに参加できたのです。休まなかったこと、無事修了できたことに、大きな自信をもつことができました。そこから面接や履歴書の書き方の練習にも意欲が出てきました。一緒に面接にも行きました。数社を受験しました。

その中で強く感じたことは、自尊の気持ちと自信をもつことで、その先に足を踏み出す勇気をもつことができるということと、彼らは働く場にサポーターがいないとくじけてしまうということです。誰しも生活をする中で、くじけてしまうことは多々あります。彼らは苦しいことを表現することは苦手です。だからこそ、そばにいてサポートしてくれる支援者が必要だと思います。長い人生の中、職場で役割があって責任をもてることができるようになるためには、サポーターや生活面で内面をサポートする支援者がいないと安心につながりません。

現在は、特別支援学校の進路指導の先生に外資系の会社をご紹介いただき、面接を経て実習を受けたあと合格し、その会社で働いています。パソコンではなく、会社の喫茶部門で仲間と一緒に毎日張り切ってやっています。ときどき職場見学をさせていただいておりますが、仲間とサポーターがいて、その働きぶりには感動いたします。

③　高校卒業後の支援

Ｃさんは、特別支援学校を出てグループホームのサテライトに入居しました。高校生活では、学校を休むことも多かったようです。ご本人も大きな不安を抱いての入居であり、私たちも情報がほとんどないといっても過言ではない状況で、大きな不安のある中でのスタートでした。まずは、働くことの意味を伝えることも難しい状況でした。家族と離れた寂しさと、どこにいても自分を出すことができず、職場でもつくり笑顔で過ごし、グループホームでもつくり笑顔で過ごしていくうちに疲れ、家族のところに逃げて引きこもるという結果になりました。電話も出ない、自宅に行っても居留守を使って応答がないことが続きました。社会福祉協議会と連携し、ご家族と話し合い、連れて戻ってきました。仕事を休む、連れ戻す、このくり返しを何度もやりました。このくり返しの後、ついに無断欠勤という事態を招いたのです。社会福祉協議会の協力で、Ｃさんのお母さんが来る日時に合わせてご自宅に入れていただきました。これまでも勤めている会社の常務が一緒に来てくださいました。初めて障害者雇用をされ、戸惑いながらも一生懸命お付き合いしてくださいました。本当に熱い心をもった常務には感謝してもしきれません。お母さんと一緒に

Ｃさんが帰ってくるのを待たせていただきました。お母さんと７時間程、いろいろな話をさせていただきました。お母さんのお気持ちをお聞きしながら思いをめぐらした、幼い頃からこれまでの育ち。長い時間話したことで、お母さんが私を受け入れてくれたのです。ようやく帰ったＣさんは動揺し、罵声を上げて飛び出しました。追いかけて自宅に連れ戻そうとしました。そのときの言葉はとても悲しいものでした。「生きてる価値なんかないんだよ」。何度も叫ぶ手を引いて自宅に戻りました。どんな想いがこれまでＣさんを縛ってきたのか――。

そこから私は、一緒にいたスタッフと共に、生きていくことの思いのすべてを３時間以上話しました。Ｃさんもお母さんもしゃべりませんが聞いてくれました。障害をもっている、いないにかかわらず、人は悲しいことも苦しいこともたくさん経験すること。「大人は信用できない」と言います。それについてもたくさんのことを話しました。すべてをかなぐり捨てて私たちを見てもらいました。なにか響いてくれたでしょうか。

思いは通じたのでしょうか。一緒に帰ることになりました。そこから大きく変わっていきました。一歩一歩、会社で働くことに向かい出しました。４時に終了していた仕事も、自ら１時間延長するようになりました。金銭管理もできるようになってきました。今ではあの頃を振り返り、「バカだった」と笑います。自宅以外に少しだけ居場所が見えてきているようです。

今もダイレクトメールやキャッチセールス等には翻弄され、そのたびに出動していますが、２年の間に本当に大人になってきました。自分自身を見ながら行動できるようになってきました。まだまだ何があるかわかりません。仕事を続けること一つをとっても迷いが出てくることでしょう。先日、会社訪問をして、Ｃさんのお仕事を見せていただきました。常務の想いが社員さんにもつながって、一人ひとりがＣさんの話をしてくださいました。愛情をもって育ててくださっていることに感動しました。最後に、Ｃさんの仕事を見せていただきました。緻密な細かい仕事ぶりに涙が出ました。グループホームでは、Ｃさんと一緒に、金銭管理や今後について考えてくれる人がいます。たくさんの人に支えられて現在があります。課題もたくさんあるでしょうが、ゆっくり進んでいけたらと思っています。

④　一人生活応援

一般就労をしてアパートに住んでいるＤさんには、居宅介護家事援助として関わっています。一緒に買い物をして料理をするということからお付き合いが始まりました。働く中で病気もします。朝から支援に走り病院にも行きます。一人で生活をする上で、サポートをする人がそばにいることは、安心できることだと思います。金銭のことやご実家のことなど、多くのことに関わっていくうちに信頼していただき、深く関わらせていただくようになりました。厳しい仕事のなか本当によく頑張ってきましたが、限界はきました。仕事を辞めて、次のステップまでアンビーで一緒に過ごすようになりました。いろいろな仕事にトライしていただきました。いつも楽しいとおっしゃって手伝ってくれました。アンビーで働きたいというれしい言葉もいただきました。居住地も国分寺市に移り、母校の進路担当の先生が関わってくださり、新しい仕事場が決まりました。この仕事場も、困ったときには話を聞いてくれる方がいます。大きな安心材料です。様々な問題に担当スタッフが向き合って、付き合ってきました。家事をこなして自立するにはまだなかなか大きな壁がありますが、問題の多かった家族関係も、Ｄさんが成長し、しっかりとした意見をもって話せるようになってきました。必要な継続的支援は何なのかを見極めて実践していくことが、本当に大切だと教えられました。これから考えられる結婚に対してもしっかり応援していきたいと考えています。

⑤　今また始まり

Ｅさんは、３月の特別支援学校高等部を卒業と同時に、グループホームサテライトに入居しました。Ｅさんは、働くことを自分自身に置き換えて実働することがなかなかできません。どんなに話しても、これまで体験してきていないことはさらに絵空事です。働くことと一人暮らしがほぼ同時に始まりました。これまで育った環境の中で、卒業までに時間をかけて準備してこなかった分、不安と戸惑いとが交錯しています。思ったとおり、仕事２日目にして「仕事行きたくない」に陥りました。なぜ仕事しなくてはいけないのかを飲み込むには時間が必要です。毎朝スタッフが入れ替わり立ち替わり、アパートをノックすることから始まりました。暴言を浴びせられながらも、スタッフも立ち向かっていきます。

やはり働く前にすべきことがたくさんあるのではないかと思い、今から何ができるだろうかと考えます。本人が嫌がっても、逃げずに話ができるようにと向き合っています。５日働くことはできないと「やだ」が始まりました。理由は「疲れる」です。Ｅさんは「週３日働く」と言い出しましたが、「それは納得できません」と伝えました。そこで考えたようです。「どうせ嫌だと言っても仕事に行かせるなら、毎日行くから時間短縮にしたい」。それを会社に伝えるから、私にも会社に連絡を入れ、フォローしてくれと言いました。会社は契約を変えずに、慣れるまで期限を設けず受け入れてくださいました。職場に恵まれたと思います。甘いことかもしれませんが、一人で考え結論を出して進んだことは大きな第一歩だと思います。自分で考え、話し、実行する。周りが応援し続ける。支援は始まったばかりです。この先何が起こるかなど予想することもできません。何が起こっても、将来活き活きと過ごしていただくために全力で支援していきたいと思います。

（3）おわりに

私たちの支援は、法外でのかかわりが多くあります。本当に必要な支援は、法的に整備されることはなさそうですが、何のための法か、ではなく、誰のための法なのかを考えていただきたいと思っています。人は誰も一人では生きていませんし、人と人の大切なかかわりで、生きる力を養うことができます。様々な支援を必要としていることを現場サイドで見ていただきたいものです。

支援者側の姿勢も大きな課題であり重要な立場であると思っています。

一人ひとり必要な支援は違います。支援は模索ばかりでどれが正しいかわからないことが多い中、ご本人はもちろんのこと、法的なものも揃えて、学校、会社、支援者と連携して進めていくことができるようにしていかないと、歯車がかみ合わなくなるのではないでしょうか。

一人ひとりの環境と人として心に寄り添える法人の姿勢を大切にしたいと考えています。

余談ですが、いつの日か一般就労している方たちのために、食事と話せる場のあるアパート形式のグループホームの実現をめざしたいと思っています。

「おかえり」「どう？」「いってらっしゃい」のある活気のある居場所が必要なのです。

② 一人暮らしの生活支援

社会福祉法人愛成会地域生活支援部支援員　吉田　純子

(1) はじめに

愛成会の事業展開は多岐にわたり、入所・通所・グループホーム・相談等々と、中野区からの委託事業を受け、利用者の入所、在宅、グループホームなどの居住形態と昼間の活動形態との間の様々な組み合わせによって利用者の選択肢が広がることをめざしてきた。

愛成会のグループホーム・ケアホームは現在中野区内に5カ所あるが、くらし（生活）、はたらく（就労）、たのしみ（余暇）、お金（金銭）、すこやか（健康）、居場所（所属）について日々一人ひとりの利用者のニーズを大切に、そして、自分らしく生きるための支援を大事にしている。

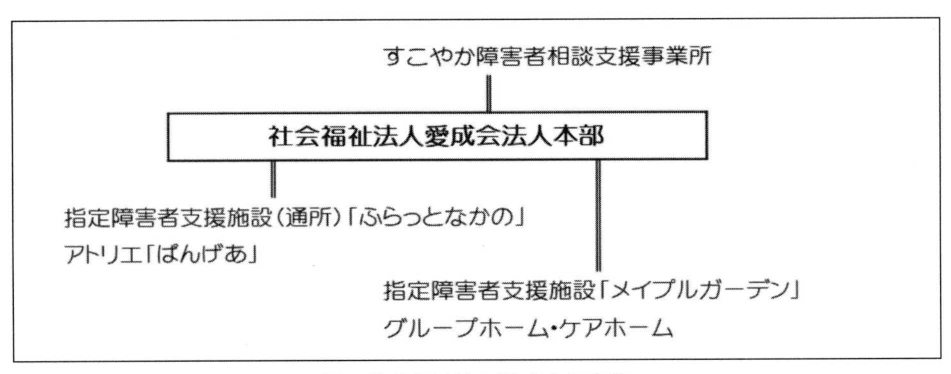

図　社会福祉法人愛成会の事業

(2) 支援内容

① 生活自立が困難な方への支援

20歳の女性の例である。

小学校は普通学級だったが、中学校に入る時に特別支援学校を勧められた。

日常生活習慣を身に付けることが難しく、清潔感が持てないために仲間との関係も保てないという特徴を見せていた。

保護者には障害にたいする理解がなく、家族皆が困っているが苦労し限界と言いつつ結果的にもたれ合う、共依存関係にあった。そのような環境の中で生活を送り続けてきた本人のドクターは『愛着障害があり、ある意味ではサバイバーだ』と言った。学校では明朗快活な時とうつ状態の時との波が大きく、都合の良いように嘘や妄想を話すことが多かった。

高校は、特別支援学校職業学科に入学したが、仲間からは、自己顕示欲が強い、虚言をいうなど、と言われていた。しかし自分を応援してくれる人との関係を通して少しずつではあるが、福祉サービスを利用したり、受診しながら、自分の課題や将来の目標に迎えるようになってきた。

高等部3年の時、相談支援事業所・子供の家庭支援センター、障害福祉、生活福祉課、ケースワーカー・学校の教員、で支援会議を実地して、卒業後に向けて（就職し、グループホームに入居し、自立した生活をめざす）の動きがより具体化した。ショートステイの利用、福祉課の人と一緒の部屋の掃除、月1回の家庭訪問、現場実習及び実習期間中のグループホームの短期利用等を行った。

卒業と同時に愛成会のグループホームに入居した。

本施設のグループホームのサービスとしては包括型なので、朝夕食の支援、入浴・洗濯・掃除・健康管理・出帰寮の見守りが主である。

1年経つ中で、グループホームでは他の利用者が気遣いすることも含めて、お互いに不安定さが目立つようになり、集団での暮らしは難しいと判断をし、『サテライト』への移動を勧めた。本人は家に帰ることは無理とわかっていても、やはり帰りたい気持ちがあり、元に住んでいた市の近くでの暮らしを希望したりするが、今の法人を利用せざるを得なくて、結局『サテライト』を4月から利用することになる。その中で平成29年4月頃より、就労先でも集中力が低下し、ミスも目立つようになり、不安・焦りも認めた。希死念慮による死傷行為も認め初めての精神病院に療養を兼ねて、平成29年6月28日から1カ月入院をすることになる。入院生活では特に問題もなく過ごせており、早く帰りたいと口にすることもあった。

『サテライト』に戻って、自分で日常生活や金銭管理を行わなければならない生活に戻ったが、自己管理は難しいまま今日に至っている。

例えば、就労支援のスタッフも入れながら、本人の気持ちを聴く場を設定していく必要があると感じているところである。

また、生活保護からの脱却を図るべく、現状の理解を進めていく必要も今後生じると思う。

就労先については、退院後、職場への復帰の気持ちがなくなって退職した。この際、福祉就労先も含めて見学や体験ができると良いのでは？とアドバイスをすることで、本人もその気になって、就労支援サービスの事業所に平成30年1月から通うようになり、現在安定して通っている。

今後は、本人とのコミュニケーションを図りながら、支援を受け入れていただけるような信頼関係を構築しながら、気長に支援をし、基本的な暮らしを身に付けられるように、距離感をもちながら支援をしていくべきかと思っているところである。

②　異性との交際

24歳の女性の例である。家族関係の複雑さもあいまって、家庭から離れることを勧められて入寮した。

生活面での自立をめざして、支援者と相談しながら会社勤務もまじめに取り組んでいるように思っていたので異性との付き合いについても安心してきた。

母親のそばで暮らしたいという願いが強かったため、その後退寮したのだが、ある時妊娠という報告で彼女の心の奥を知ることになった。

現在は、生活保護を受けながら子育てをしているが、彼女に限らず同様な問題に直面することが少なくない。相手との距離感をもって付き合うとか、自分の将来について地に足をつけて考えるといったことはいつでも助言として言えるが、「好きになること」「男女の性の違い」「避妊の方法」等具体的な課題は子供のころから知ることが必要ではないだろうか。

そして、成長する過程であらわれる体の性徴を私たち支援者も心に留めておかなければならないと思っている。

(3) まとめ

課題は山積みであると思われる。しかし、初めに述べたように活動形態との間の様々な組み合わせによって利用者の選択肢が広がることをめざし、今後も日々一人ひとりの利用者のニーズを大切に、そして、自分らしく生きるための支援を大事にしていきたいと考えている。

３ 通勤寮の支援
～将来の土台づくりのためにできること～

社会福祉法人東京都手をつなぐ育成会　大田通勤寮寮長　朝熊　貴史

（1）はじめに

「通勤寮」とは旧法の名称であり、障害者総合支援法の新体系では宿泊型自立訓練事業に移行されている。昭和47（1972）年に「働きながら、自立した生活ができるようになる訓練施設」として通勤寮制度が発足し、第１号として東京都江東通勤寮が開所された。現在では全国32カ所になる（平成29年４月現在）。

大田通勤寮は昭和50（1975）年、東京都江東通勤寮に次いで、東京都大田通勤寮として東京都より運営を受託した。平成27年４月に、東京都より民間移譲され、現在の大田通勤寮となる。江東、大田を含め、都内には６カ所の通勤寮がある。それぞれの地域ごと（葛飾・豊島・町田・立川）に設置されており、標準利用期間は２年間である。

大田通勤寮の利用要件は、愛の手帳もしくは精神障害者手帳を保有しており、就労可能な方または一般就労されている方が対象となる。利用前の状況として、在宅（家族同居、単身生活）、児童養護施設が多くの割合を占めている。

今回は支援内容ごとに具体例を説明する。

（2）支援内容

①　就労支援

就労先への定期的な職場訪問、電話連絡をすることで、勤務態度や評価または課題を共有し、生活の場としての支援と就労の場としての連携した支援を展開する。

【具体例】

Ａさん…日常会話は問題ないものの、慣れていない人に対して人見知りがあり、会話を積極的にしない傾向あり。仕事を休むことなく働いているが、勤務態度で職場の担当者より通勤寮職員へ相談があり、挨拶と身だしなみに課題があるとわかる。職場から指摘のあった課題に対して、通勤寮職員が箇条書きに課題を整理し、Ａさんと確認したものを職場の担当者へ提出した。生活の場である通勤寮と働く場である職場がＡさんの課題を共有できたことで、改善につなげることができた事例である。

Ｂさん…就労していたが、仕事内容に不向きな点が多く、仕事の評価は低かった。通勤寮職員と相談し、収入を下げず、なおかつＢさんの特性も活かせる仕事へ転職することとした。転職後、仕事の評価は良くなり、Ｂさんも前向きに仕事ができるようになった。就労の状況を把握し、Ｂさんにとってより良い就労につなげることができた事例である。

②　生活支援

自立した生活ができるように、掃除や洗濯、食事のほか身だしなみやマナー等のアドバイスをしながら生活面の課題を明確にする。

【具体例】

Ｃさん…将来は一人暮らしを希望。通勤寮の自立訓練室を利用し、自炊の練習をする。職員と一緒に１週間ごとのメニューを決めて、材料の購入から効率的な使い方などを確認しながら食生活を組み立てている。半年の期間自炊生活を経験することで、Ｃさん自ら自炊を継続することは難しいと実感する。この経験により、漠然としていた「一人暮らし」という希望から、「食生活のサポートを受けられる一人暮らし」になり、将来の目標をより具体性のあるものに設定することができた。この事例のように、通勤寮の生活を通して、自身の課題を明確に見つめ直し、地域移行するためには何が必要なのかを理解する利用者が多い。

③　健康管理

バランスのとれた食事の提供や運動プログラムの実施をすることで、健康を維持し、自分の身体を自分で守れるようにする。

【具体例】

Ｄさん…糖尿病があり、肥満傾向。通勤寮では、朝夕の食事提供を行っているものの、昼食は各自で用意している。Ｄさんは毎月行っている体重測定で体重が増加傾向であり、糖尿病の数値も高くなってしまったため、通勤寮職員が通院同行し、主治医と相談したうえで食事改善と運動プログラムを計画し、実行した。朝夕の食事量を制限し、昼食も金額を設定するようにした。運動プログラムは寮内でできる階段昇降運動やストレッチなどを継続して実施することで、６カ月後の通院では体重の減少、糖尿病の数値も安定した結果を出すことができた。

④　金銭管理

毎月の収入に合わせたお金の使い方、また将来のための貯金ができるようにする。

【具体例】

Ｅさん…特別支援学校を卒業と同時に入寮。金銭管理について、入寮後１カ月は毎日決まった金額のみ使えることから始めている。１日定額の管理が問題なく、翌月より１週間管理となる。その後、１カ月管理を行うものの、職員と決めた１カ月の支出額を守ることができず、１週間管理に戻している。この事例のように、金銭管理は段階的にステップアップできるように個別で目標を設定している。状況によりステップアップしたり、ダウンしたりすることで、通勤寮での限られた期間内での生活において、理解が深まるように支援を展開している。

Ｆさん…単身生活経験者。一人暮らしをしていたが、金銭管理がうまくいかず、多額の借金を抱えて、生活が破綻し、通勤寮へ入寮する。入寮後は、再就職して収入に合わせた返済計画を作成し、生活を組み立てている。入寮後１年を経過する頃には、借金は全額返済し、貯金できるようになっている。

金銭管理は大きな課題の一つといえる。近年ではスマートフォンや携帯電話などの利用において、物品の購入やゲーム課金などで利用料金が高くなるケースが増えている。過度な利用にならないようにすることも金銭管理の支援としている。

⑤　卒寮後の支援

円滑な地域移行につなげられるように、移行時のサポートをし、移行後も必要に応じた継続的な支援をする。

【具体例】

Ｇさん…卒寮後はグループホームへ地域移行されている。２年ほどグループホームの生活をしていたが、グループホームが急きょ閉寮となる。Ｇさんはグループホームに対して不信感をもってしまったため、単身生活を希望する。通勤寮の職員と相談し、単身生活を継続できるように必要な支援を整理する。金銭管理、食生活、身の回りのことなどの課題があがり、それぞれ必要なサービスを利用することを提案する。通勤寮は困ったことがあったら相談する窓口として位置付け、単身生活を始める。不安な部分を通勤寮がサポートすることで、安定した単身生活につなげることができた事例である。

（３）おわりに

様々な事例から読み取れるように、通勤寮は通過型の訓練施設でありながら、支援の幅は広い。これまで多くの利用者が地域移行を実現してきているが、決して支援が良い方向にいくとは限らない。むしろ、思うように支援が展開できないことのほうが多いといってよい。しかしながら、私たち支援者は通勤寮の支援は一時的に生活を改善したり、支えられたりできればよいと考えているのではなく、利用者一人ひとりが将来の希望に少しでも近づける土台づくりの役割でなくてはならないと感じている。それぞれが自分の将来を主体的に考え、選択し、決定していく中で、支援者は共に考え、共に迷い、共に前へ進むことで利用者にとっていつでも身近に感じられる場所であることが、通勤寮の最大の魅力であると考える。

第4節　特別支援学校と福祉課・福祉事業所との連携例

昭島市は、東京都の西部にある人口11万人の多摩地区における中核都市である。

東京都立あきる野学園は、都内西端に位置する肢体不自由教育部門（小・中・高等部）と知的障害教育部門（小・中・高等部）を併置する特別支援学校で知的障害教育部門では、あきる野市・昭島市・日の出町・檜原村を学区域としている。

本節では、昭島市における障害福祉関連機関とあきる野学園進路指導部との連携や市役所実習の取組について紹介する。

あきる野学園進路指導部では、障害のある生徒の高等部卒業後の本人の適性に合った進路につなげるように企業や福祉事業所、福祉課（昭島市では健康福祉部障害福祉課）との連携を大事にしているが、ここでは、各福祉関連施設との連携について紹介する。

毎年年度当初には、進路指導部の教員が分担して福祉課や市内にあるほとんどの福祉事業所にあいさつにうかがい、情報交換をしている。

福祉事業所への訪問では、卒業生の様子もうかがうことができ、学校卒業後の定着支援も兼ねており、企業就労した卒業生の定着支援の一環としては、「昭島市障害者就労支援センター　クジラ」（以下、クジラ）とも年度当初に情報交換を行っている。

福祉事業所との情報交換で得られた内容は「福祉施設状況一覧」の冊子にまとめ、高等部の保護者に毎年配付しているが、情報提供している内容は、所在地、連絡先、施設長・連絡担当者、提供しているサービス（就労継続支援Ｂ型、生活介護等）、主な仕事内容、定員・利用者数の状況、見学申し込みへの対応等がある。

福祉課との連携では、昭島市内の障害児童生徒の概況を伝え、今後の福祉施策への反映を依頼している。また、市内の福祉施設に関する情報（新規事業等）を得る場となっている。

上記のような年度当初の「あいさつ回り」から始まって、高等部１年生では一日就業体験を２回行い、高等部２・３年生では一日就業体験や１～２週間の現場実習を行い、生徒や保護者が地域の福祉事業所を知る取組をしている。就業体験や現場実習に進路指導部や担任が同行する巡回指導を行い、連携を深めるようにしているのである。

また、進路指導部主催の夏季施設見学会やPTA主催の施設見学でも毎年市内の福祉事業所を見学しており、小学部段階の保護者にも参加してもらい、福祉事業所の様子を知る機会にしている。

このような連携のサイクルによって、毎年の高等部卒業生における福祉事業所との契約や定着が円滑に図られていると考えている。

（神立　佳明）

実践1　昭島市障害者就労支援センターと市役所実習の取組

昭島市では、障害者の日常生活や社会生活を総合的に支援する目的で2016年度より障害者地域支援協議会を設置している。その中の一部会である就労支援部会は、障害者の地域における自立を支援する目的でクジラセンター長を部会長として障害者雇用を積極的に行っている企業や東京障害者職業センター、福祉事業所、ハローワーク、医療機関、特別支援学校の職員等により運営されている。

就労支援部会の取組として、2016年度より障害者の就労意欲の喚起や福祉課を中心とした市役所職員の障害理解を深めることを目的に昭島市役所実習を計画した。

実習生は、実習ノウハウがあり在籍生徒の職業準備性を育てている特別支援学校高等部生徒（昭島市在住）を第一に置いた。さらに、卒業後の進路につながらない2年生のインターンシップであれば双方に負担感がないと考えた上で、都立学校の信頼感の上に安心できる支援体制を福祉課に提示し、実施することを目標においたのである。

早速、東京都立青峰学園の当時進路指導主幹に相談し快諾を得られたので、近隣市の市役所実習の情報収集結果と共に実習の実施要項（案）を作成、必要な資料（案）を添付し、福祉課に提案した。

市役所実習を組織的に進めるために、福祉課と就労支援部会が連携して進めるかたちにし、福祉課の係長と部会長が窓口担当となった。福祉部長・課長・係長、青峰学園（進路担当2名）、部会長をメンバーとする担当者会で、実習形態やスケジュール、役割分担、必要書類等の具体的な内容を詰めていった。福祉課では庁内各部署に作業依頼をしていただき、理解啓発のプリントを作成し、実習前面談までにタイムスケジュールと担当者名明記の予定表を作成していただいた。次年度以降に担当者の異動があっても活用できるようにコンパクトな計画にした。また、担当者間の距離を縮めるために面談前に青峰学園の見学会を実施し、実習生徒との顔合わせも行った。

市役所実習は、福祉課の体制、庁内の作業量等の都合で、2016年7月21・22日に実施した。7月15日には実習前面談を行った。受け入れ部署にもあいさつに行き実際に顔を合わせることで、双方に安心感と期待感が得られた。

2016年度は、市役所実習が初めてであったので、教員と筆者が1日目の午前中と2日目の午後に実習生に付き添う体制をとっていたが、職員による仕事の説明の仕方と難易度、生徒の理解度から一人での作業が可能と判断し、遠くから見守るかたちにした。実習生が一人で作業できることをアピールすることも理解啓発と職員の負担感軽減には有効な手立てであった。

実習終了後、受け入れ部署の評価、本人評価、実習担当者評価を持ち寄り、総括と次年度以降の実習のあり方を検討した。受け入れ部署の理解と生徒さんの頑張りで高評価のうちに初実習は終了できたのである。

2017年度には、都立青峰学園と昭島市を学区域とする都立あきる野学園の２名（どちらも昭島市在住）の高等部２年生が実習した。

《市役所実習の成果と今後に向けた考察》

「事前担当者打ち合わせ２回⇒実習前面談⇒実習⇒担当者総括」というスケジュールと資料関係がパッケージングできたことや徐々に庁内でも浸透しつつあることが成果として挙げることができる。今後は、実習生を特別支援学校高等部生にとどまらず昭島市内福祉事業所通所者への拡大をめざしており、2018年度より福祉事業所スタッフも担当者会に参加していく予定になっている。

最後に市役所実習は、生徒の頑張りと昭島市役所、特別支援学校の理解と協力があったから実現できたものと感謝している。

（市村　たづ子）

実践２　2017年度実施の市役所実習

◆ 2017年度実施の市役所実習に参加した生徒について

東京都立青峰学園高等部就業技術科２学年Ａさん（昭島市在住・女子）。職業に関する教科ではロジスティクスコースに所属しており、入学時より事務分野、特に都心のオフィスでの就労を強く希望していた。

【事前指導】

本実習の推薦と趣旨を本人と保護者に説明したところ、ぜひやりたい、挑戦してみたいとの申し出があり、７月の実習前面談で、担当してくださる職員の方からの説明を受け、実習当日の目標を以下の３点とした。

①図書館の書架整理では番号を間違えないようにする。

②封入作業では資料が重ならないようにダブルチェックをする。

③挨拶と言葉づかいなど、お客様を意識して実習に取り組む。

【実習当日】

初日は図書館における書架の整理と配架、公民館だよりの封入、チラシの折り作業を行い、２日目は販売用都市計画図の折り作業、郵便物の仕分け、昭島市宅地開発指導要綱の印刷、帳合、ステープラ留めを行った。作業ごとに様々な部署へ赴くために担当される方がそれぞれ異なったものの担当の方々の優しく丁寧な対応や作業内容を褒めてもらえたことは、本人にとっても自信につながった。

【事後指導】

本実習後の振り返り面談では以下のような感想を聞くことができた。

「教えてくださった方々がわかりやすく丁寧に教えてくれたので緊張が少しずつ解け、笑顔と大きな声での返事ができた。」

「印刷や折り作業など学校の授業でやっていることを活かすことができた。課題になった部分もわかったので授業で直したい。」

実習日誌とお礼状にも同様の記載があり、実習で得た成果と課題を今後の授業に反映しようとする姿勢が見られるという成果があった。就労に向けては事務分野での希望がより高まったようで、三者面談時にも本実習のことが話題になり、オフィスに限らない事務分野での就労意欲が高まるなど、本実習を通して視野を広げることができた。

実習全体を通して、職員の方より「市民のため」という意識や、都市計画図を買いに来る「お客様」という意識をもつことが大事であること等を生徒に話していただけたのが良かった。「働くことは誰かのためになる」ことの意識がもてたようであった。また、実習生は市役所実習を通して事務作業への希望を明確にするという成長が見られた。

市役所の職員の方々は、「対人サービス」に慣れているためか、生徒たちに丁寧に接してくださり、「自分のやった作業を評価し、認めてもらえる」ことが生徒たちには自信をつけるよい機会になっている。

実習生は、職員の方の想定よりもたくさんの仕事をすることができたので、与えられた作業が早く終わってしまい、やることがなくなってしまうこともあった。市役所実習では、実習生の適正な仕事量を判断することは難しい。このため学校が、適度な作業量や作業内容を具体的に伝えていく必要があり、事前の打ち合わせなどで、具体的な作業の相談（切り出し）ができれば、さらに充実するのではないかと考えている。

（辻村　洋平）

第3章 これからの生涯学習

1 生涯学習の推進に関する動向

東洋大学名誉教授　宮﨑　英憲

（1）「障害者の生涯学習」に関する国の検討

2019年3月、文部科学省の有識者会議が「障害者の生涯学習の推進方策について ―誰もが、障害の有無にかかわらず共に学び、生きる共生社会を目指して― （報告）」を公表した。有識者会議の設置は、2017年4月当時の松野文部科学大臣から「特別支援教育の生涯学習化に向けて」と題する大臣メッセージが出されたことに端を発している。大臣メッセージは、障害者が一生涯を通じて教育や文化芸術、スポーツなど様々な機会に親しむことができるよう、福祉や労働も含めた関係施策を連動させながら支援していくことの重要性を指摘したもので、この大臣メッセージを受けて有識者会議は設置されたのだが、設置の背景には、障害者の権利に関する条約第24条に明記されている「障害者を包容するあらゆる段階の教育制度及び生涯学習を確保」のうち「生涯学習の確保」に向けた検討を行ったという点で重要であり、障害者の生涯学習について国として初めて検討を行ったという点でも意味をもつものといえる。ここでは、「障害者の生涯学習の推進方策についての有識者会議の報告の概要について紹介したい。

（2）「障害者の生涯学習の推進方策について－誰もが、障害の有無にかかわらず共に学び、生きる共生社会を目指して－（報告）」の概要

報告は5章構成となっている。第1章は「背景－なぜ今、障害者の生涯学習について考えるのか－」として、生涯学習推進の意義や障害者の学びを取り巻く現状と課題を述べている。第2章は「障害者の生涯学習推進の方向性」として、めざす社会像や障害者の生涯学習推進において特に重視すべき視点について触れている。第3章は「障害者の生涯学習を推進するための方策」として、①学校卒業後における障害者の学びの場づくり、②障害の有無にかかわらず共に学ぶ場づくり、③障害に関する理解促進、④障害者の学びを推進

するための基盤の整備の4点を挙げて、推進方策についての視点等が述べられている。第4章は「障害者の生涯学習推進」に向けて早急に実施すべき取組として、国・地方公共団体に求められる取組、特別支援学校・大学・社会福祉法人やNPO法人・企業等の民間団体に期待される取組等についての記述。第5章は「今後の検討課題」として、具体的な成果指標を挙げてフォローアップを実施していくことを記述している。

障害者の生涯学習を推進していく際、この報告のサブタイトルにあるように、障害の有無にかかわらず、すべての人がより良く生きるために、それぞれが必要とする学習を生涯にわたって継続することのできる社会を形成していく視点が何よりも大切なことである。

（3）障害者の生涯学習推進において特に重視すべき視点

障害者の生涯学習を推進するにあたっては、生涯学習が、スポーツ活動や文化芸術活動、就労に向けた訓練、又は働くことそのものも含め、多様な活動の中で行われる側面があることを念頭に置く必要がある。生涯学習は多様な活動と切り離して推進できるものではなく、活動における学びにも着目して「障害者の生涯学習」の推進を図ることで、多様な活動の充実、質的向上が図られることを関係者が理解し、生涯学習・社会教育、学校教育、スポーツ、文化芸術、福祉、労働等に携わる者が相互に連携していくことが重要になる。生涯学習推進に欠かせないポイントとして、以下の4点が挙げられる。

①　本人の主体的な学びの重視

本人の学びの動機や主体的な参画に重きを置くとともに、支援者は本人のニーズに合った支援を行うことが求められる。また、学習の企画の段階から実施まで本人が継続的に関わることは、真に障害者のニーズに沿った学びの場づくりを行う上で大きな意義がある。

②　学校教育から卒業後における学びへの接続の円滑化

学校教育を通じて身に付けた資質・能力を維持・開発・伸長していくことができるよう、学校教育における学びと学校卒業後の学びを接続させ、生涯にわたって学び続けられるようにすることが重要である。障害のある生徒が望む将来の進路目標に基づく個別の教育支援計画について、卒業後の進路先等への引き継ぎ・活用を図る等、学校教育から卒業後の学びに円滑に移行するための仕組みを強化する必要がある（2018・2019年の学習指導要領改訂では、学校教育段階から将来を見据えた教育活動の充実を図る観点から、新たに、生涯学習への意欲を高めるとともに、社会教育その他、様々な学習機会に関する情報の提供に努めることができるよう配慮すること等の文言が盛り込まれた）。

③　福祉、労働、医療等の分野の取組と学びの連携の強化

障害者は学校卒業後、企業等において就労したり障害福祉サービスを利用したりしながら社会生活を送ることが多い。日々の生活において円滑かつ継続的に学ぶことができるよう、生涯にわたる学びと福祉や労働、医療などの分野における取組との連携を強化する必要がある。

④　障害に関する社会全体の理解の向上

社会全体で共生社会の実現に向けて取り組むためには、障害者の学びの場づくりを進め

ることと並行して、障害に関する社会全体の理解の促進を図ることが極めて重要である。障害者がどのようなことに困難を感じており、どのような配慮や支援があれば周りの人と共に学んだり交流したりしやすくなるのか、といったことについて、家族や支援者などの関係者だけでなく、社会全体の理解を進め、障害の有無にかかわらず、共に生きる「共生社会」の実現につなげていく必要がある。

(4) 障害者の生涯学習を推進するための方策

障害者の生涯学習に携わる人や組織の整備はいまだ不十分であり、学校卒業後の学びの場やプログラムが不足している状況を踏まえ、障害者の生涯学習の推進に向け、学びの場づくり、障害に関する理解促進、取組を推進するための基盤の整備の観点から、以下のような点に関しての具体的方策の検討が求められる。

① 学校卒業後における障害者の学びの場づくり(学校から社会への移行期の学び)
ア) 学校教育段階からの将来を見据えた教育活動の充実
イ) 移行期に求められる学習内容の整理
② 学校卒業後の組織的な継続教育の検討
ア) 障害福祉サービスと連携した学びの場づくり
イ) 大学における知的障害者等の学びの場づくり
③ 各ライフステージにおいて求められる学び

従来から、公民館や特別支援学校、大学等において障害者の生涯学習の場づくりに取り組む例はあるものの、障害者にとっては、休日等に地域での学習活動に参加するなどの機会が少なく、選択肢も十分でない状況にある。障害者の生涯学習について、国、地方公共団体、大学、特別支援学校、社会福祉法人や企業等の民間団体による基盤整備が進むことを期待したい。

【参考文献】
学校卒業後における障害者の学びの推進に関する有識者会議(2019):「障害者の生涯学習の推進方策について―誰もが、障害の有無にかかわらず共に学び、生きる共生社会を目指して―(報告)」平成31年3月.

２ 小中学校時代の学びと地域への啓発
～人と人、人と地域をつなぐ子供たちのジョブ体験～

杉並ぷれジョブの会　事務局　杉並区教育委員会事務局特別支援教育課
（前 杉並区立済美養護学校長）　松浦　隆太郎

（1）ぷれジョブは「存在支援」

土曜日の朝６時、いつも通りに目覚めたＭさんは、ちょっと眠い目をこすりながら「今日はぷれジョブ」と言って、支度を始める。この時期花粉症でうっとうしいＭさん（特別支援学校高等部２年生）だが、９時半からはこども園での仕事（ジョブ）がある。それに学校に通うのと同じくらい、もしかしたらそれ以上のモチベーションでジョブに向かう。こども園では、ベランダ掃き掃除、雑巾がけ、タオルたたみ、クルクル作り（包装紙を細長く丸めて作った棒をこども園ではいろいろな用途に使う）をしてくれるＭさんを待っている。彼女には「自分がしなくては」という意識と自己有用感が経験を重ねるごとに育っているのである。

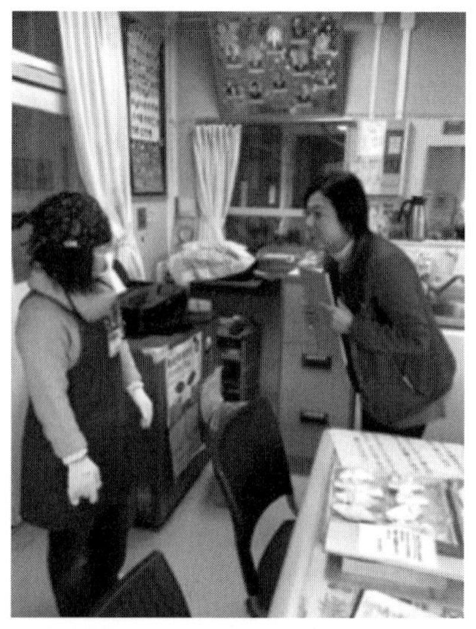

仕事の終わりを園長先生に報告するＭさん。園長先生から直接感謝される。

「ぷれジョブ」は2003年に当時岡山県倉敷市の中学校特別支援学級の担任であった西 幸代氏が始めた活動だ。子供に地域のサポーターが付き、地域の事業所でジョブを週１回１時間、半年間継続する活動を中心に、毎月１回の定例会に、本人・保護者・サポーター・受入事業所・担任などが集い、地域社会に緩やかでインクルーシブなつながりを作ることをめざした活動である。開始以来「特別支援教育研究」誌をはじめ、各誌、新聞などで紹介されてきたので、既知の方も多いと思う。

東京都杉並区堀ノ内に有志でこの活動を立ち上げたのは2012年秋である。地域の知的固定学級併設中学校と隣接する区立特別支援学校の校長２名で勉強会を立ち上げたところ、毎回20名位が集まった。そこで、杉並区教育委員会に支援をいただき、創始者の西氏を招いた講演会実施の運びとなった。2013年１月、約100名が参加した講演会の直後に機運が到来し、４月にチャレンジド第１号（当時小学校特別支援学級６年生のＳさん）の誕生となった。

「杉並ぷれジョブの会」は、約30名の会員の会費で運営する任意団体である。立ち上げ時には社会福祉協議会等から助成・寄付をいただいた。その後、先の講演会実施のように本会の力に余るときには、行政から支援をいただくこともあった。

会の運営は、チャレンジド（本人）の保護者、地域の方々が中心である。サポーターとして会を支えるほかにも、ホームページ管理で支えてくれる会員、都合でサポーターを休んでいる間も活動を見守り、再度加わることもある。出入りは緩やかにして、「いつでもウエルカム！」なことも杉並ぷれジョブの会の特徴だ。

ぷれジョブの「肝」は、就労支援を直接の目的としていないことである。これについて「全国ぷれジョブ連絡協議会」のZOOM会議で話題になった「ぷれジョブの理念」について西氏がまとめたものがあるので、以下に紹介する（西，2018）。

「ぷれジョブは、障害のある子供のジョブを話題に地域住民が互いの存在を認め合う「存在支援」（西，2017）を基本とし、障害の程度に関係なく誰でも参加できる仕組みがぷれジョブにはある。

図は「ぷれジョブの理念図」（荒木・西，2016）で、「内的生産性」は「貨幣的交換価値」に置き換えられない価値「私たちに社会の在り方や生き方にかかわる哲学的なことを深く考えさせ長い時間を経て意味があらわれる力」を表す。「貨幣的交換価値」は就労や就労支援を目的とする、現代社会の要請に応える能力的価値を表す。誕生から死へ、障害のない人の一生も「貨幣的交換価値」が多くを占める時期から、やがて貨幣を生まない「内的生産（死・休眠・待つ）の時代」に移る。だれしも地域で生きている姿を表現する場があれば「固有の存在価値」を表せる。何世代にも渡りこれを続ければ、子供たちに触れる地域住民が増え、彼らの力が「できてもできなくても人としての尊厳が守られ生きることができる地域」を自然と創りあげると考えている。

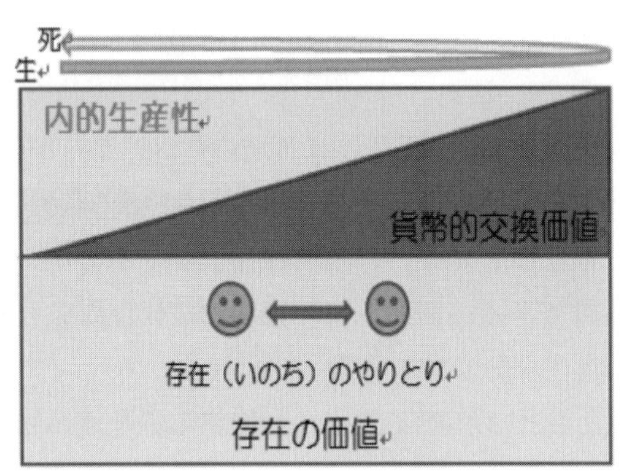

図　プレジョブの理念図

重度の子供のぷれジョブ（南魚沼）

（2）「ぷれジョブ」を杉並の風景に

杉並ぷれジョブの会も、会員がこうした理念に賛同しつつ活動を進めている。

以下に、杉並区内で行われているぷれジョブの一端をご紹介する。

①　チャレンジドの「やりたい」を大事にする

杉並ぷれジョブの会では、チャレンジド第１号から第２号の誕生までにおよそ１年かかった。特別支援学校中学部２年生に２号候補のＹさんがいた。保護者も校長も誘ってみたが、なかなか首を縦にふらない。ところが定例会に母親が本人を連れてきたときのこと、Ｓさんが写真を見せながら自分が体験したぷれジョブのことを発表する場面に居合わせた。すると発表を聞き終えたＹさんが、「ぼくもやります」とその場で意思表明したのだ。これにはみな驚いた。視覚と聴覚の情報で「本人」が伝えたことの重さである。

かくして2015年１月からＹさんのぷれジョブが始まった。職場は、チェーンの書店で毎週土曜日朝、開店前の30分行われた。ごみの分別や付録の輪ゴム掛け、はたきがけなど様々な仕事にＹさんは意欲的に取り組んだ。そればかりか毎回の定例会の準備を進んで引き受けてくれるようになり、「生活でも積極性が目立ってきた」と保護者や担任からの話があった。

開店前の書店で包装紙を分別するＹさん。みるみる時間が短縮された。

サポーターと鏡ふきの仕事に取り組むＭさん。手際がよくなった。

この出来事があって、ジョブの参加を考えている親子には、活動場面を親子で見学してから決めてもらうようになった。冒頭に紹介したＭさんもその一人だ。

彼女は、定例会の自己紹介でもうつむいたまま小声で呟くのがやっと、の連続であった。ところがＹさんのぷれジョブの姿をＭさん親子が見学したそのとき、母親が本人に「やってみる？」と水を向けると「やりたい」。この二つ返事に、母が驚いた。

そして、図らずも母親が受入先として開拓したＭさんが通う放課後デイサービス事業所でのぷれジョブが始まった。毎週土曜日の夕方、デイの活動終了後の清掃を１時間、床の掃除機掛け・机やいす拭き・大きな鏡磨きにジョブサポーターと共に取り組んだ。すぐにぷれジョブは彼女にとって、土曜日のトップ・プライオリティを置く活動となった。身のこなしが徐々に上達し、事業所の方からも毎回感謝される体験は、Ｍさんにとって大きな自信になった。その後の定例会ではうつむくことなく大きな声で自己紹介をし、自分の仕事発表の番には勇んで前に立ち、スクリーンに映った自分の姿を発表するようになった。こうしたチャレンジドの大きな喜ばしい変化を会員一同で共有できたことは、会の活動継続にとり、大きな自信になった。家でも学校でもない地域で仕事をして認められる経験が、子供に与える影響の大きさを実感した。

②　本物の空気を吸い、ジョブに取り組む

特別支援学校小学部６年生のＫさんは、５年生で前出の書店でのぷれジョブを経験していた。２回目は本人の希望でスーパーマーケットでのジョブとなった。

彼女の前に先のＳさんが中学３年生から高等部１年生にかけての半年間、本社のご理解

の下、区内にある店舗でぷれジョブを実施した。後半は店舗でも良い評価をいただくほどの仕事ぶりで、ぷれジョブの先鞭をつけてくれたこともあったので、Kさんの受入はすんなりと決まった。

本社事業部長Ｉさんから挨拶のしかたを教えてもらうKさん。真剣な表情！

その初回、本社から見えたＩさんから、みっちり挨拶の基本を教えていただいたKさん。学校の授業とは全く異なる雰囲気の中、緊張しながらも真剣なまなざしでＩさんを見て、挨拶練習に励む姿は、学校での本人を知る筆者には感動の姿でもあり、同時につらくなって「もう行きたくない」というのではないか、という不安も募った。しかし、杞憂であった。２回目からKさんは元気に取り組んだ。

開店時に「いらっしゃいませ」とかごを渡すKさん。お客様に好評だった。

Kさんは、小学生ということもあり、ジョブの時間を40分に、さらに商品の前進作業だけでなく、開店から10分間、お客様にかごを渡す仕事を設定していただいた。この活動が、お客様に好評で「いらっしゃいませ」「ありがとう」というやりとりが回を追うごとに見られるようになった。「とてもいいね」とKさんに声をかけるお客様もいた。また、Kさんは作業手順だけでなく、仕事の終わりには店長を探して報告に行くということがすっかり身に付いた。回を重ねるごとに店の方々のまなざしも優しくなっていったことをサポーターたちも感じ取っていた。

最終日の修了式では、店長さんから、「かごを渡す“いらっしゃいませ”は、今後も店で続けたい」との評価をいただいた。学校の実習ではない「ぷれジョブ」だからこそ、本人に合う仕事をさせてもらえ、仕事の結果が認めてもらえたのである。

さらに保護者からは「初回、挨拶を正しく覚える練習をしていただいたおかげで、２回目からの活動がスムーズになった」との感想があった。たとえ小学生であっても、仕事をする以上「本物」であること、自分が本物の仕事をしている、という意識が重要なのだと思う。今回のスーパーでも先の書店でも、店員さんと同じエプロンを貸していただいた。これも「本物の仕事」という意識付けに役立ち、本人のやる気と、褒められて感謝されたときの喜びの大きさにつながったのだと思う。

③　ぷれジョブでのキャリア・アップ
～「ともジョブ」～

チャレンジド第１号のSさん、彼は中学校支援学級に進み、サッカー部員として活躍し、３年生の夏に他の友達と共に部活を引退。そして、彼にとっては２回目となる前述のスー

Ｓさんは、サポーターの助言を生かし自分でやりやすい方法を工夫した。

パーマーケットでのぷれジョブが中学３年の秋から始まった。修了後、高等部１年の９月から新たに３回目を開始した。以前Ｍさんが体験した放課後デイサービス施設の清掃作業である。

スーパーマーケットのジョブ体験で、彼には作業の遂行に見通しをつける力が育っていた。前進作業に取り掛かる前に、どこに不備があるかを眺めて見つけ、そこを意識して作業し、最後に見直す、という動作である。これをいつの間にか身に付けており、サポーターたちも舌を巻いていたのであった。

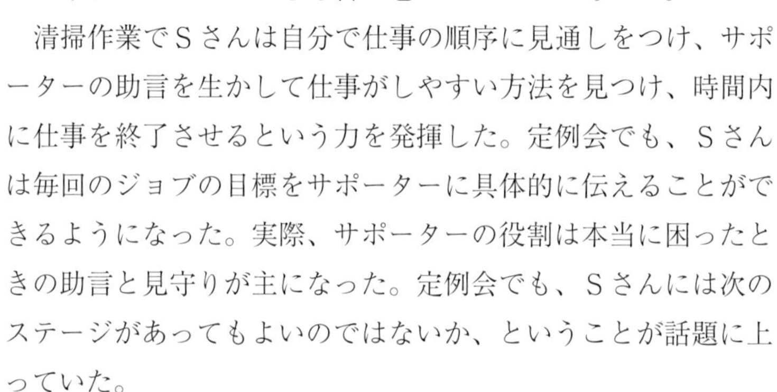

掃除機の扱い方をＪさんに教えるＳさん。現在はＪさんがチャレンジドだ。

清掃作業でＳさんは自分で仕事の順序に見通しをつけ、サポーターの助言を生かして仕事がしやすい方法を見つけ、時間内に仕事を終了させるという力を発揮した。定例会でも、Ｓさんは毎回のジョブの目標をサポーターに具体的に伝えることができるようになった。実際、サポーターの役割は本当に困ったときの助言と見守りが主になった。定例会でも、Ｓさんには次のステージがあってもよいのではないか、ということが話題に上っていた。

そうしたタイミングで、チャレンジド候補に名乗りを上げたいと思っている親子の見学機会があった。そこで、両人の了解と事業所の許可もいただいて、先輩チャレンジドが次期チャレンジドに仕事を教える「ともジョブ」を試行した。

以下は、そのときのサポーターの報告である「Ｓさんは、掃除機の持ち方、スイッチの位置を丁寧に伝え、いつもする四角の中のトンボがけを半分にし、あとはＪさんにバトンタッチ。＜…中略…＞Ｓさんの中では、しっかり先の段取りを見据えた上での行動でした！せまい場所や隅のかけ方は、まず自分がやってみせ、説明をしてからＪさんに渡すという完璧な指導ぶり。その都度、「じゃ、やってみよう」「うまいぞ！」「いいぞ、いいぞ！」と、励ましの言葉がけも忘れません。すごいです！」

こうしてＳさんは自分自身のキャリア・アップとともに、Ｊさんに仕事を引き継いだ。彼は、自分が使ったエプロンを丁寧にアイロンがけしてＪさんに渡し、バトンタッチしたとのこと。共に仕事をする仲間意識、連帯感も生まれたようだ。

④　定例会とジョブが活動の両輪

チャレンジドたちを支援するにつけ、サポーターたちもチャレンジドたちから支えられていると感じるようになる。チャレンジドについてのサポーターの発見、事業所や地域の方たちからの嬉しい声掛けやまなざし等々、それらをチャレンジドとその保護者、サポーター同士で分かち合い共有する場が、毎回20名前後が集まる、月１回の定例会である。極端に言うと、ジョブ活動はたとえ休眠中でも定例会を欠かさないことが、ぷれジョブの地下茎のような生命力につながる。杉並では、チャレンジド第１号から第２号誕生までの１年余りが正にその時期だったが、それは必ず芽吹くことも我々は体験でき、ぷれジョブ継続の財産になった。

定例会では、毎回スライドでチャレンジドの様子が紹介される。

ぷれジョブは、小学校５年生から高校３年生までなら、どのような障害があろうとも例外なくチャレンジドになれる（前出、南魚沼の写真参照）。ぷれジョブの仕事体験を通して子供たちのキャリア発達していく姿が、本人とその周囲を元気づけ、彼らを中心にして、地域で「存在を支援し合う」ゆるやかな絆が生まれていく。それが繰り返されながら、関わるすべての人の存在が価値あるものと認められ、インクルーシブな地域が耕されていくことをめざす、息の長い活動なのである。

最近、区議会で、「杉並ぷれジョブの会」の活動が「地域の社会資源を生かした絆づくり」として取り上げられる機会を得た。人口56万人の杉並区では、この活動は未だ小粒種のような存在だ。しかしときには行政の支援をいただきながら、今後も活動を継続してゆき、「ぷれジョブを杉並の風景に」育てていきたいと願っている。

※お願い：活動のより詳細な理念や中身については「全国ぷれジョブ連絡協議会」をWebで検索いただき、本稿の不足分を補っていただきたい。

③ オープンカレッジ東京における生涯学習支援

大阪教育大学特別支援教育講座特任講師　今枝　史雄

（1）概要

オープンカレッジは、大学の施設や教授・学生ボランティアなどの大学資源を活用した知的障害者の生涯学習を支援する取組である。2018年現在で全国では20カ所ほどで取り組まれている。オープンカレッジ東京は東京学芸大学附属養護学校（現特別支援学校）の卒業生のニーズに対応できる継続教育、障害のある人々の自己理解（主体性の確立）と社会参加の支援を目的として、1995年に東京学芸大学で知的障害のある人々を対象に大学公開講座を開講したのが始まりである（松矢，2004）。2006年度よりオープンカレッジ東京と名称を変更し、知的障害者の生涯学習における「学習内容」「学習方法」を検討してきた。

オープンカレッジ東京では学習講座を毎年9月から12月にかけて年4回開催しており、講師は主に大学教員が担当している。毎講座約50名程度の知的障害者及び定型発達者（学生を含む）が参加している。知的障害のある受講生は神奈川、埼玉、千葉といった近県のみならず、茨城、栃木、群馬、新潟、福島などからも参加している。これまでオープンカレッジ東京に参加した知的障害者は300名を超え、その中でも20年連続で参加している者は約10名いる。

こうしたオープンカレッジ東京の運営はオープンカレッジ東京運営委員会なる組織が行っており、メンバーは大学教員、特別支援学校教員、社会福祉法人職員、特例子会社職員、学生等で構成されている。月に1度、運営委員会を開催し、講座内容について話し合っている。

（2）学習内容

1995年の開講以来、2018年の24年間で実施した講座数は117講座にのぼる。2006年からは、菅野（2012）が提唱した「学習・余暇（学ぶ・楽しむ）」「自立生活（くらす）」「作業・就労（はたらく）」「コミュニケーション（かかわる）」からなる「生涯発達支援と地域生活支援の4領域」に基づき学習内容を設定し、成人期にとって真に重要な学習内容を見いだす取組を行った。その成果は「知的障害者の生涯学習支援～いっしょに学び、ともに生きる～」（オープンカレッジ東京運営委員会編，2010）にまとめられている。2015年から、オープンカレッジ東京のテーマを「考える“わざ”を学ぶ」とした。このテーマは、知的障害者自身が自己決定（自分のことは自分で決める）できるようになってほしいという願いを込め、知的障害のある受講生にとっては「自己決定に関わる考える“わざ”（問題を解決する力）を身に付けること」、主催する大学側にとっては「自己決定（比較・選択）に関わる問題を解決する力を身に付ける学習方法を明らかにすること」を目的としている。

オープンカレッジ東京では、自己決定の中でも「自分で選択肢を選択する」という行為に焦点を当て、講座を通して、学習内容・学習方法の提案を行ってきた。いくつかの講座を通して明らかになってきたポイントは以下の３点である。

①自分に合った選択肢を選択するまでにはいくつかのプロセスがある
②選択肢を選択する前に、選択肢の特徴を知る活動（特定）が必要である
③選択肢の特徴を知るには、特徴を表へ整理することが有効である

以上を受け、オープンカレッジ東京では、選択肢の特徴を整理するマトリックス表（表１）と選択プロセス（図１）を提案した。

表１　マトリックス表（例：仕事の選択）

観点/選択肢	仕事A	仕事B	仕事C
職場までかかる時間	30分	45分	1時間
給料	12万円	15万円	14万円
勤務時間	7時間	8時間	6時間

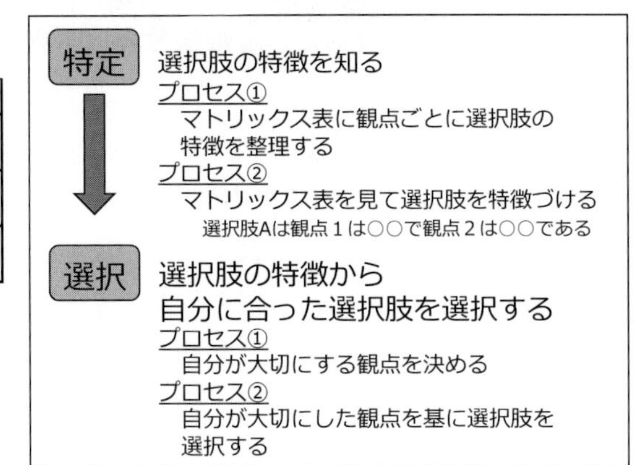

図１　選択肢を選択するプロセス

次に、以上の選択プロセスに沿って取り組んだ「住まいを選択する“わざ”」という講座を紹介したい。

【講座】「住まいを選択する“わざ”」について

厚生労働省が2017年に発表した「意思決定支援ガイドライン」には社会生活において意思を決定する場面として「居住先の選択」を挙げている。しかし、オープンカレッジ東京を受講する知的障害者を対象にした自己決定に関するアンケートでは、「居住先の選択」は「他の人に決めてもらった」「決めた経験がない」という回答が80％を超える結果であった。こうした課題を受け、本講座は「一人暮らしをする際のアパートの選択」をテーマに６つの観点（居住条件）を用いて、３つのアパートを比較・選択する課題を設定した。

【展開１】アパートの選び方（講師による講義）

アパートの選び方について、本講座では「駅までの時間」「部屋の広さ」「勤務地までの時間」「お風呂の仕様」「日当たり」「コンビニまでの時間」という６つの観点があることを伝え、それぞれのポイントを説明した。例えば、「お風呂の仕様」は「ユニットバス」「トイレ・バス別」「トイレ・バス別（追焚機能付）」などがあること、日当たりは「南向き」が良い

ことなどである。部屋の広さは、段ボールで作成した８畳分のスペースを用意し、想像しやすいよう配慮した。

【展開２】選択するアパートの特徴を知ろう（特定）

３件のアパートの物件情報（アパートの特徴）を６つの観点に沿って提示し、それらをマトリックス表に整理した（図２：特定プロセス①)。整理した後は、それぞれの観点ごとに順位をつけ、アパートごとに「良いところ＝１位の観点」を整理した（図３：特定プロセス②)。

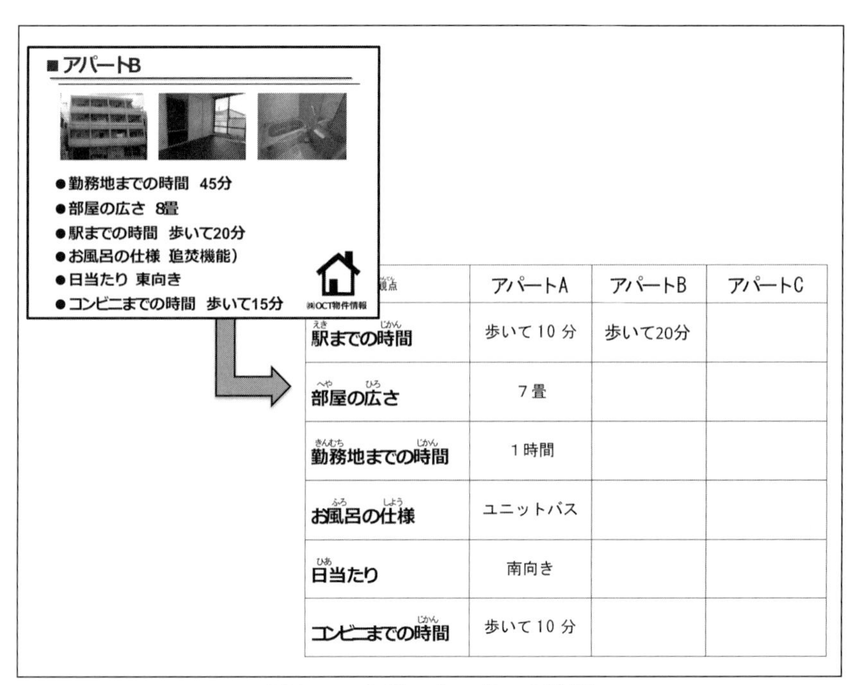

観点	アパートA	アパートB	アパートC
駅までの時間	歩いて 10 分	歩いて20分	
部屋の広さ	7 畳		
勤務地までの時間	1 時間		
お風呂の仕様	ユニットバス		
日当たり	南向き		
コンビニまでの時間	歩いて 10 分		

図２　マトリックス表への整理

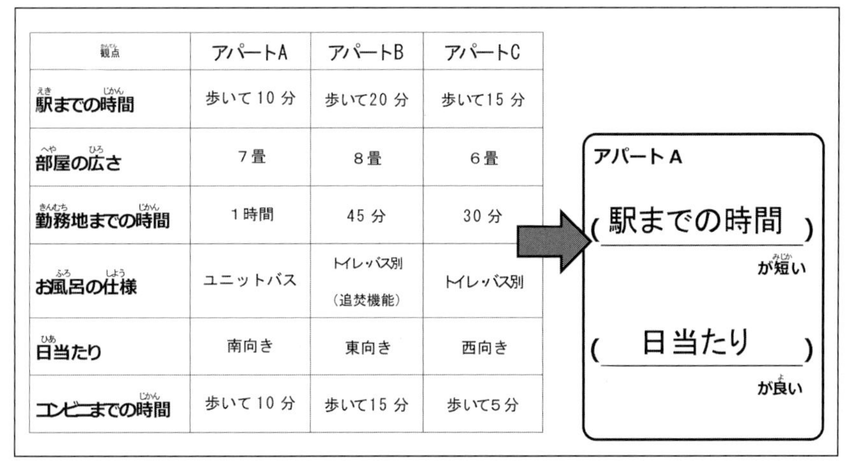

観点	アパートA	アパートB	アパートC
駅までの時間	歩いて 10 分	歩いて20 分	歩いて15 分
部屋の広さ	7 畳	8 畳	6 畳
勤務地までの時間	1 時間	45 分	30 分
お風呂の仕様	ユニットバス	トイレ・バス別（追焚機能）	トイレ・バス別
日当たり	南向き	東向き	西向き
コンビニまでの時間	歩いて 10 分	歩いて15 分	歩いて5 分

図３　アパートごとの特徴の整理

【展開３】自分に合ったアパートを選択しよう（選択）

６つの観点について、アパート選択の時に、自分が大切にする観点に順位をつけた（選択プロセス①）。その順位を基に、アパートごとに得点化を行い、合計得点が最も高いアパートを自分の選択肢とした（図４：選択プロセス②）。

				アパートA			アパートB			アパートC		
順位	観点	大事さ		要素	順位得点	得点	要素	順位得点	得点	要素	順位得点	得点
１位	駅までの時間	一番大事	× 4	歩いて10分	3 (1位)	12	歩いて20分	1 (3位)	4	歩いて15分	2 (2位)	8
２位	日当たり	大事	× 2	南向き	3 (1位)	6	東向き	2 (2位)	4	西向き	1 (3位)	2
３位	部屋の広さ	まあまあ大事	× 1	7畳	2 (2位)	2	8畳	3 (1位)	3	6畳	1 (3位)	1
合計得点				20			11			11		

図４　アパートごとの得点化と選択

受講生にとってアパートを選ぶ観点として、最も人気があったのは「駅までの時間」、次いで「部屋の広さ」「勤務地の時間」であった。「駅までの時間」（が短いほうが良い）を大切にした受講生はアパートＡ、「部屋の広さ」を大切にした受講生はアパートＢというように、受講生は特定（選択肢の特徴を知る）を経ることで、自分に合ったアパートを選択することができていた。

（３）今後の展望

今回紹介した学習内容は、あくまで課題であったが、実生活で選択肢を選択する際のポイントとして、以下の３点が考えられる。

①2つ以上の選択肢に対して、2つ以上の観点から考えること
（メリットがあれば、デメリットもある。観点が1つだとメリット・デメリットがわかりにくい）
②「比較の観点」に挙げられるものについて、自分なりの価値観をもてるよう、学習や体験をすることが必要
（居住先の選択の場合：駅までどのくらい歩くのか実際に経験してみる）
③「自分で選択した」という経験が大切
（家族、支援者など、周囲も含めて考えていくのは本人が選択してから）

①については論理的な思考が必要となり、②についても様々な学習経験が必要となることが予想される。学齢期における進路指導なども含め、知的障害者が「自分で選択できる」「自分で選択した」と自ら実感できるよう、生涯学習の機会を通じて、さらに自己決定に関わる学習方法を明らかにしていく必要がある。

【参考文献】

菅野敦（2012）:障害児者理解と支援のための基本的な考え方．橋本創一・菅野敦・大伴潔・林安紀子・小林巌・霜田浩信・武田鉄郎・千賀愛・池田一成編著：障害児者の理解と教育・支援－特別支援教育／障害者支援のガイド－．金子書房，29-38.

松矢勝宏監修・養護学校進路指導研究会編（2004）：大学で学ぶ知的障害者－大学公開講座の試み．大揚社．

オープンカレッジ東京運営委員会編（2010）:知的障害者の生涯学習支援－いっしょに学び、ともに生きる－．社会福祉法人東京都社会福祉協議会．

④ 志村学園の生涯学習プログラム

東京都立志村学園進路指導担当主幹教諭　小澤　信幸

東京都立志村学園高等部就業技術科の概要

生徒全員の企業就労を目指します。

■ **所在地：**
東京都板橋区西台1-41-10
※ 都営三田線「西台」徒歩20分

■ **定員：**
1学年80名（1学級10名）

■ **出願資格：**
知的障害の軽い方
都内にお住まいで、入学後は一人で通学できる方
卒業後「就職したい」「自立したい」と希望する方

継続は力なり

生徒の社会自立と
社会貢献できる人材育成の教育を推進します。

（1）「本人講座」立ち上げの経過

東京都教育委員会では、「学校教育上支障のない限り、都立学校を広く開放し、都民の学習・文化・スポーツ活動の振興に資するとともに、地域に開かれた学校づくりを促進するため、都立学校の教育機能と施設を開放することを目的として『都立学校開放事業』を実施」している（東京都教育委員会ホームページより）。

そして、「都立学校開放事業」の一つとして、「都立学校公開講座」を実施しており、本校も2015年３月、高等部就業技術科１期生の卒業に合わせて、卒業生を対象に「本人講座」を開始した。

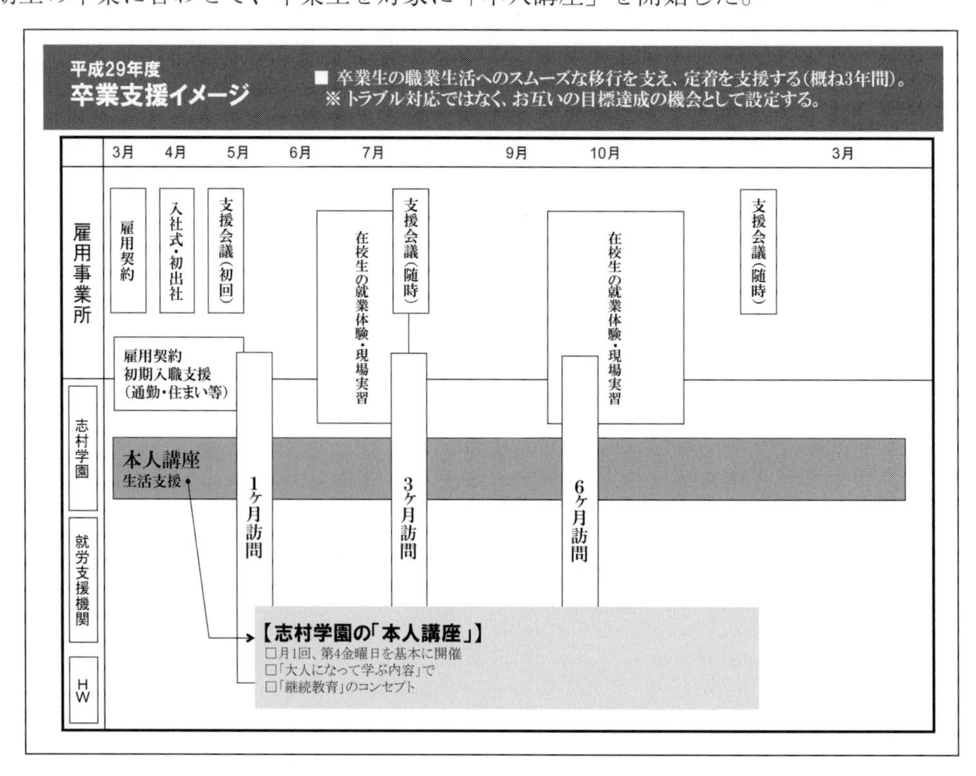

当時、東京都教育委員会に届けた計画は、「就業技術科の卒業生を初めて送り出すにあたり、大人になって初めて学ぶ内容をこの講座で扱っていく。また、社会人としてスタートを切ってから、不安なこと、不明なこと等を持ち寄って、新たなテーマとしてまとめていくことも、卒業生と一緒に行う予定である」という内容であった。

また、学校経営計画にも、「継続教育」という名称で、卒業生アフターケア（追指導）について、QOLの観点から充実することを掲げていた。出身学校として、卒業生に向けた支援は何ができるかを模索しながらの取組であった。

その後、2018年3月までに、3期生まで卒業生を送り出し、今年度は卒業生3年分を見据えて、内容を精査する年を迎えている。

実施方法は、5月から毎月1回、第4金曜日を基本に（行事等により調整あり）、18時から21時、志村学園で開催している。卒業生は、仕事終わりに来校してくれるので、体は疲れていても、懐かしい友達や先生に会って、気分転換にもなる時間を過ごしている。2017年度の年間の出席は、1期生が38.8%、2期生が48.3%だった。

（2）具体的な講座

①「働く生活を作るために」（生活支援センターや相談支援事業所を活用しよう）

地域で相談支援事業等を展開している社会福祉法人から講師を招いての内容だった。この講座は、生活設計・ライフデザイン、ライフイベントなどのキーワードから、働く生活を作っていけるように、その実現のために「頼れる人・頼れるところ」を増やせるようにと意図して開催した。

大人になったら

自分の人生を考えてみましょう
10年後、どんな暮らしを
していたいですか

1. 誰と暮らすか
2. どこで
3. 何をして

講師のスライドの一部

2018年度　本人講座 年間計画

月日	1期生	2期生	3期生	備考
	ビルメンテナンス実習室	視聴覚室	会議室	
5月25日	○オリエンテーション ○社会人3年目 ○ミニ講座「年金のお話し」 ○来年以降はどうする？	○オリエンテーション ○社会人２年目 ○ミニ講座「障害基礎年金」	○オリエンテーション ○新社会人として、どうですか？	
6月22日	○お酒との付き合い（アルコールパッチテスト） ○ミニ講座「障害基礎年金」 ○来年以降はどうする？	○お酒との付き合い（アルコールパッチテスト） ○ミニ講座「障害基礎年金」	○職場での付き合い〜これから出会う『飲み会』への誘い（アルコールパッチテスト）〜	外部講師
7月27日	○大人のファッション ○ミニ講座「大人の自己理解①」 ○来年以降はどうする？	○社会人２年目のあれこれ ○ミニ講座「障害基礎年金」	○ライフイベントとは？（マイ・ライフ・プランから生活設計へ）	
8月24日	○ミニ講座「大人の自己理解②」 ○来年以降はどうする？	○生活設計とお金 ○ミニ講座「差別解消法」	○セルフコントロール（ストレスチェックから自分のストレスを知る） ○ミニ講座「保険」	
9月28日	○アンガーマネジメント・その3 ○来年以降はどうする？	○アンガーマネジメント・その2 ○ミニ講座「虐待防止法」	○ライフイベントと生活設計（働く生活を作るために） ○ミニ講座「障害者の権利条約①」	
10月26日	○「働く生活を作るために」（生活支援センターや相談支援事業所を活用しよう） ○来年以降はどうする？	○「働く生活を作るために」（生活支援センターや相談支援事業所を活用しよう）	○「働く生活を作るために」（生活支援センターや相談支援事業所を活用しよう）	外部講師
11月16日	○「働く生活を作るために」（通勤寮、グループホーム、一人暮らし、そして生活設計） ○来年以降はどうする？	○「働く生活を作るために」（通勤寮、グループホーム、一人暮らし、そして生活設計）	○「働く生活を作るために」（通勤寮、グループホーム、一人暮らし、そして生活設計）	外部講師
12月21日	○ステキな大人になろう〜好きな人と良い関係を作るために・vol 3〜 ○来年以降はどうする？	○ピアカウンセリング（先輩から後輩へ、先輩と後輩と仲間と） ○ミニ講座「地域福祉権利擁護事業」	○ピアカウンセリング‥‥（先輩から後輩へ、先輩と後輩と仲間と） ○ミニ講座「障害者の権利条約②」	外部講師
1月25日	○今年の目標・抱負・今年の漢字一字 ○卒業後３年、来年以降はこうしよう！〜来年に向けての準備〜	○今年の目標・抱負・今年の漢字一字 ○東京オリンピック・パラリンピックに思いをはせる	○ステキな大人になろう〜好きな人と良い関係を作るために・vol 1〜 ○今年の目標	
2月15日	○東京オリンピック・パラリンピックに思いをはせる ○卒業後３年、来年以降はこうしよう！〜来年に向けての準備〜	○ステキな大人になろう〜好きな人と良い関係を作るために・vol 2〜	○東京オリンピック・パラリンピックに思いをはせる・・・ ○ミニ講座「障害基礎年金」	
3月8日	○卒業後３年、来年以降はこうしよう！〜来年に向けての準備〜	○社会人２年目を振り返り、３年目をデザインする。	○社会人１年目を振り返り、２年目をデザインする〜ライフイベントは何がありそう？〜 ○ミニ講座「障害基礎年金」	

※「働く生活を作るために」シリーズについては、講師を招いての講座。年代共通で実施予定。
※「ミニ講座」については、進路指導部で対応する。

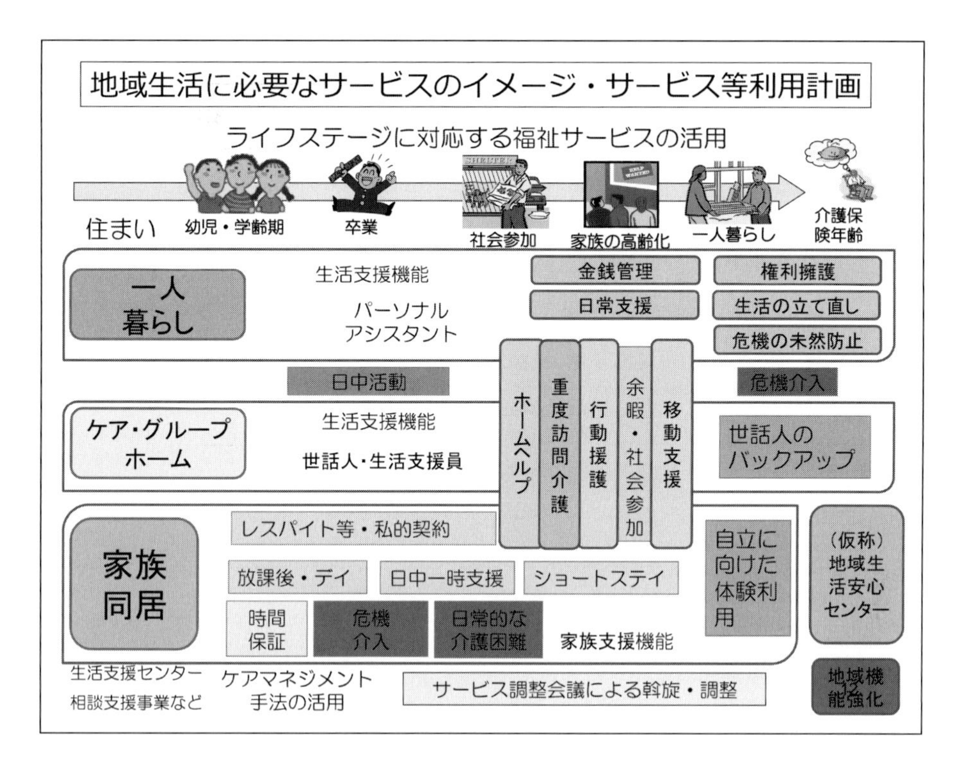

在学中「あこがれ」だった生活（通勤寮やグループホーム、一人暮らし、ルームシェア、結婚など）は、本当に実現できるのか、一人ではどうしていいのか考えられない……そんな問いに「大丈夫、福祉の専門家を訪ねてください」と、わかりやすく話していただいた。

長い人生をどうデザインするか、自分の希望実現の努力をどう応援してもらうか、タブーなしの講座で楽しめていた。

②　通勤寮・グループホーム・一人暮らし・結婚の実際

大田通勤寮の方々に「いろんな暮らし方をしている先輩に話してもらえないか」と、とある機会に言ってみたところ、実現したのがこの講座だった。

現役で通勤寮を利用している方、卒寮してグループホームで暮らしている方、一人暮らしをしている方、結婚されて夫婦で暮らしている方、通勤寮の寮長とサービス管理責任者の方々からもフォローやツッコミをもらいながら、リアルで生々しい話が飛び交い、楽しい講座になっている。質問もたくさん出たが、残念ながら時間切れとなった。まとめにかえて、終わってからのアンケートから、感想を一部紹介する。

○ 通勤寮、グループホームの利用者からタメになる話を聞けました。2018年以降、深く考えさせられることになるかもしれません。
○ 通勤寮やグループホームの詳しい話や生活のしかたなどは、あまり聞いていなかったので、今回の講座では実際入寮している人や、卒寮して一人暮らし、結婚している方もいらっしゃったので、すごくいい経験になった。
○ 通勤寮とグループホームが近くなった感じがしました。より現実というか、身近になりました。

資　料

職域の変化

就業促進研究協議会では、2010（平成22）年度卒業生より進路先を職域ごとに分けて集計している。

東京都の特徴として分かりやすい①事務、②製造、③物流、④小売販売（スーパーマーケット等のバックヤードなど）、⑤飲食厨房（レストランでの食器洗浄など）、⑥対物サービス（館内清掃など）、⑦対人サービス（老人ホームでの介護など）に分類してきた。

2010（平成22）年度と2018（平成30）年度卒業生で比較してみる。数字は、東京都立知的障害特別支援学校高等部卒業生を対象としている。

2010年度は卒業生1,155名中449名が就職している（就職率38.9%）。2018年度は卒業生1,634名中805名が就職している（就職率49.3%）。

職域の変化としては、①事務が17%から32%に増加し、②製造は微増、③物流は減少、④小売販売は23%から10%に減少、⑤飲食厨房も22%から14%に減少、⑥対物サービス（清掃）は16%から20%に増加、⑦対人サービス（介護）は微増となっている。

８年間の変化の要因としては、職業学科を中心として特別支援学校の作業学習の見直しが行われたこと。その結果、事務や清掃の作業で学んだ生徒たちが新たなスキルをもって社会参加できたこと。一方、本社機能のある会社を中心に知的障害者が事務で働くことの理解が進んだことが考えられる。また、特例子会社を中心として、企業の社屋等の清掃を内製化することでの雇用が伸びてきていると考えられる。また、以前は雇用の中心だった小売販売や飲食厨房は、雇用率上も充足してきたためか割合としては減少してきている。

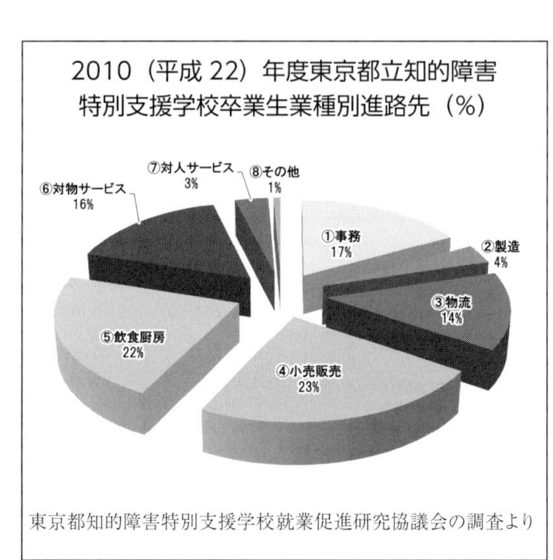

東京都知的障害特別支援学校就業促進研究協議会の調査より

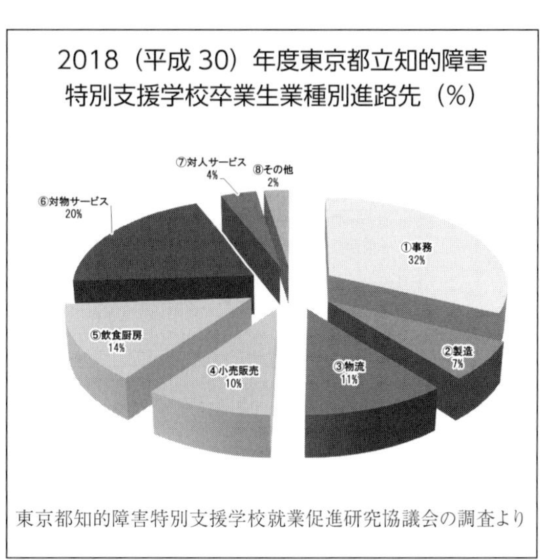

東京都知的障害特別支援学校就業促進研究協議会の調査より

東京都知的障害特別支援学校就業促進研究協議会の歩み

年　度	東京都知的障害特別支援学校就業促進研究協議会に関する事項	
1974 (S49) ⋮ 1998 (H10)		
1999 (H11)		〈時代の変化に対応した職業教育の充実 - 多様な職業教育と新たな進路指導を追及して－〉 「平成１１年度都立養護学校職業教育推進委員会報告書」平成１２年３月東京都教育庁指導部 東京都知的障害養護学校就業促進研究会の発足
2000(H12)		〈時代の変化に対応した職業教育の充実－多様な職業教育と新たな進路指導の展開－〉 「平成１２年度都立養護学校職業教育推進委員会報告書」平成１３年３月東京都教育庁指導部 平成１１・１２年度盲学校、聾学校及び養護学校就業促進に関する調査研究「第２年次調査研究報告書」平成１３年２月東京都知的障害養護学校就業促進研究協議会 東京都知的障害養護学校就業促進研究協議会と改称 （都知的障害養護学校校長会外郭研究団体）（６ブロック化－ネットワーク作り）
2001 (H13)		〈就業支援に関する実践研究 2002 － 2003）〉全国特殊学校長会平成 13 年度文部科学省委嘱事業「就業支援に関する調査研究」
2002 (H14)	**「企業向けセミナー」開始**《東京都知的障害養護学校就業促進研究協議会として、関係機関への啓発･理解を求める活動の開始》	
2003 (H15)	**「個別移行支援計画Q＆A－基礎編－一人一人のニーズに応じた社会参加へのサポート」**「平成１４・１５年度文部科学省委嘱事業「就業支援に関する実践研究」（第１年次実践報告書） 平成１５年２月東京都教育庁指導部／東京都知的障害養護学校就業促進研究協議会編	
2004 (H16)	**「一人一人のニーズに応じた社会参加へのサポート個別移行支援計画Q＆A応用編」** 都教委・東京都知的障害養護学校就業促進研究協議会編 **委嘱研究事業研究発表会実施** 《東京都知的障害養護学校就業促進研究協議会各6ﾌﾞﾛｯｸ同時に研究発表と全体発表会を開催》 **第１回夏季専門セミナー開始**（以後毎年実施）（P 66）参照	
2005(H17)	「企業向けセミナー」が東京都教育委員会・東京都知的障害養護学校就業促進研究協議会との共催となる	
2006(H18)		
2007 (H19)	東京都知的障害養護学校就業促進研究協議会 **→東京都知的障害特別支援学校就業促進研究協議会に変更** **「知的障害者就労支援研究」福祉、教育、労働の連携による知的障害者の就業・生活支援～連続性のあるチーム支援モデルの提案～報告** 東京都社会福祉協議会との協働出版	
2008 (H20)	「企業向けセミナー」は東京都教育委員会主催になる	
2010 (H22)		
2013(H25)		
2016 (H28)	各ブロックによる企業向けの「障害者雇用支援セミナー」を開催〈東京都教育委員会主催〉（以後毎年開催）	
2018 (H30)		

東京都教育委員会における教育・福祉に関する事項	法令等の変遷
1997度　「都立養護学校の職業教育の充実」都立養護学校職業教育推進委員会 1998度　「時代の変化に対応した職業教育の充実」都立養護学校職業教育推進委員会 1998度　「職業教育のあり方を考える－職業教育指定校研究報告集－」知的障害教育編	1974　全員就学義務化（東京都） 1976　特例子会社制度法律化 **1988　障害者雇用率1.6%（知的障害適用対象）** **1998　障害者雇用率1.8%（知的障害者雇用事業主の義務）**
「障害者の新たな職域開拓に向けた職業教育等の調査研究（第1年次）」全国特殊学校長会	
「障害者の新たな職域開拓に向けた職業教育等の調査研究（第2年次）」全国特殊学校長会 《全国各都道府県から、就業率や離職率、定着困難ケースのアンケート調査を実施》	
	2001　障害者機会創出事業開始
「障害者基本計画」「重点施策実施5ヶ年計画」により2016（H17）までに盲・ろう・養護学校は個別の支援計画策定へ	
	2003　支援費制度施行（契約によるサービス事業）
東京都特別支援教育推進計画の策定	2004　障害者就業・生活支援センター事業創設
都立養護学校で「個別の教育支援計画」の完全実施 作業学習における企業等アドバイザー事業（都教委義務教育心身障害児教育部学務課）	2005　精神障害者実雇用率にカウント 発達障害者支援法施行
職業教育モデル事業（東京都教育庁義務教育心身障害児教育部学務課） 職業教育充実事業（東京都教育庁義務教育心身障害児教育部指導課） 職業教育における企業等アドバイザー事業（都教委義務教育心身障害児教育部学務課）就労サポーター事業（東京都教育庁義務教育心身障害児教育部学務課）	2006　障害者自立支援法施行
東京都特別支援教育推進計画第二次実施計画の策定	2007　障害者の権利に関する条約に日本署名 改正連携通達（文科省&厚労省）
教育庁特別支援教育推進室開室	2008　短時間労働者(週20～30時間)雇用の義務化
東京都特別支援教育推進計画第三次実施計画の策定 就労支援アドバイザー事業開始（特別支援教育推進室）（P 87）参照	
	2012　障害者虐待防止法施行 2013　障害者総合福祉法施行 **障害者雇用率2.0%** 2014　**権利条約に批准**
東京都特別支援教育推進計画（第二期）第一次実施計画の策定	2016　障害者雇用における合理的配慮義務化
	2018　障害者差別解消法施行 **障害者雇用率2.2%(⇒2020 2.3%)**

あとがき

数年前からずっと、本当にずーっと、東京都の進路指導の実践の移り変わりについて書き残していくべきではないかと、宮﨑英憲先生、そして亡くなられた尾崎祐三先生から提案していただいていました。

巻末資料の「歴史」にある様々な調査研究の報告後も、現場では進路指導担当が日々活動していたことは事実です。

雇用促進法による知的障害者の企業就労率の上昇の中では職域の拡大を、総合支援法に至る道筋では卒業生の移行を支援する社会福祉や通常教育との連携を、等々、私たちは学べることは吸収したいという意欲をもって臨んできました。その活動の中で、進路指導の実践の途中経過だけでもまとめなければ…と思いつつ、皆様にご報告できる日が遠のいてきてしまったのでした。

「学校教育が変わらなければ…。」

その思いだけでは生徒や卒業生を支える役割を成し得ていません。今の私たちは時代に先んじているとは言い難い現状に甘んじて蠢いているだけかもしれなかったのです。

「本人主体」と言いつつも、その前に「学ぶ喜び」を整えてきただろうか？　時代に追われる私たちではなく、社会に向き合っている彼らに寄り添う私たちでありたいと気を引き締めて、これからも歩を進めていきたいと思います。

この冊子を手にとってくださった皆様には、私たちは一朝一夕でここまできたのではなく、仲間づくりを重ねて逡巡しつつもあきらめずに学びと実践を続けてきたことを汲みとっていただけたら幸いです。

最後に、いつも応援の手を差し伸べてこのたびの執筆にもご協力くださった企業の方々にあらためて深く感謝申し上げます。これからも叱咤激励を賜りますようお願い申し上げます。

また、気長に励ましてくださった株式会社ジアース教育新社加藤勝博社長、市川千秋様、この日を迎えられたことに研究会一同厚くお礼を申し上げます。

2019 年初秋

知的障害教育研究会一同

執筆者一覧

はじめに

◎宮﨑　英憲　　東洋大学名誉教授

第１部

第１章

宮﨑　英憲　　（前掲）

第２章

○武富　博文　　神戸親和女子大学准教授

第３章

○松見　和樹　　千葉県立つくし特別支援学校教頭
吉池　　久　　東京都立南大沢学園副校長

第２部

第１章

宮﨑　英憲　　（前掲）
○原　　智彦　　あきる野市障がい者就労・生活支援センターあすくセンター長
○小笠原まち子　　元 東京都立青鳥特別支援学校進路指導主任
○菊地　直樹　　東京都立田無特別支援学校副校長
○小野寺　肇　　東京都立中野特別支援学校進路指導主幹教諭
○小澤　信幸　　東京都立志村学園進路指導担当主幹教諭
○永峯　秀人　　前 東京都立青峰学園主幹教諭

第２章

小笠原まち子　　（前掲）
小野寺　肇　　（前掲）
田邉　大樹　　東京都立中野特別支援学校主幹教諭
○石川　智史　　東京都立清瀬特別支援学校主幹教諭
荻原　　稔　　元東京都立青峰学園主幹教諭　現市民講師

第３部

第１章

白岩　忠道　　株式会社パソナハートフル副社長執行役員
杉本　文江　　サノフィ株式会社人事本部ラ・メゾンビジネスサポートセンター長
北沢　　健　　リゾートトラスト株式会社東京事務支援センター長

山岸　健央　　株式会社サイゼリヤ総務部チャレンジド雇用管理本部代表

菊地　一文　　弘前大学大学院教授

第2章

小林　善紀　　大田区立障がい者就労支援センター支援調整担当（就労）

西村　周治　　社会福祉法人東京都手をつなぐ育成会
世田谷区立障害者就労支援センターすきっぷ施設長

藤間　英之　　特定非営利活動法人秋川流域生活支援ネットワーク理事長

木下るみ子　　社会福祉法人 AnnBee

吉田　純子　　社会福祉法人愛成会地域生活支援部支援員

朝熊　貴史　　社会福祉法人東京都手をつなぐ育成会　大田通勤寮寮長

○神立　佳明　　東京都立青鳥特別支援学校進路指導専任

市村たづ子　　元昭島市障害者就労支援センター クジラ センター長

○辻村　洋平　　東京都立青峰学園主幹教諭

第3章

宮﨑　英憲　　（前掲）

松浦隆太郎　　杉並ぷれジョブの会事務局　杉並区教育委員会事務局特別支援教育課
前杉並区立済美養護学校長

今枝　史雄　　大阪教育大学特別支援教育講座特任講師

小澤　信幸　　（前掲）

Column

末石　忠史　　東京都立立川国際中等教育学校主幹教諭

花木　　敦　　東京都立秋留台高等学校主幹教諭

辻村　洋平　　（前掲）

永峯　秀人　　（前掲）

德永　　光　　北海道南幌養護学校教頭　（前 北海道小樽高等支援学校教頭）

○平賀　博巳　　千葉県立印旛特別支援学校長

○細川　信之　　東京都立青峰学園主幹教諭

小笠原まち子　（前掲）

所属・役職は原稿執筆時

◎○印：知的障害教育研究会メンバー

これからの特別支援教育の進路指導
共生社会に向けたネットワークづくり

2019年12月6日　初版第1刷発行

■監　修　　宮﨑 英憲
■編　著　　知的障害教育研究会
■発行人　　加藤 勝博
■発行所　　株式会社 ジアース教育新社
〒101-0054　東京都千代田区神田錦町1-23　宗保第2ビル
TEL：03-5282-7183　FAX：03-5282-7892
E-mail：info@kyoikushinsha.co.jp
URL：https://www.kyoikushinsha.co.jp/

■イラスト　　すわ　ななか
■表紙デザイン・DTP　　土屋図形 株式会社
■印刷・製本　　三美印刷 株式会社
Printed in Japan
ISBN978-4-86371-518-9
定価は表紙に表示してあります。